手あそびの動画が見られる! QRコードつき

阿部直美　編著

中央法規

乳児から音楽リズムの楽しさを

0・1・2歳児は、体や心の発達が目覚ましい時期です。体の発達は見た目にも分かりやすいのですが、心の発達は外見だけでは分かりにくいものです。赤ちゃんの興味は常に外界に向かい、五感を通してさまざまな刺激を受けています。周りにいる大人が楽しく反応したり、共感したりすることで信頼感がうまれ、心の発達は促されていきます。

そうした人とのふれ合いや、子どもの心の中にある感情を引き出すことのできるのが音楽です。乳児期こそ、保育の中に音楽を取り入れてみましょう。

0歳児は、手あそびのようなスキンシップを取り入れた、ふれ合いあそびを好みます。肌に触れることで安心感がうまれ、愛着関係が築けます。この時期は、主に無伴奏のアカペラで歌うことが多いかもしれませんが、月

齢が高くなるにつれ、ピアノの音など、美しい音色を聞かせてあげましょう。

1歳児は、言葉を獲得しようとする時期。ひとつのあそびを、繰り返し何度もやってみましょう。歌に合わせて子どもも模倣しようとします。それがひとつのきっかけとなって、言葉やメロディを覚えはじめるでしょう。

2歳児は、大人の発声や身振り、手振りを読み取る力がどんどんついてきます。そして、歌自体のおもしろみを感じられるようになり、積極的に歌ったり、リズムに合わせて踊ろうとしたりします。

どの年齢でも子どもの楽しんでいる姿に寄り添いながら、その意欲を認めることが大切です。本書が子どもの発達に即した、音楽教育の一助となれば幸いです。

阿部直美

1 0・1・2歳児の発達に即しています

発達の著しい0・1・2歳児だからこそ、「どんな曲が好きなのかな?」「手あそびはどこまでできるかな?」など保育者は迷いますね。本書はそんな悩みにこたえた1冊。乳児の発達をふまえた選曲ですので、安心してあそべます。

2 手あそびとピアノ伴奏を1冊にしました

本書は0・1・2歳児の保育に使いたい、手あそびとピアノ伴奏を、年齢別に紹介しています。1冊にまとまっているので、使い勝手がよいのはもちろんのこと、月のおたよりにのせる曲や指導計画などの選曲もラクにできます。

3 たっぷり128曲を掲載しています

パート1の手あそびでは、0・1歳児それぞれ20曲。2歳児は19曲。パート2のピアノ伴奏には、0歳児17曲、1歳児21曲、2歳児22曲、親子で歌おう9曲、合計128曲を紹介しています。パートごとに年齢別のインデックスなので、探しやすくなっています。

4

『発達との関わり』を解説しています

どの曲にも子どもの発達と、どう関わっているのかを解説しています。保育記録などにも「今この子はこういう時期なので、この曲を選んだ」と、きちんと意味づけして書くことができます。

5

楽譜はすべてドレミの音名つき

手あそびもピアノ伴奏も、ドレミの音名をつけたので迷いがありません。さらにピアノ伴奏には、弾きはじめの鍵盤位置を掲載しました。楽譜の最初には、弾くときの指番号も入れたので、参考にしてください。

6

保育に生かせるコメントや、弾き方アドバイスつき

手あそびには分かりにくい歌詞などの説明や、ほかのあそびかたの提案などを。ピアノ伴奏には、弾く際の注意点、必要に応じて曲の背景なども紹介しています。選曲の際に役立てたり、子どもと話すときに使ってみてください。

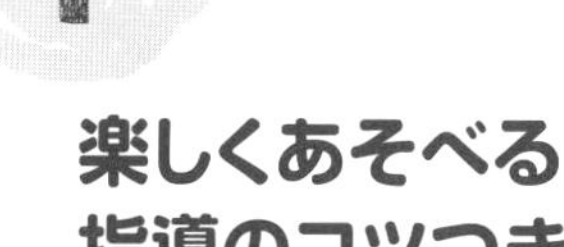

7

楽しくあそべる指導のコツつき

本書の16〜19ページには、手あそび・歌を歌う際の留意点などを紹介しています。子どもが楽しみながら音楽と関われる指導を心がけてください。

8

子どもが歌いやすい伴奏にアレンジ

ピアノ伴奏のアレンジは、子どもが歌いやすく音がとりやすいように構成しています。また忙しい保育者や、ピアノが苦手な方にも弾きやすいように、シンプルな編曲にしました。少し練習して、子どもと楽しく弾き歌いしてください。

手あそび 全59曲

発達への解説

発達差の大きい時期なので、各曲には育ちを促すための「発達に合った関わりポイント」を解説しています。

発達を分かりやすくアイコンで

発達への促しがひと目でわかるように、アイコンで表示しています。

愛着関係　皮膚刺激　手指の刺激　真似をする
体を揺らす　体を動かす　見立てを楽しむ　やりとりを楽しむ

手あそびが動画で見られる

手あそび8曲分は、動画つき。QRコードを読みこみ、YouTubeで振りを視聴できます。

愛着関係　いないいないばあ

動画はここから

発達に合った関わりポイント

「いないいない」のあとにどんな顔が出てくるのか、予測と想像を育てる遊びです。「次はどんな顔かな?」を楽しめるようにゆっくりあそびます。

あそびかた

1 いないいない　保育者は、両手で顔を隠します。

2 ばあ　両手を広げて、顔を見せます。

どんな曲かな

あやしあそびの定番曲です。「いないいない」のあとの間をとりながら、おもしろい顔をたくさんしてみましょう。ハンカチで隠しても楽しめます。

バリエーション

1 いなーい いなーい　ハンカチで顔を隠し、ハンカチは動かないようにします。

2 (間をとる)　ハンカチを小刻みに振るわせます。(子どもの名前を呼ぶ)

3 ばあー　ハンカチをすばやく下げて顔を見せます。

29

あそびかたの説明

「あそびかた」の横には、保育者と子どもの隊形を記載。あそびのプロセスは、歌詞に合わせてイラストで紹介。

楽譜はメロディ譜

楽譜は、右手のみの1段譜。ドレミの音名もつけたので、メロディが分かりやすくなっています。

歌の理解を深めるコラムとバリエーション

「どんな曲かな」には、分かりにくい歌詞の解説や、知っておくと役に立つ解説を。「バリエーション」は他のあそびの提案をしています。

引きやすいインデックス

使いやすいインデックスつき。年齢ごとにまとめています。発達には個人差があるので、年齢はあくまでも目安に。

ピアノ伴奏 全69曲

発達との関わりを解説

曲と子どもの発達との関わりを示しています。

弾きはじめの鍵盤への指位置

演奏しやすいように右手、左手の最初の鍵盤の指位置を示しています。黒丸（○）が左手、赤丸（○）が右手です。

曲のカテゴリー

「春」「夏」「通年」…など、園で弾く際の時期や用途を入れました。

インデックスは年齢別

0歳児／17曲、1歳児／21曲、2歳児／22曲、親子で歌おう／9曲　計69曲を使いやすく、年齢ごとに掲載しました。年齢は目安にしましょう。

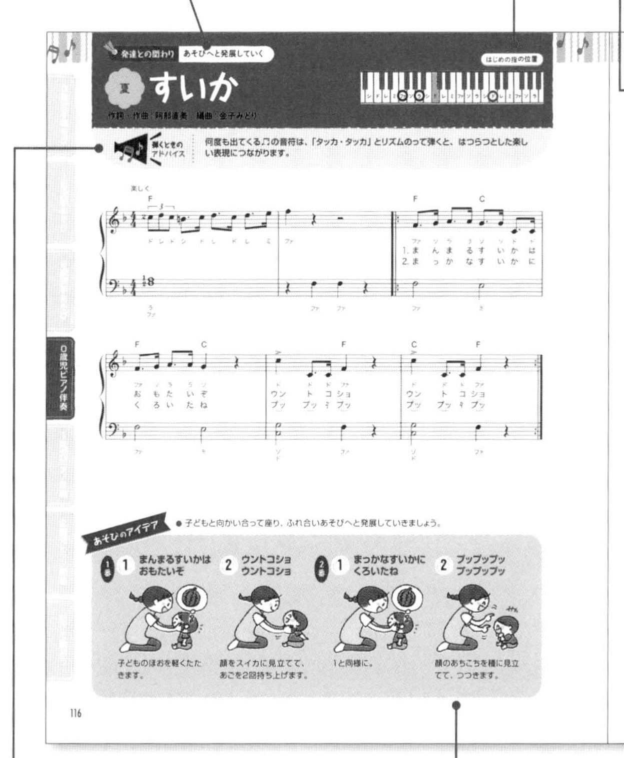

弾くときにはここに留意

この曲はどのように表現して弾くといいのか、楽譜のどの部分に気をつけるといいのかなど、ポイントを示しています。

あそびかたも紹介

弾き歌いだけでなく、あそべる曲には、あそびかたをイラストで紹介。

楽譜は2弾譜 最初の音には指番号を

メロディー譜と伴奏譜の2段譜。初心者にも分かりやすいようにドレミの音名をつけています。最初の音は指番号つきで、迷わず演奏できます。

CONTENTS

Part 1 手あそび

0歳児

1歳児

2歳児

Part 2

ピアノ伴奏

0歳児

1歳児

2歳児

親子で歌おう

0・1・2歳児の発達と音楽リズム

乳児は心身ともにめざましく発達しています。ここでは0か月から3歳までの、心と体の発達と音楽・リズムの育ちを紹介します。

0か月

体の発達

原始反射 / 腹ばいで、顔を上げる / 把握反射 / 首がすわる

心の発達

快・不快 / 目と手の協応関係 / 喃語のはじまり / 特定の人の識別 / 人見知り

音楽・リズムの育ち

0歳

愛着関係の形成
➡ちょちちょち あわわ
など

対象物の理解
➡いないいないばあ
など

喃語を生かす
➡パチパチ レロレロ アワワワワ
など

曲を通して感情の交流を育む
➡ゆりかごのうた
など

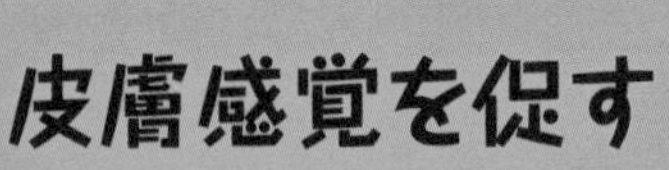

皮膚感覚を促す
➡めぐろさんをまいて　など

6か月　　　　　　　　　　　　　　　　　　　　　　　　1歳

寝返り　お座り　ずりばい ハイハイ　つかまり 立ち　立つ　つたい 歩き　ひとりで 歩く

音を楽しむ ようになる　探索行動　後追い　初語の 出現　指差し　名前を 呼ぶと 返事する　しぐさを 真似る

お座りして対面であそぶ

➡でこちゃんはなちゃん
など

テンポに合わせて体を揺らす

➡おひざのおうま
など

名前を呼ぶあそび

➡おつむてんてんてん
など

聞き取りやすい曲

➡ちょうちょう
など

手指への刺激

➡おおまめこまめ　など

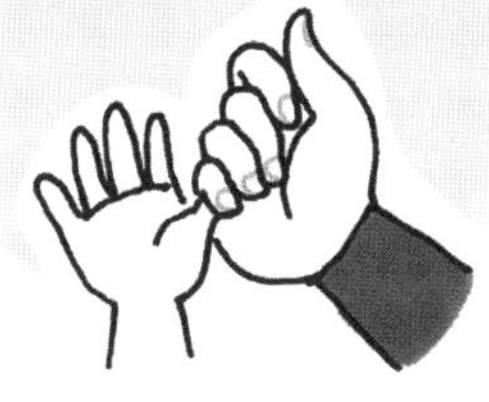

1歳

メロディーを楽しむ

➡シューベルトのこもりうた
など

保育者の動きを真似る

➡パパンのぞうさんゲーム
など

発声しやすい曲

➡ぞうさん
など

1歳6か月　　2歳

くぐる またぐ 下りる

階段に 手をついて 上る

三輪車に またがり足で 蹴って進む

腕を 回転させて 線を描く

でこぼこ道 を歩く

速い⇔遅い など動きを 調整する

自我の 芽生え

二語文で 話す

かみつき

表情を 読みとる

言葉で 要求を 伝える

体の部位を触るあそび
➡あたまかたひざポン
など

拍手を楽しむ
➡むすんでひらいて
など

大小の音の違いを楽しむ
➡大きくトン 小さくトン
など

2歳

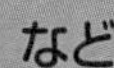

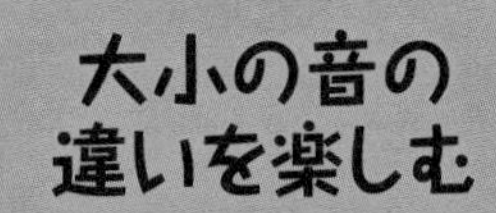

見立てあそびを楽しむ
➡いもむしごろごろ
など

保育者とのやりとりを楽しむ
➡せんべ せんべ
など

運動感覚を促す
➡こっちむいて うさぎさん
など

歌詞を理解できる
➡もみじ
など

2歳6か月　　3歳

両足でその場跳び
バランスをとって走る
ハサミで1回切りをする
ケンパーをする
三輪車に乗る
鉄棒にぶら下がる

つもりあそび
興味・関心の広がり
自我の拡大
ごっこあそび
友達をあそびに誘う
想像したことを言葉にする

3歳

手指を動かしてあそぶ

➡キャベツのなかから

など

言葉を楽しむ

➡とんとんとんとんひげじいさん

など

じゃんけんの形を知る

➡グーチョキパーでなにつくろう

など

リズムに合わせて踊る

➡ちびっこザウルス

など

イメージの広がり

➡山ごやいっけん

など

友達と一緒に楽しくあそぶ

➡やおやのおみせ

など

生活習慣を促す

➡ねずみのはみがき

など

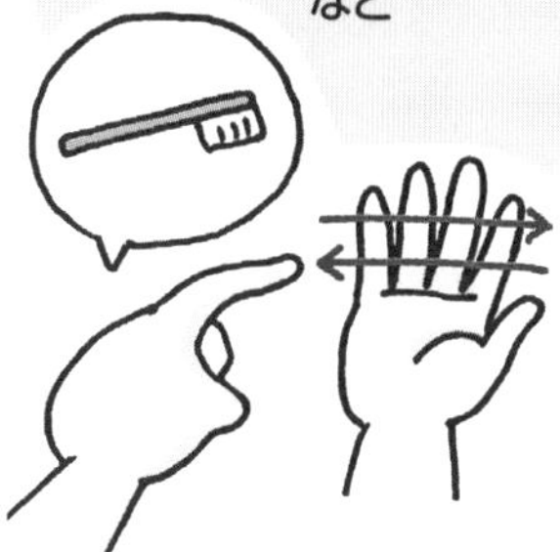

＼発達に沿った／

手あそび保育のコツ

＼体でリズムを捉える／

0・1歳児は体でリズムを感じさせましょう。0歳児は体をなでたり、つついたり、優しくたたいたりします。1歳児は、体を揺らしたり、動かしたり。次第にリズムに合わせて保育者の真似をすることが楽しくなってきます。

＼子どもの目を見て／

あそびに入る際には、まず子どもの目を見て語りかけましょう。手あそびの最中も要所、要所で子どもと目を合わせます。アイコンタクトをとることで、保育者は子どもの理解度が分かり、子どもは見守られている満足感や信頼感を得ることができます。

＼1対1が基本／

まだ集団が育っていない乳児には、最初は1対1であそぶのが基本です。保育者がしっかり自分だけを見ていてくれることが、安心感につながり集中力も高まります。2歳頃になってくると、みんなであそぶ楽しさが分かってきます。

＼やってみたいを育む／

1歳後半にもなると、言葉を理解してきます。手あそびの前に「パン屋さんへ、パンを買いに行こうか」とイメージをふくらませてから「パンやさんにおかいもの」であそぶなど、詞の内容や、関連することを伝えると、やってみようという意欲がうまれます。

＼楽譜に目を通そう／

手あそびをはじめとする多くのあそび歌は、口伝えで広まっています。そのためメロディがあいまいだったり、歌詞が間違って伝わっていることもあります。子どもとあそぶ前に、保育者は楽譜に目を通し確認してみてください。

＼しぐさは分かりやすく／

保育者は1つひとつの動作にメリハリをつけて演じます。例えばシンプルな「いないいないばあ」(29ページ)も、顔をおおう手は指の先まで伸ばします。「ばあ」と開くときは、手のひらが子どもに見えるよう返すなど、細部を少し意識するだけで、しぐさがより分かりやすくなります。

＼繰り返す楽しさを／

あそびが子どもに定着してきたら、繰り返して何度でもやってみましょう。「次はこうなる…」という予想も、子どもにとっては楽しいもの。ときには、同じ繰り返しだけではなく「大きなゾウさんがやったら、どうなるかな?」などのバリエーションを考えると、より楽しくあそべます。

\ 伴奏に合わせて /

歌を歌う保育のコツ

1歳児

こんなピアノ演奏を

ピアノを弾くことで、リズムがとりやすく体も自然と揺らしたくなります。演奏のテンポは子どもに合わせます。弾くのが苦手な方は、右手のメロディだけでも構いません。ただし止まらずに演奏することが大切です。曲全体のイメージを伝えるようにしましょう。

0歳児

歌うときはこうしよう

授乳も終わり、目を開き、口をもごもご動かして、今にも話したそうな表情をしているときは、機嫌のよいときです。小さな声でそっと歌いかけるだけで、喜びます。首が座ってきたら抱き上げて、体を優しくたたきながら歌いましょう。

こんなピアノ演奏を

0歳児

歌を歌うときと同様に、子どもの機嫌のよいときに「メヌエット」(127ページ)など、リズミカルな曲を弾いてみましょう。どの曲もやや音量を抑えて、子どもの反応に合わせて演奏します。この時期は音楽の流れている環境を、できるだけつくるようにします。

1歳児

歌うときはこうしよう

まず保育者が積極的に歌って、歌う楽しさを伝えたいものです。子どもは全部歌えなくてもいいのです。歌詞の一部だけでも覚えたら、その部分だけ繰り返すなど「歌いたくなる楽しさ」を感じられるようにし、音楽への興味・関心を育てます。

こんなピアノ演奏を

子どもが歌いたいと思ってきたこの時期に、ピアノ伴奏でその意欲を高めていきましょう。きれいな旋律や音の強弱なども意識して弾いてみましょう。前奏を弾くと「あの曲だ」と、自然と体を揺すってリズムをとる姿も見られます。保育者も楽しく弾き歌いしていきましょう。

2歳児

歌うときはこうしよう

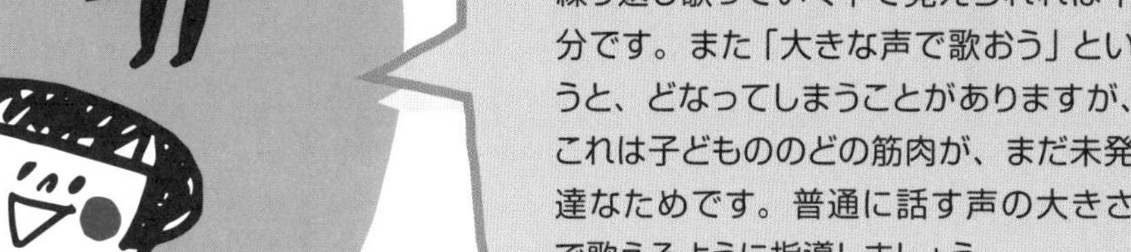

歌うことが、楽しくなってくる時期です。最初から全部歌わなくても構いません。繰り返し歌っていく中で覚えられれば十分です。また「大きな声で歌おう」というと、どなってしまうことがありますが、これは子どものどの筋肉が、まだ未発達なためです。普通に話す声の大きさで歌えるように指導しましょう。

いろいろな音色を

音楽に関心をもつためにも、乳児期にはさまざまな音色の楽器を、子どもの耳に届けたいものです。同じ曲でもギター、リコーダー、木琴、鍵盤ハーモニカなどで演奏すると、まったく違った雰囲気になります。ピアノだけでなくほかの楽器の音も、聞かせてあげてください。

＼覚えておきたい／

楽譜のキホン

子どもと楽しく歌うための楽譜。譜面には音符や記号などたくさんの情報が盛り込まれています。ここではその読み方のキホンをやさしく解説しています。

鍵盤の位置と指番号

まず楽譜と鍵盤位置を確認してみましょう。

●**ト音記号**は、ソ（ト音）の位置をさし、高い音域を示しています。ドレミの指使いは、ファで親指に戻ることに気をつけましょう。

●**ヘ音記号**は、ファ（ヘ音）の位置をさし、低い音域を示しています。ドレミの指使いは、小指から弾いていき、ラで中指に戻ることに気をつけます。

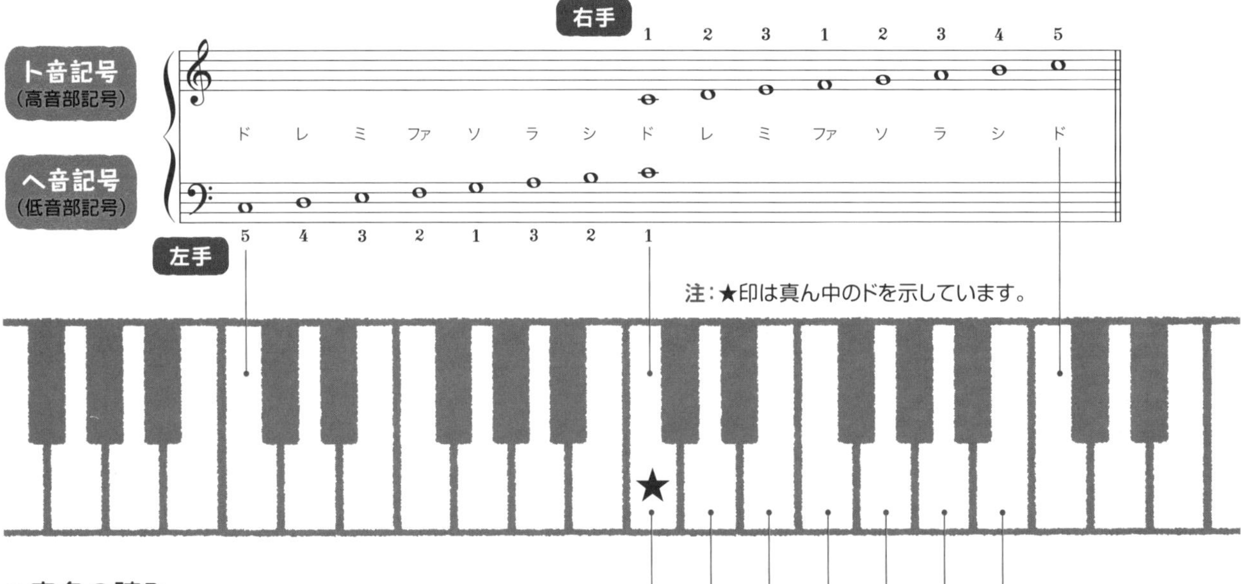

● 音名の読み

音名は、イタリア語のドレミファソラシのほかに、主に3種類あります。英・米読みは、主にポピュラー音楽やギターコードに使用。ドイツ読みは、クラシック音楽で使われています。日本読みは、日本の音楽教育でハ長調・ニ短調など、調を示すときに使われます。

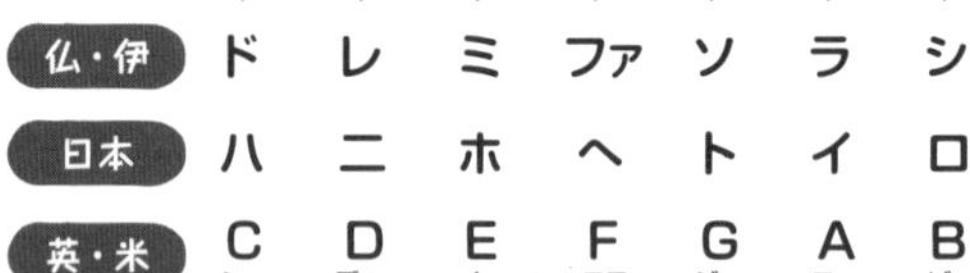

仏・伊	ド	レ	ミ	ファ	ソ	ラ	シ
日本	ハ	ニ	ホ	ヘ	ト	イ	ロ
英・米	C シー	D ディー	E イー	F エフ	G ジー	A エー	B ビー
ドイツ	C ツェー	D デー	E エー	F エフ	G ゲー	A アー	H ハー

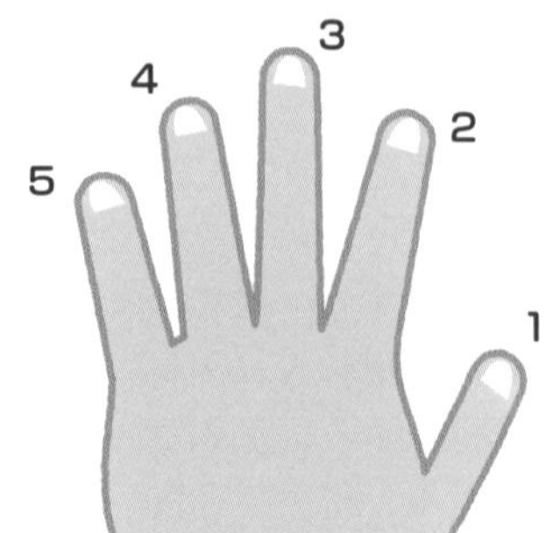

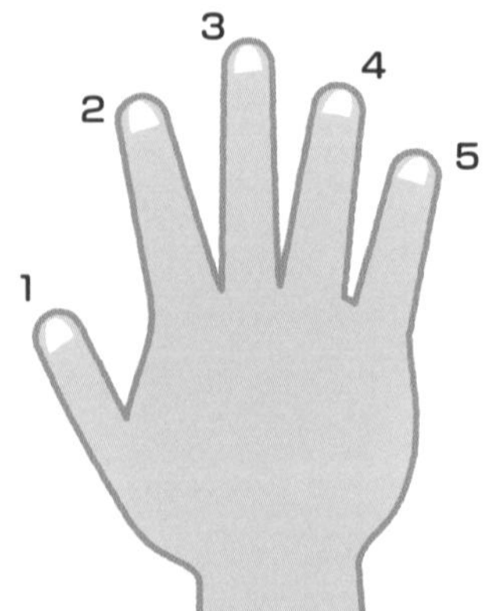

● 指番号

図のように指番号で指使いを示すことがあります。ピアノの場合には、親指が1、人さし指が2…となります。楽譜のなかの数字は、この指番号を表していて、適切な指使いを助けてくれます。

おもな調とその音階

主な音階と鍵盤の位置を示しています。
★印は真ん中のド／◆印は調号記号で変わる音です。

♪ハ長調

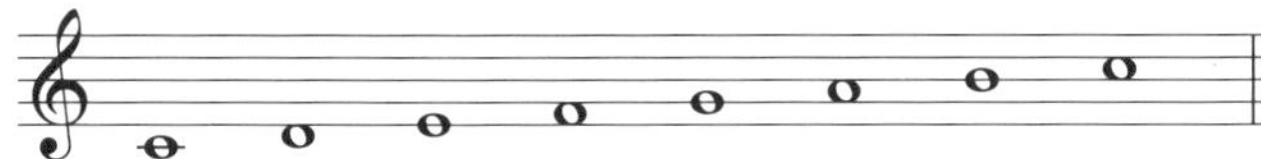

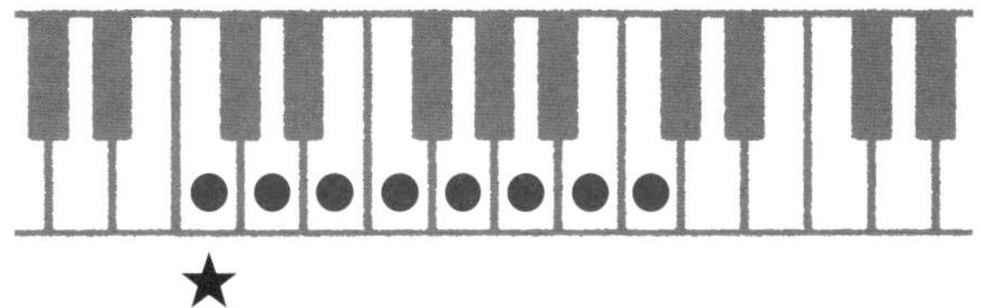

♪ヘ長調

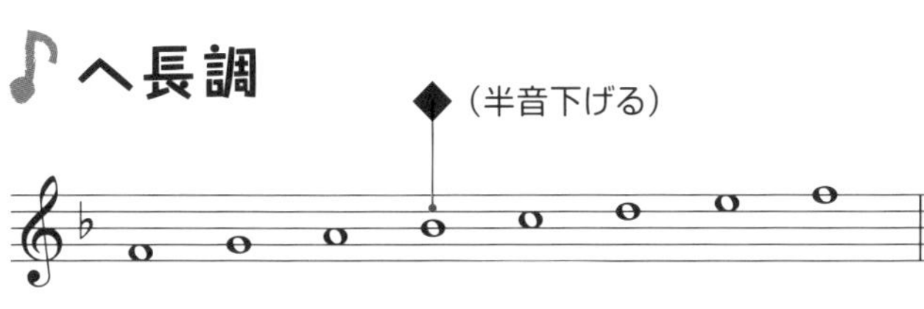

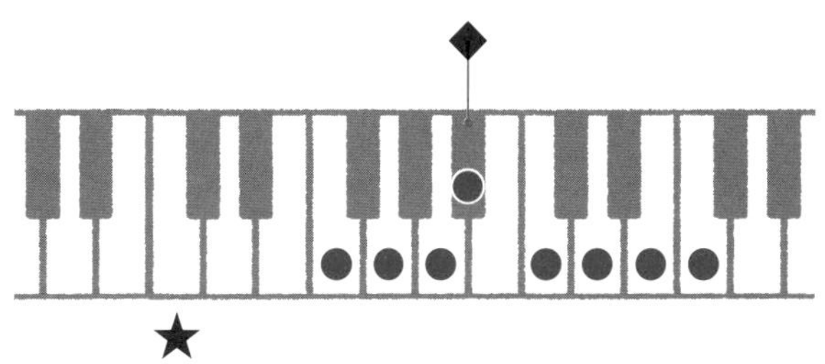

♪ト長調

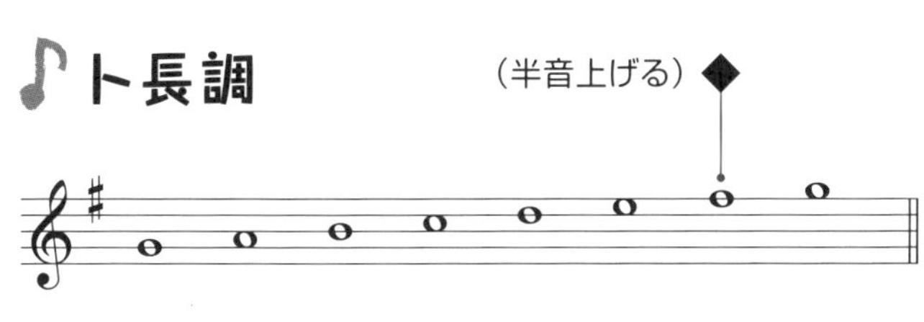

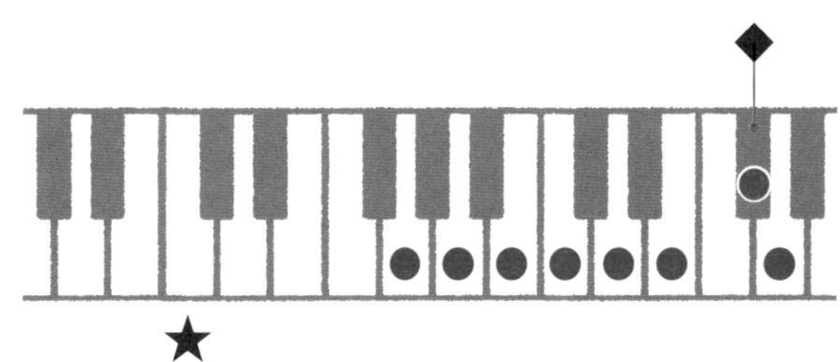

♪イ短調

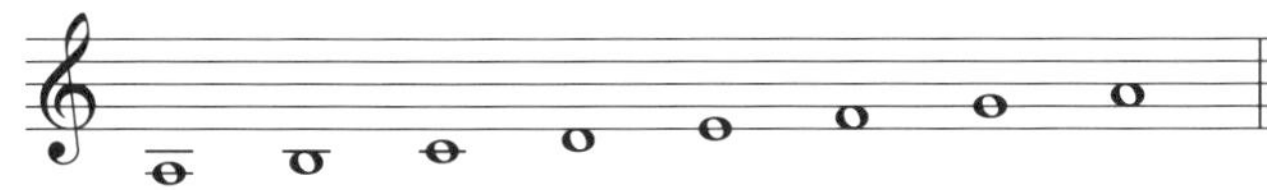

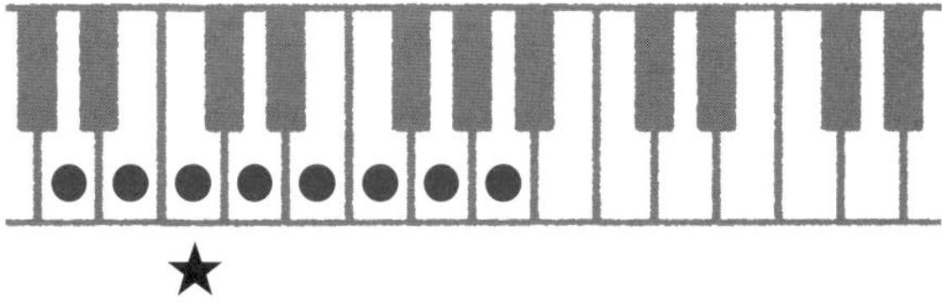

♪ニ短調

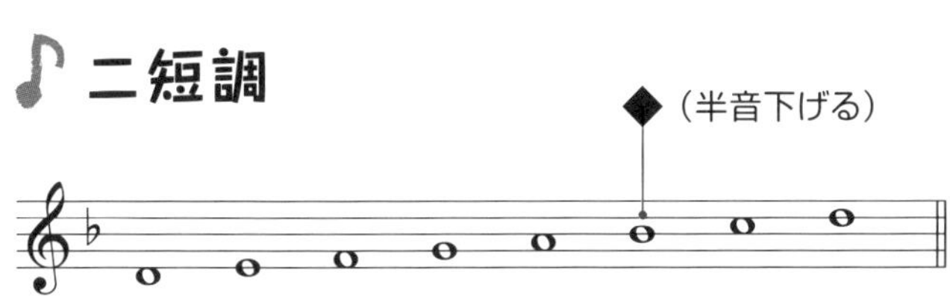

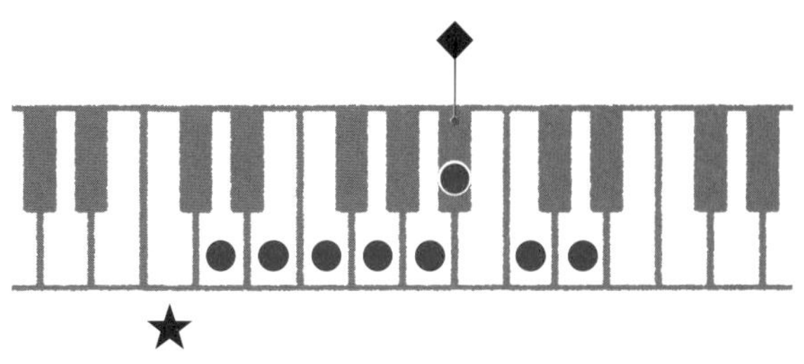

調号と臨時記号

楽譜では、♯（シャープ）や♭（フラット）の記号で、半音上げたり下げたりを表します。

♯ **シャープ**…… 半音上げる
♭ **フラット** …… 半音下げる
♮ **ナチュラル**… もとの高さに戻す

♯ド
ドを半音上げるとこの音になります

ド　レ　ミ

♭ミ
ミを半音下げるとこの音になります

調号

ト音記号やヘ音記号などの横にあり、特定の音を変化させます。例えば下の楽譜では、すべてのファに♯をつけて弾きます。

ファはすべて半音上げる

臨時記号

音符の横につき、曲の途中で音の高さを一時的に変化させます。小節がかわると、無効になります。

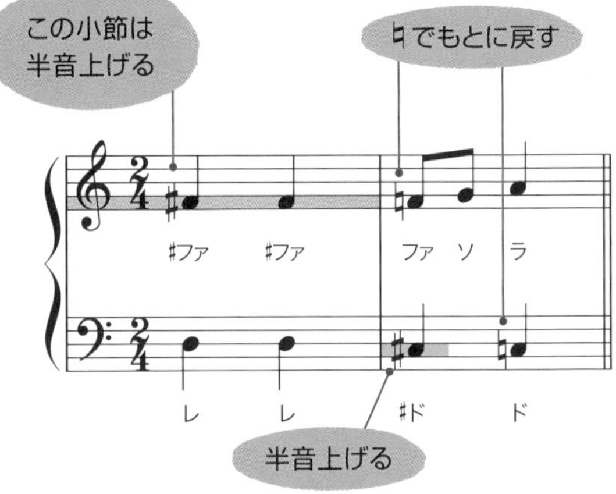

音符・休符の種類と長さ

音符の長さと、音を出さない休符の長さを正しく知って演奏しましょう。

㊟全休符は１小節休む印。$\frac{3}{4}$拍子の曲なら3拍、$\frac{2}{4}$拍子なら2拍休みとなります。

音符		休符		長さ（$\frac{4}{4}$拍子で4分音符を1拍とした場合）	
	全音符		全休符㊟	4拍数える（1小節休む）	4拍
	2分音符		2分休符	2拍数える	2拍
	4分音符		4分休符	1拍数える	1拍
	8分音符		8分休符	$\frac{1}{2}$拍数える	$\frac{1}{2}$拍
	16分音符		16分休符	$\frac{1}{4}$拍数える	$\frac{1}{4}$拍
	付点2分音符		付点2分休符	3拍数える	3拍
	付点4分音符		付点4分休符	$1\frac{1}{2}$拍数える	$1+\frac{1}{2}$拍
	付点8分音符		付点8分休符	$\frac{3}{4}$拍数える	$\frac{1}{2}+\frac{1}{4}$拍

記号について

音符についている記号の意味を知り、表現豊かに弾きましょう。

タイ

同じ高さの音を弧線で結び、両方の音をつなげてひとつの音として弾きます。

アクセント

その音を他の音より目立たせて強調します。山型（∧）に描かれているものもアクセントです。

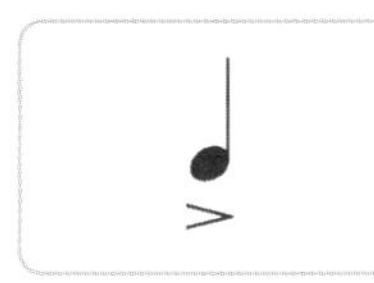

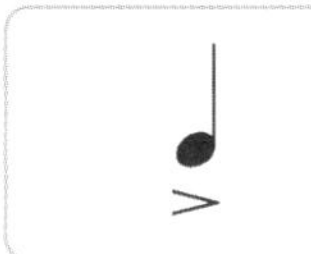

ファルマータ

音符や休符の時間を長くします。だいたい2倍程度伸ばします。

アルペジオ

和音を構成する音を１音ずつ、低い音から順番に演奏します。

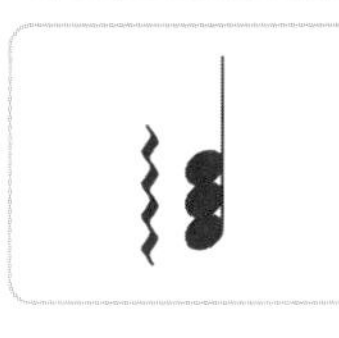

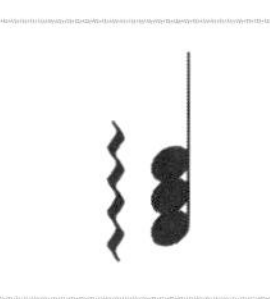

右手と同時に左手の和音を、
下から順にずらして弾きます。

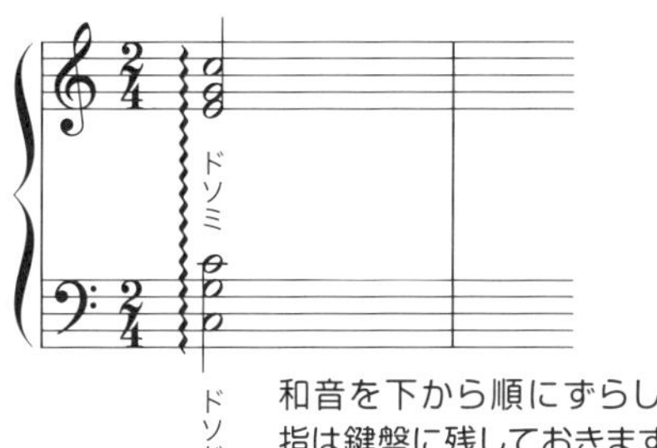

和音を下から順にずらして弾き、
指は鍵盤に残しておきます。

ブレス

大きく息つぎするような意識で演奏します。主に声楽や管楽器で呼吸する箇所を示します。

スラー

音の異なる2つ以上の音符を弧線で結び、レガート(なめらかに)演奏します。

スタッカート

その音を短く切って、約半分くらいの長さで演奏します。

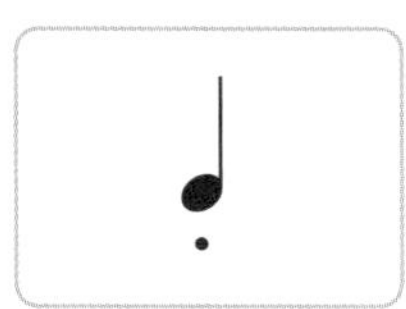

トレモロ

同音または複数の音を極めて細かく演奏します。

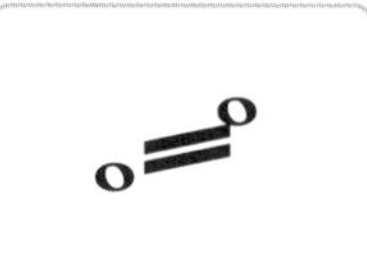

弾きかた

シ→ソ→シ→ソを連打します。

オクターブ

点線で囲まれた音を、1オクターブ高い音で弾きます。低い音で弾くときは、下に記号をつけます。

8va

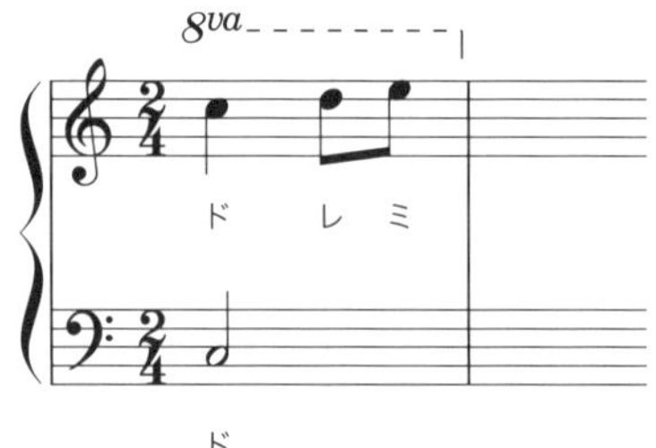

強弱について

音の強弱を知らせます。記号を意識してメリハリのきいた演奏をします。

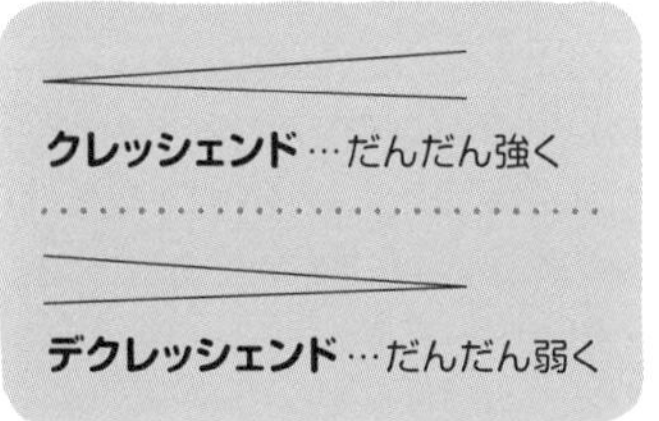

クレッシェンド…だんだん強く

デクレッシェンド…だんだん弱く

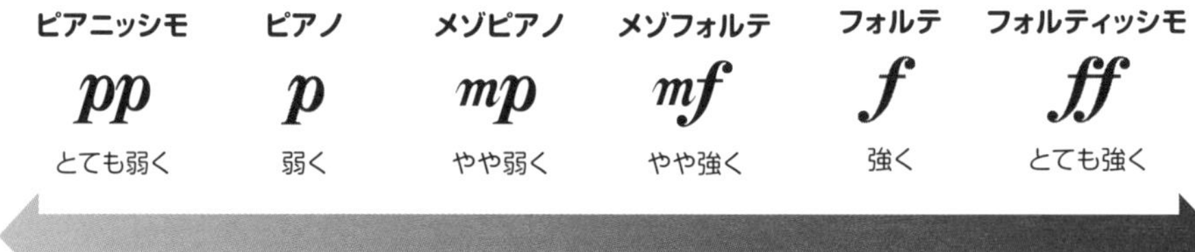

このほか、dim(ディミヌエンド)もだんだん弱くの意味です。

ペダルについて

アップライトピアノの場合

ペダルを使うことによって、演奏がより深まるのでぜひマスターしましょう。

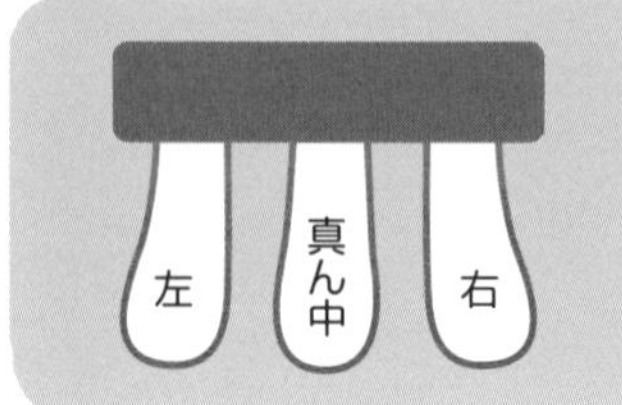

- **右のペダル　ダンパーペダル**
  ペダルを踏んでいる間、音が伸びたままになります。
- **真ん中のペダル　マフラーペダル**
  消音ペダルとも呼ばれ、音がとても小さくなります。
- **左のペダル　ソフトペダル**
  音を弱めるために使います。

進行について

楽譜の繰り返し部分などを表します。

リピート記号

𝄆 𝄇 に挟まれた部分を繰り返して演奏します。

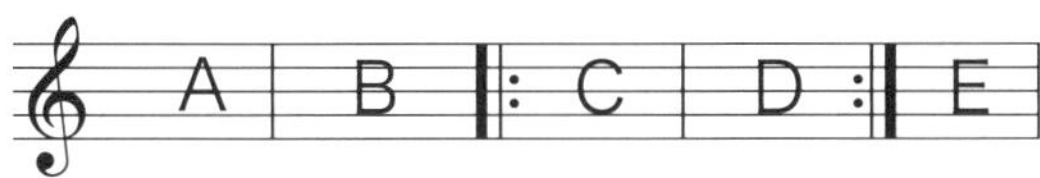

演奏順：A ➡ B ➡ C ➡ D ➡ C ➡ D ➡ E

曲の冒頭から繰り返すときは 𝄆 を省略します。

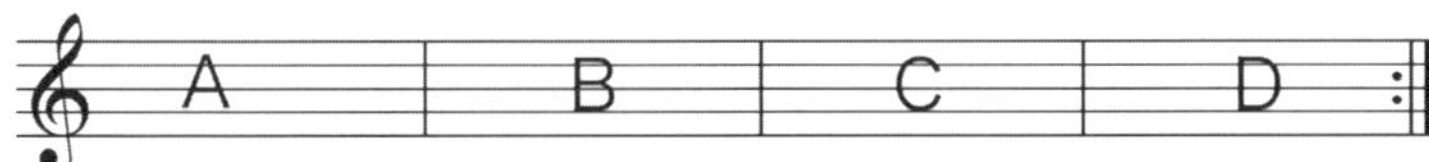

演奏順：A ➡ B ➡ C ➡ D ➡ A ➡ B ➡ C ➡ D

1番かっこ、2番かっこ

1回目に [1.] を演奏し、2回目は [1.] をとばして [2.] を演奏します。

演奏順：A ➡ B ➡ C ➡ D ➡ E ➡ A ➡ B ➡ C ➡ D ➡ F ➡ G

ダ・カーポとフィーネ

D.C.（ダ・カーポ）で曲のはじめに戻り、*Fine*（フィーネ）で終わります。

演奏順：A ➡ B ➡ C ➡ D ➡ E ➡ F ➡ A ➡ B ➡ C ➡ D

ダル・セーニョとコーダ

D.S.（ダル・セーニョ）は 𝄋（セーニョ）のマークに戻ります。
𝄋 に戻り繰り返した場合、to 𝄌（トゥ・コーダ）の記号があれば、そこから 𝄌（コーダ）へと進みます。

演奏順：A ➡ B ➡ C ➡ D ➡ E ➡ F ➡ G ➡ H ➡ D ➡ E ➡ F ➡ I ➡ J

Part 1

手あそび

0歳児

1歳児

0・1・2歳児の発達に合わせた手あそびを紹介しています。計59曲掲載。インデックスの年齢はあくまでも目安に、ひとりひとりの発達に合わせてあそびましょう。

歳児

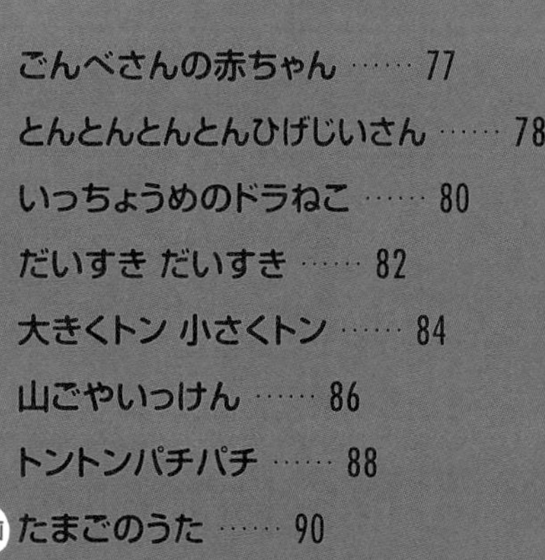

愛着関係

パチパチ レロレロ アワワワワ

発達に合った関わりポイント

子どもは3か月位から喃語（なんご）を発するようになります。声と共に口をたたいたり、舌を動かしたりして音の変化を楽しみましょう。

作詞・振付：浅野ななみ　作曲：おざわたつゆき

あそびかた

●子どもを寝かせます

1 おてての いいおと パチパチパチ

子どもの手をとり、7回拍手をします。

2 おくちの いいおと レロレロレロレロレロ

口の近くを7回軽くたたきます。

3 おててと おくちで

手を左右に開いて振ります。

4 アワワワワワワ ワワ

手を口に当てて、小刻みにたたきます。

バリエーション

お座りができるようになってきたら、向かい合ってあそびます。

どんな曲かな

「アー」と声を出したまま、手のひらで口をたたいたり、口の中で舌を小刻みに動かすと、おもしろい音がします。こうした動きと音を楽しむあやしあそびです。

動画はここから

愛着関係 いないいないばあ

発達に合った関わりポイント

「いないいない」のあとにどんな顔が出てくるのか、予測と想像を育むあそびです。「次はどんな顔かな?」を楽しめるようにゆっくりあそびます。

わらべうた

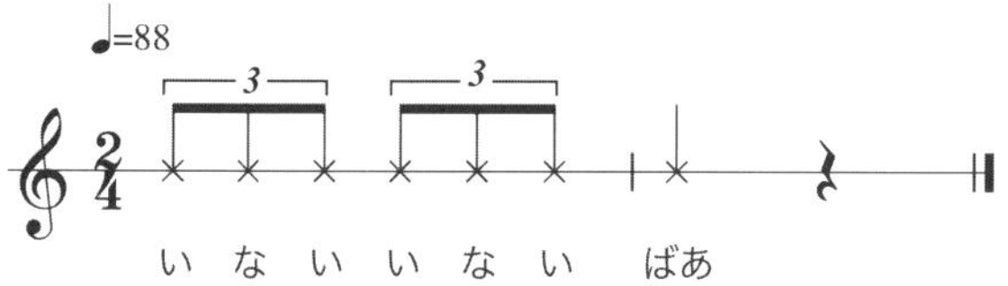

バリエーション

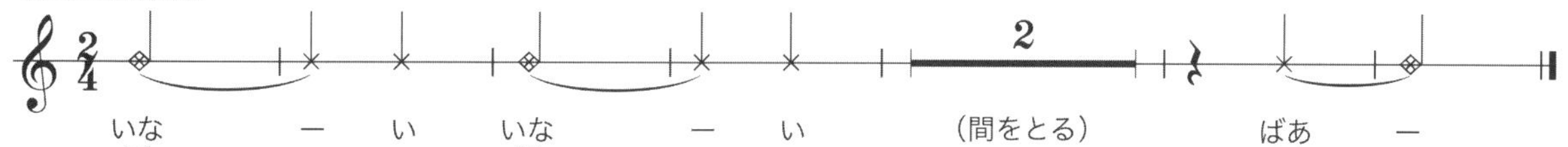

あそびかた

● 子どもを寝かせます

1 いないいない

保育者は、両手で顔を隠します。

2 ばあ

両手を広げて、顔を見せます。

どんな曲かな

あやしあそびの定番曲です。「いないいない」のあとの間をとりながら、おもしろい顔をたくさんしてみましょう。ハンカチで隠しても楽しめます。

バリエーション

1 いなーい いなーい

ハンカチで顔を隠し、ハンカチは動かないようにします。

2 (間をとる)

ハンカチを小刻みに振るわせます。(子どもの名前を呼ぶ)

3 ばあー

ハンカチをすばやく下げて顔を見せます。

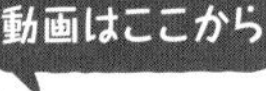

皮膚刺激 まるまるやまから

発達に合った関わりポイント

頭、おなかなど体の部位に触り、スキンシップをすることで人と関わる心地よさを育みます。

作詞・作曲・振付:中谷真弓

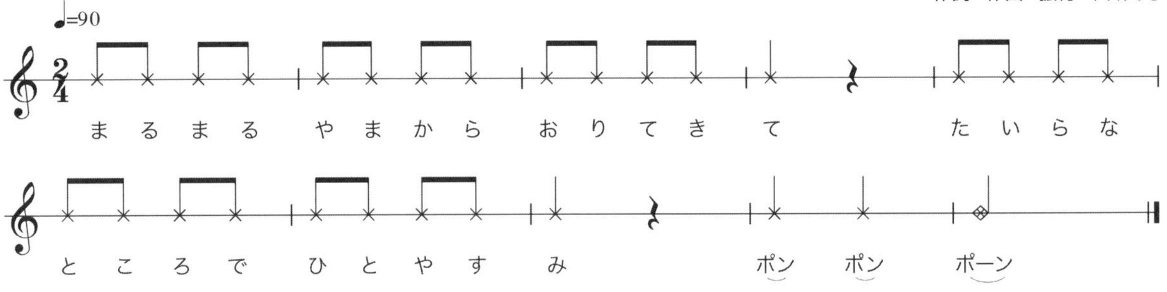

あそびかた

● 子どもを寝かせます

1 まるまるやまから おりてきて

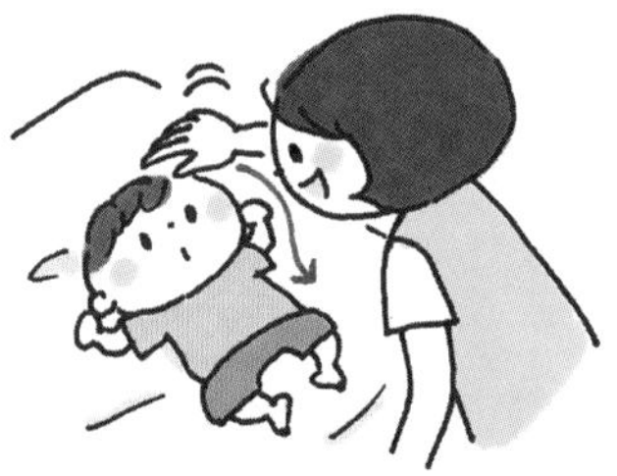

子どもの頭をなでてから、おなかに向かってなでます。

2 たいらなところで ひとやすみ

おなかに渦巻きを描くようになでます。

3 ポンポン ポーン

おなかを3回優しくたたきます。

バリエーション

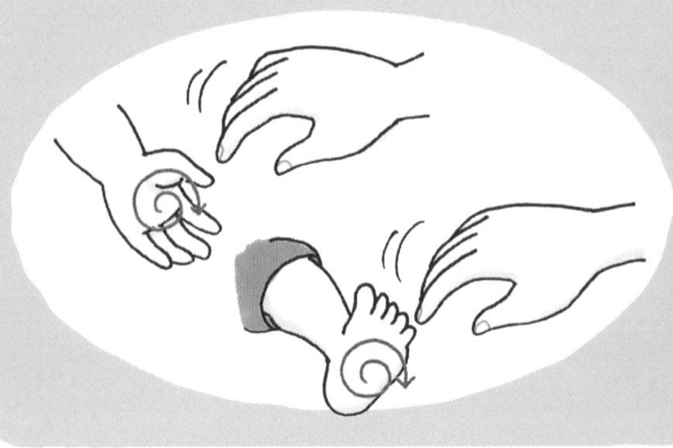

手のひらや足の裏など、平らなところを見つけて、渦巻きを描いてみましょう。

どんな曲かな

体を山に見立てて、渦巻きを描いていくあそびです。描く速さに変化をつけたり、足の裏などにも渦巻きを描いて楽しみます。

皮膚刺激

めぐろさんをまいて

発達に合った関わりポイント

歌に合わせて顔を拭きます。子どもとアイコンタクトをとりながら、優しく顔を拭いて心地よさを感じさせます。

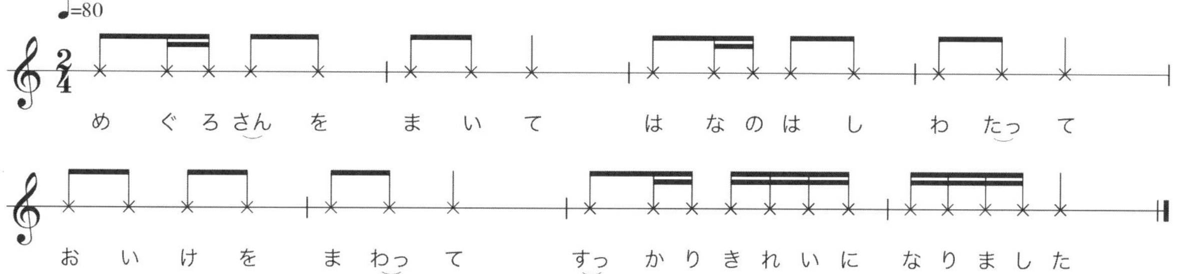

あそびかた

● 子どもを寝かせます

1 めぐろさんをまいて

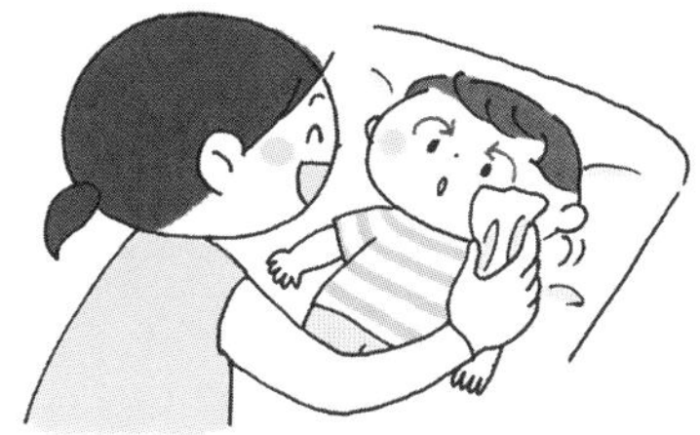

タオルで右目、左目の周りを拭きます。

2 はなのはしわたって

鼻筋を上下に拭きます。

3 おいけをまわって

口の周りを拭きます。

4 すっかりきれいに

顔の周りを大きく拭きます。

5 なりました

両ほほを軽くたたきます。

どんな曲かな

「まいて」は「まわって」。「めぐろさんをまいて」は、「目黒不動尊を参拝する」の意味も込められています。

皮膚刺激 でこやまでこちゃん

発達に合った関わりポイント

体の部位を触りながら、スキンシップします。人と関わる楽しさを育み、愛着関係を築きます。

どんな曲かな

顔の部位をいろいろなものに見立てて触る、顔あそび。「にげちゃった」のあとに「つかまえた」と子どもをぎゅっと抱きしめても楽しいでしょう。

作詞・作曲・振付：阿部直美

あそびかた ● 子どもをひざにのせます

1 でこやまでこちゃん いたずらで

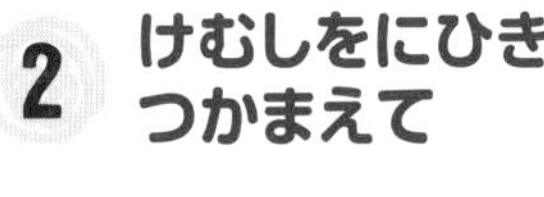
2 けむしをにひき つかまえて

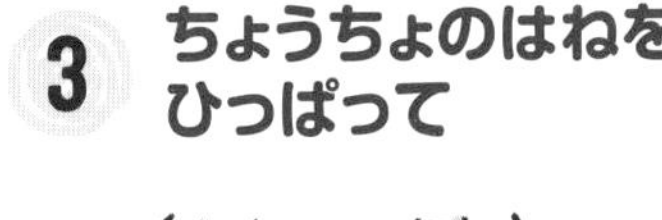
3 ちょうちょのはねを ひっぱって

子どものおでこを、優しくたたきます。

まゆ毛を、優しくつまみます。

両耳を軽く引っ張ります。

4 おはなを ぺちゃんと ふんづけて

鼻の頭を指で軽くつつきます。

5 アッカンベーして

「アッカンベー」をします。

6 にげちゃった

ほおを優しくたたきます。

手指の刺激

ちっちこっことまれ

発達に合った関わりポイント

「ちっちこっこ」は、左右の指と指をつけて、指先に意識をむけるようにします。指先を刺激することは神経の発達を促すといわれています。

わらべうた

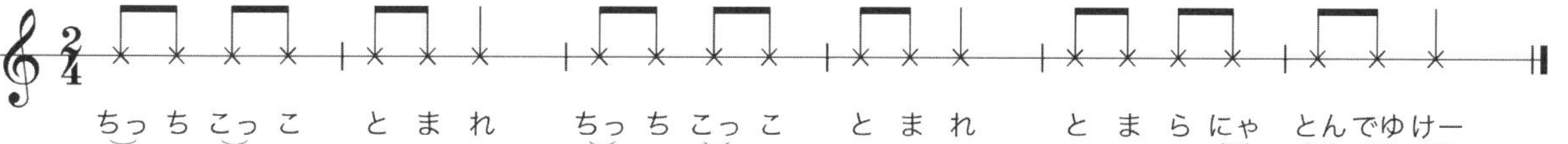

あそびかた

● 子どもをひざにのせます

1 ちっちこっこ

子どもの手をとって、左右の指先をつけます。

2 とまれ

指先を離します。

3 ちっちこっこ とまれ

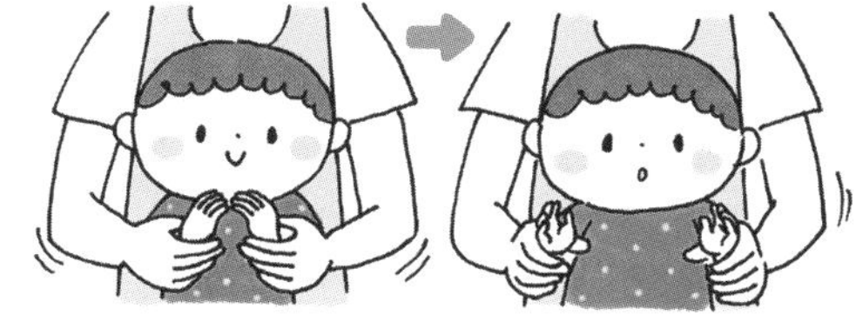

1、2を繰り返します。

4 とまらにゃ

両手をひざの上におきます。

5 とんでゆけー

両腕を上げてパタパタと鳥が飛ぶように動かします。

どんな曲かな

歌詞の「ちっち」は鳥を表す幼児語、「こっこ」は「この場所」の意味です。小鳥のしぐさを指で表現したあそびです。

おむすびこむすび

発達に合った関わりポイント

上下の手の入れ替えは、大人が考える以上に難しい動作です。普段あまりしない動きをあそびの中に取り入れて、手の動きに変化をつけてみましょう。

作詞・作曲:キンダーサークル　振付:阿部直美

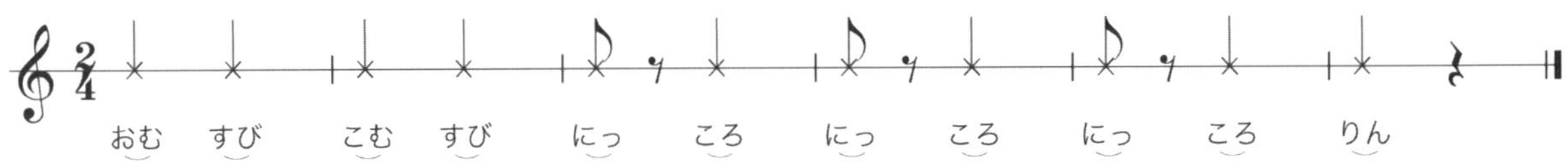

あそびかた ● 子どもをひざにのせます

1 おむすび こむすび…にっころりん

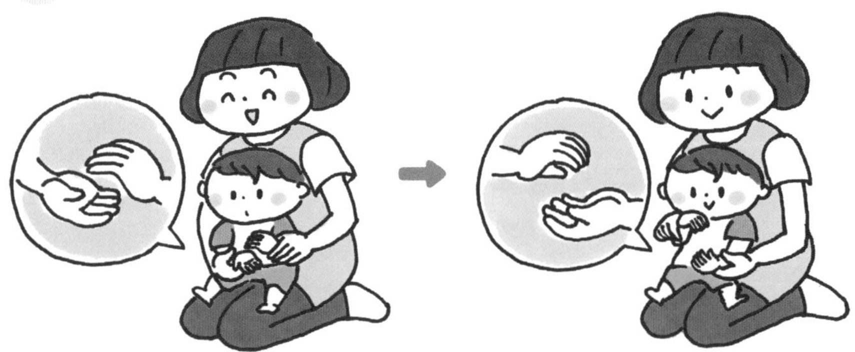

おにぎりを握るように、両手を上下にします。2拍に1回ずつ、手を入れ替えます。

バリエーション

慣れてきたら、「にっころ…にっころ」は拍手。最後の「りん」で、子どもをおにぎりに見立てて、ぎゅっと抱きしめます。

どんな曲かな

「にっころ」は、わらべうたによくみられる「おにぎり」の幼児語。おにぎりを握る真似をするしぐさあそびです。

愛着関係 ちょちちょち あわわ

発達に合った関わりポイント

保育者と息を合わせながら、体をたたいていくあそびです。ゆったりとあそんでいく中で愛着関係を育みます。

どんな曲かな

古くから歌い継がれているわらべうたです。「ちょち」は「手をたたく」を意味する幼児語。「おつむてんてん」のリズムに、♩.(付点四分音符）が使われている点に注意します。

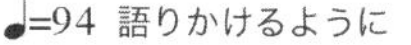

わらべうた

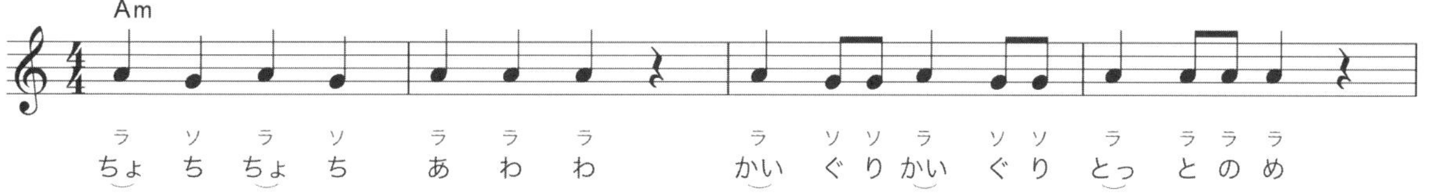

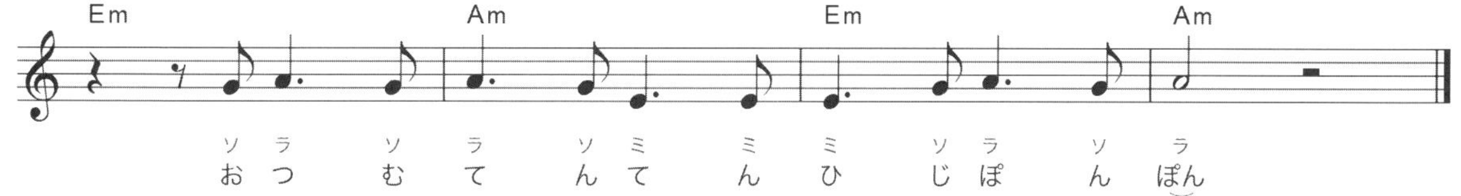

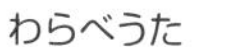

あそびかた ● 子どもをひざにのせます

1 ちょちちょち

子どもの手をとって2回拍手します。

2 あわわ

手のひらで口を軽く3回たたきます。

3 かいぐりかいぐり

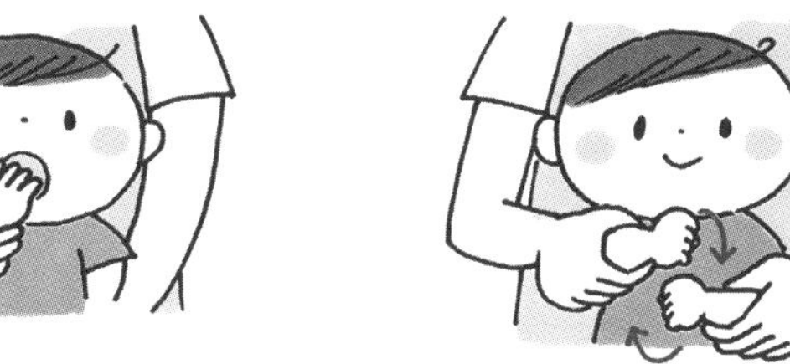

グーにした手を上下に回します。

4 とっとのめ

両手で目元を軽く3回たたきます。

5 おつむてんてん

両手で頭を軽く3回たたきます。

6 ひじぽんぽん

片手でひじを1回たたきます。手を入れ替えて、もう1回たたきます。

皮膚刺激

にこにこほっぺ

発達に合った関わりポイント

向き合うあそびは、保育者の顔が見えるので「次はこうしてくれる」と期待を高めます。子どもの要求にこたえて繰り返しあそびましょう。

作詞：佐倉智子　作曲：おざわたつゆき

あそびかた

● 子どもと向かい合って座ります

1番

1 ほっぺギュー ほっぺギュー

子どもの両ほおを軽くたたき、「ギュー」でほおをはさみます。

2 にこにこほっぺ

両ほおをくるくるなでます。

3 ギュギュギュギュ

子どものほおをはさみます。

4 ギュー

最後の「ギュー」では少し強くはさみます。

2番

5 ○○ちゃんの

1番と同様に。2で子どもの名前を呼んで、ほおをなでます。

どんな曲かな

子どもの柔らかなほおを、優しく押すあそびです。最後の「ギュー」は、おちょぼ口になるくらいまではさみましょう。

皮膚刺激

でこちゃんはなちゃん

発達に合った関わりポイント

子どもとのスキンシップを楽しみます。あそびを通して、人と関わる楽しさや愛着関係を育みます。

わらべうた

あそびかた

● 子どもと向い合って座ります

1 でこちゃん

子どものおでこを軽く2回たたきます。

2 はなちゃん

鼻の頭を軽く2回たたきます。

3 きしゃぽっ

両手をつないで上下に振ります。

4 ぽ

手をすばやく離して、子どもの両ほおをはさみます。

バリエーション

3の「きしゃぽっ」で、両手で子どもの両ほおを丸くなでます。他は同様にします。

どんな曲かな

おでこを「でこちゃん」、鼻を「はなちゃん」に見立てたあそびです。慣れてきたら最後の「ぽ」に強弱をつけて楽しみましょう。

愛着関係

こりゃいいなすじゃ

動画はここから

発達に合った関わりポイント

保育者とのやりとりを通して、「次は自分かな」と期待することを楽しみます。

作詞・作曲・振付：中谷真弓

あそびかた ●子ども2～3人と向かい合って座ります

1番

1 こりゃいい なすじゃ

子どもを順に指さします。

2 あらってあらって

子どもを順に両手でなでます。

3 こりゃいい なすじゃ しおふってしおふって

1のあと、「しおふって」で順に体をくすぐります。

4 こりゃいい なすじゃ まとめてまとめて

1のあと、「まとめて」で保育者は子どものほうににじり寄り、子どもを引き寄せます。

5 ぎゅうっと つけろ

子どもを一緒に抱きしめます。2番も同様に。

どんな曲かな

子どもをなすに見立てて、漬物をつくるあそびです。1番の「なすじゃ」は「ラミミ」ですが、2番の「かぶじゃ」は「ミミミ」と歌います。

皮膚刺激 だいこんおろし

発達に合った関わりポイント

寝たり起きたりするあそびを通して、体幹が鍛えられます。
機嫌のいいときにあそびましょう。

作詞・作曲:中谷真弓　振付:阿部直美

あそびかた

● 子どもと向かい合って座ります

1 おおきなだいこん ぬけました

子どもを持ち上げます。

2 おやおやまっくろ どろだらけ

子どもを寝かせて、全身を軽くたたきます。

3 おみずであらって ジャーブジャブ

頭から足先に向かってなでます。

4 ゴシゴシゴシゴシ こすったら

指を立てて、全身をこするように触ります。

5 だいこんおろしの できあがり

子どもをゆっくり起こし、ひざの上に抱きしめます。

どんな曲かな

子どもの体を、泥のついただいこんに見立てた曲です。「だいこん」をにんじんやごぼうに替えても楽しめます。

真似をする

おつむてんてんてん

発達に合った関わりポイント

保育者のしぐさに合わせて、真似をします。分かりやすい動作なので「できた」の達成感を味わうことができます。

どんな曲かな

「おつむ」は頭の意味。「○○ちゃん」では、子どもの名前を呼んで注意をひき、その流れから「いないいないバァ」の動作に入るとあそびに集中できます。

作詞・作曲・振付:阿部直美

あそびかた ● 子どもと向かい合って座ります

1番

1 おつむ てんてんてん

保育者は両手で頭を軽くたたきます。子どもはそれを真似します。

2 「○○ちゃん」

頭に両手をつけたまま、子どもの名前を呼びます。

3 いないないない ないない

両手で顔を隠します。

4 バァ

両手を開いて顔を出します。

2番

5 ほっぺ ぽんぽんぽん

両手でほおを軽くたたきます。

6 「○○ちゃん」 いない…バァ

ほおに両手をつけ名前を呼び、3のあと、大きく「バァ」をします。

皮膚刺激

おめでとケーキ

3

発達に合った関わりポイント

子どもの顔を刺激していくあそびです。優しく触りながら、語りかけるように歌っていきましょう。

作詞・作曲・振付：阿部直美

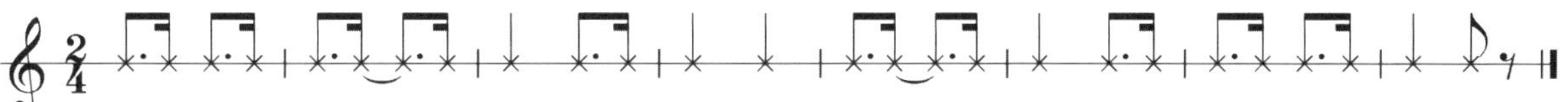
♩=104
1.2. いちごが　ふたーつ　ローソク　いっぽん　クリーム｛たっぷり／ちょっぴり｝　おめでと　ケーキ

あそびかた

● 子どもと向かい合って座ります

1番

1 いちごがふたつ

人さし指で、子どもの両目の周りを丸く描きます。

2 ローソクいっぽん

人さし指で、鼻筋をなでます。

3 クリームたっぷり

右、左の順に手で優しくほおをつかみます。

4 おめでとケーキ

両ほおを優しくたたきます。

2番

5 クリームちょっぴり

1番と同様に。3だけしぐさを小さくします。

どんな曲かな

子どもの顔をケーキに見立てたあそびです。「クリームたっぷり」は、ほおを優しく大きくつかむようにします。お誕生日におすすめ。

手指の刺激

一本橋わたって

発達に合った関わりポイント

子どもは指を触られることで、保育者の指の動きに着目します。同時にたたく、なでる、跳ねるなどの刺激を楽しみます。

作詞・作曲:キンダーサークル　振付:阿部直美

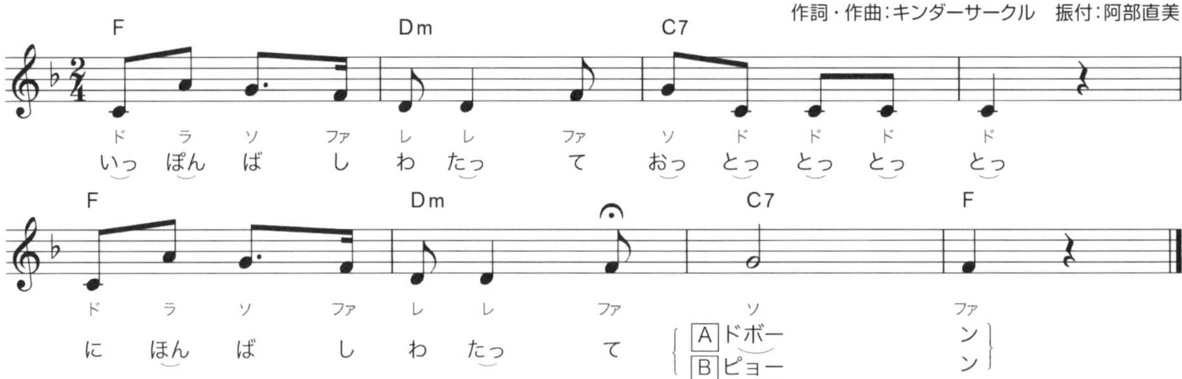

あそびかた ● 向かい合って座り、子どもの手をとります

1 いっぽんばし わたって

保育者は人さし指で、子どもの中指をなでます。

2 おっとっとっとっとっ

保育者は人さし指で、子どもの中指を跳ねながら進みます。

3 にほんばし わたって

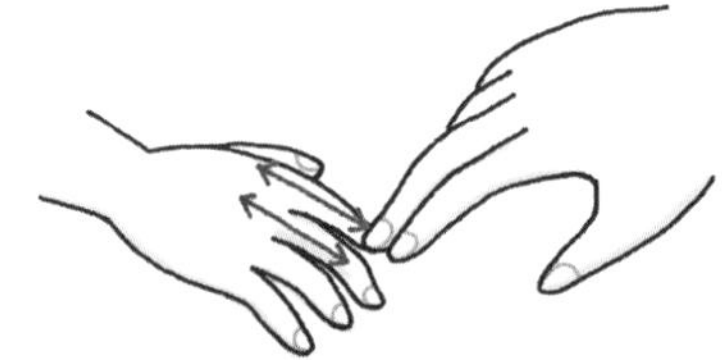

保育者は人さし指と中指で、子どもの人さし指と中指をなでます。

4 AかBを選ぶ

A ドボーン

2本の指を子どもの人さし指と中指の間に、落とすように入れます。

B ピョーン

2本の指をジャンプさせて、子どもの手の甲を突きます。

どんな曲かな

子どもの指を橋に見立てて、大人の指が渡ります。橋からA落ちるB渡るを、そのつど自由に変えて意外性を楽しみましょう。

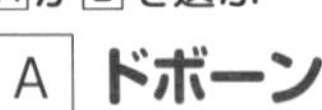

指のうた

発達に合った関わりポイント

親指から順番に突いたり、握ったりして指への刺激を促します。指の名称を伝えていくのにも、ぴったりの歌です。

どんな曲かな

戦後、初の幼児向けのラジオ番組で放送された歌で、長い間人気を博したあそびです。原曲はニ長調。

作詞・作曲:不詳　振付:阿部直美

あそびかた ●子どもをひざにのせます。子どもは片手を広げます

1 これはわたしの とうさま　えらいかた

子どもの親指の先を4回たたきます。「とうさま～」は、親指を握り軽く振ります。

2 これはわたしの かあさま　やさしいかたよ

人さし指にかえて1と同様に。

3 これはわたしの にいさま　せがたかい

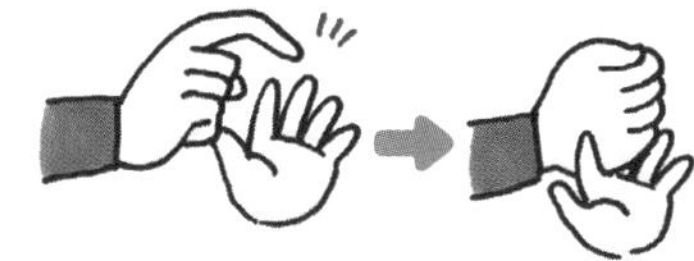

中指にかえて1と同様に。

4 これはわたしの ねえさま　しんせつよ

薬指にかえて1と同様に。

5 これはわたしの にこにこ　あかちゃん

小指にかえて1と同様に。

6 みんなわたしの おうちのかたよ

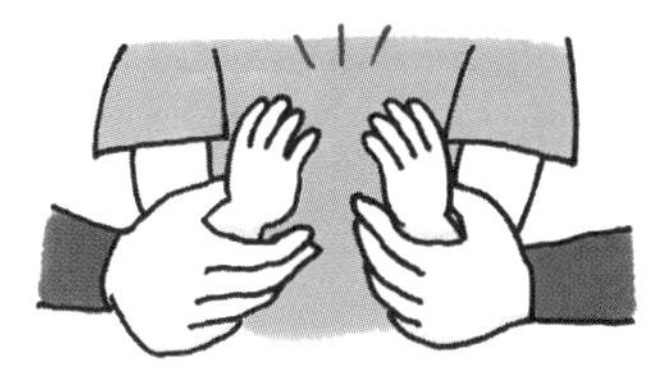

両手を持って8回拍手します。

体を揺らす

おひざのおうま

発達に合った関わりポイント

首がしっかり座った頃のあそびです。子どもは揺らしあそびが大好きです。お互いの表情を見ることで愛着関係が深まります。揺らしすぎないように。

作詞・振付：浅野ななみ　作曲：おざわたつゆき

●保育者は足を伸ばし、子どもをひざにのせて向き合います

1 おうまさんのおさんぽ　パカポコポン おうまさんのかけっこ　パッカポッコポン

子どもをしっかり支えながら、ひざを上下に揺らします。

「ポン」は少し大きく揺らします。

2 おうまさんの おひるね　パカポコ

揺れをだんだんゆっくりにします。

3 グー

子どもを胸に引き寄せて、眠るしぐさをします。

バリエーション

慣れてきたら正面向きに抱いて、楽しみましょう。

どんな曲かな

付点音符がリズミカルな曲です。「ポン」の後の休符は、動きを止めてしっかりアイコンタクトをとります。

どっちん かっちん

発達に合った関わりポイント

揺れとうしろに倒れるスリルを楽しむあそびです。倒れるところは、子どもの期待にこたえながらも、強くなりすぎないように。

わらべうた

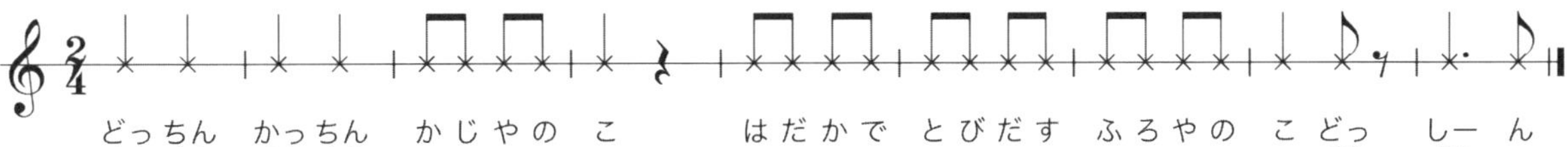

あそびかた ● 保育者は足を伸ばし、子どもをひざにのせて向き合います

1 どっちんかっちん かじやのこ

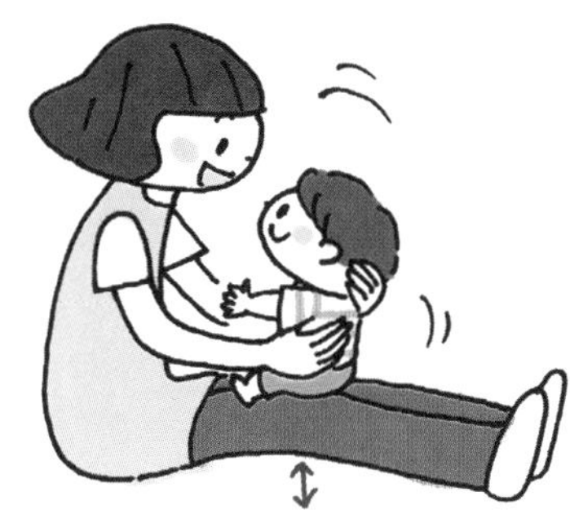

子どもをしっかり支えながら、ひざを曲げ上下に揺らします。

2 はだかでとびだす ふろやのこ

子どもを前後に押したり引いたりします。

3 どっしーん

保育者は足を開き、子どもをそっと足の間に落とします。

どんな曲かな

言葉の響きがユーモラスな歌です。揺さぶりすぎないように、2拍に1回ゆっくり上下させましょう。月齢の低い子は、首のうしろを支えます。

体を動かす

おえびす だいこく

発達に合った関わりポイント

歩けるようになった頃のあそびです。しゃがんで立つ、スクワットをする動きは、体幹も鍛えられるこの時期に大切な動きです。ゆっくり行います。

どんな曲かな

福の神である、「恵比寿様と大黒様のどちらがいいですか?」と問いかける歌です。元は鬼ごっこなど鬼を決めるときに使われていました。

わらべうた　振付:阿部直美

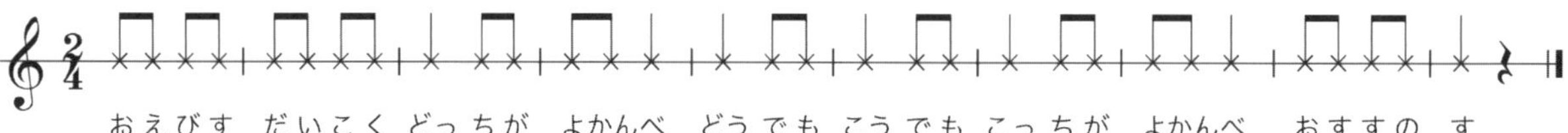

あそびかた ● 子どもと向かい合って立ちます

1 おえびす

両手は下げてグーにします、ひざを曲げます。

2 だいこく

ひざを伸ばして、両手を胸の前で開きます。

3 どっちがよかんべ

1、2と同様に。

4 どうでも こうでも こっちが よかんべ

その場で4回跳びます。

5 おすすの

おじぎをします。

6 す

両手を上にバンザイのポーズ。

げんきで1・2の3

発達に合った関わりポイント

歩けるようになった頃のあそびです。手足を一緒に動かす協応動作は、体を器用に動かす力を養います。

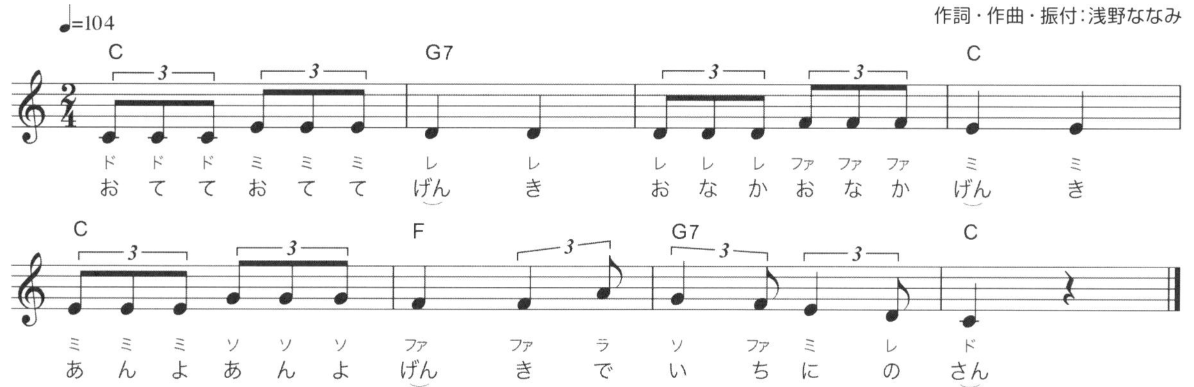

あそびかた

● 子どもと向かい合って立ちます

1 おてておてて げんき

その場で4回拍手します。

2 おなかおなか げんき

両手をグーにして、交互におなかをたたきます。

3 あんよあんよ げんきで

手を振りながら、その場で足踏みします。

4 いちにの

その場で2回跳びます。

5 さん

もう1回跳び、好きなポーズでとまります。

どんな曲かな

リズミカルに楽しく動きましょう。最後の「いち　にの　さん」は、大きな声を出します。転ばないように保育者はすぐそばに立ちましょう。

見立てを楽しむ

大きなたいこ

発達に合った関わりポイント

たいこをたたくしぐさをしながら、「大きい」「小さい」の違いを体で表現。こうした理解も1歳児ならでは。

どんな曲かな

子どもは「ドンドン」「トントン」のメロディーが大好きです。楽譜に記されている、*f*(フォルテ)、*p*(ピアノ)の強弱記号に注意しましょう。

作詞:小林純一　作曲:中田喜直　振付:阿部直美

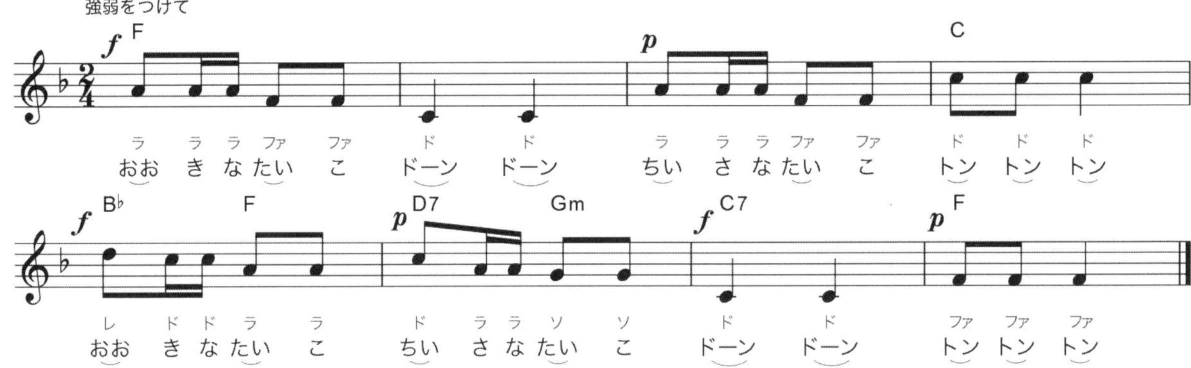

あそびかた ●子どもをひざにのせます

1 おおきなたいこ

子どもの手をとって、両腕で大きな輪をつくります。

2 ドーンドーン

バチを持って、大きく2回たたくしぐさをします。

3 ちいさなたいこ

両腕で小さな輪をつくります。

4 トントントン

バチを持って、小さく3回たたくしぐさをします。

5 おおきなたいこ ちいさなたいこ

1、3と同様に。

6 ドーンドーン トントントン

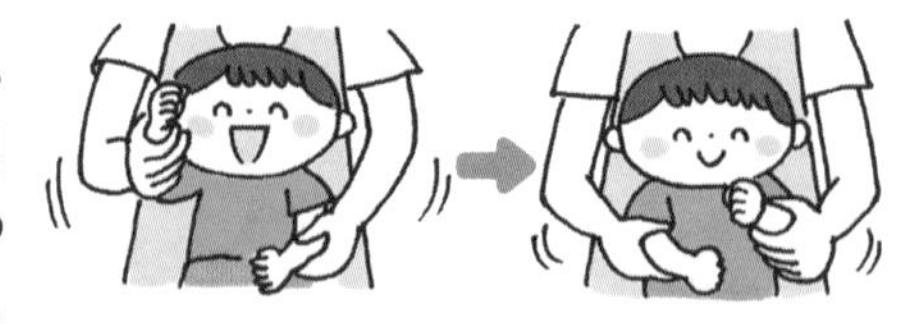

2、4と同様に。

皮膚刺激

おてらのつねこさん

発達に合った関わりポイント

手を軽くたたいたり、つねったり皮膚への刺激を楽しみます。最後のくすぐりは、何度もあそぶうちに次にくる動作が分かり、期待するようになります。

わらべうた

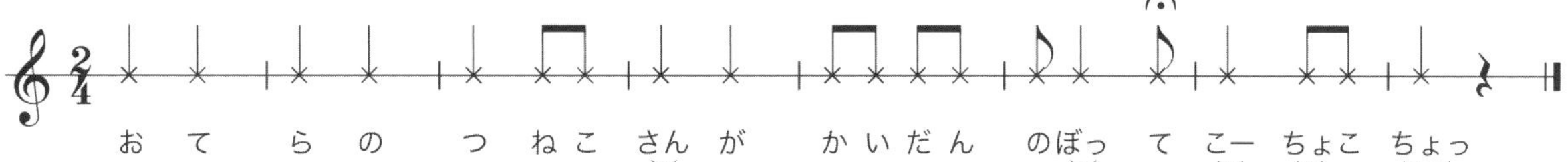

あそびかた ● 子どもと向かい合って座ります

1 おてらの

手の甲を軽く2回たたきます。

2 つねこさんが

手の甲を軽くつねります。

3 かいだんのぼって

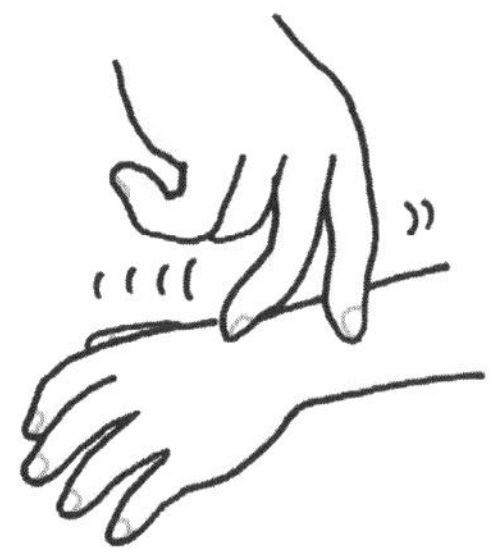

人さし指と中指を足に見立てて、腕をのぼっていきます。

4 こーちょこちょっ

肩までのぼったら、両手で脇の下をくすぐります。

バリエーション

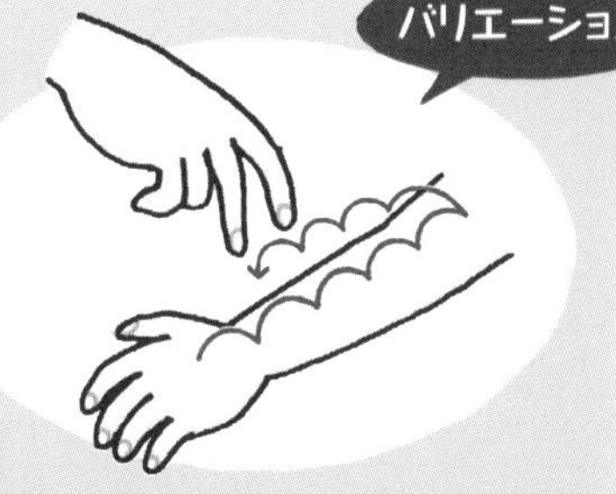

3の「かいだんのぼって」のあと、「おりてきて　もいちどのぼって」と腕をのぼったりおりたりして、くすぐっても楽しいでしょう。

どんな曲かな

「おてら」は手、「つねこ」はつねるなど、掛け言葉が楽しい歌です。「かいだんのぼって」の 𝄐（フェルマータ）は、音を伸ばし間をとり期待を高めます。

皮膚刺激

ぞうきんつくろう

発達に合った関わりポイント

子どもの体を突いたり、なでたり皮膚を刺激していきます。歩ける年齢になっても、寝かせた姿勢であそび、心地よさを楽しみます。

どんな曲かな

子どもの体をぞうきんに見立てて、縫ったり洗ったりする歌です。最後の「ふきそうじ」で思いっきりくすぐります。

作詞・作曲・振付:阿部直美

あそびかた ● 子どもを寝かせます

1 はりにいとを とおします

子どもの両手を持ち、上下に体を軽く揺すります。

2 チクチクチクチク…できあがり

おなかを人さし指で軽く突きます。

3 バケツのなかで ジャブジャブジャブ

両足を持って左右に揺らします。

4 あらってしぼって

両足を交差させます。

5 ふきそう

おなかから胸まで両手をすべらせます。

6 じ

脇の下をくすぐります。

バリエーション

向かい合ってあそぶときは、この動作で。親子参観などにも、ぴったりです。

1 はりにいとを とおします

両手をつなぎ、左右に振ります。

2 チクチクチクチク…できあがり

人さし指で、自由に体を突きます。

3 バケツのなかで ジャブジャブジャブ

1と同様に。

4 あらってしぼって

手をつなぎ交差させ、上下に振ります。

5 ふきそうじ

両脇をなでたあと、くすぐります。

体を揺らす

ちっちゃなじどうしゃ

発達に合った関わりポイント

両腕を動かしてハンドル操作を楽しみます。「止まる」「曲がる」のしぐさから、体のバランス感覚を養います。

どんな曲かな

子どもは乗り物が大好きです。保育者はひざを揺らしながら、車に乗っている臨場感を出しましょう。

作詞・作曲・振付：阿部直美

あそびかた ●保育者は足を伸ばし、子どもをひざにのせます

1番

1 ハンドルにぎってね ブゥブゥ

子どもの手をとって、ハンドルを持っているように左右に動かします。

2 ちっちゃなじどうしゃ はしります

拍手します。

3 ブーウブブブブ

1と同様にハンドルを持ち、保育者はひざを上下に揺らします。

4 とまります ブーウ…とまります

ひざの動きをとめます。
3、4を繰り返します。

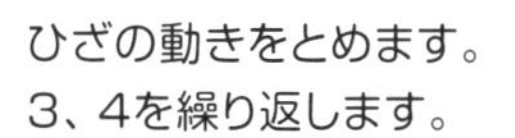

5 ちっちゃなじどうしゃ ブーウブブブブブゥ

2と3と同様に。

2番

6 でこぼこみちでもね… ブーウブブブブブゥ

1番と同様に。「まがります」は、体を片側に傾けます。

バリエーション

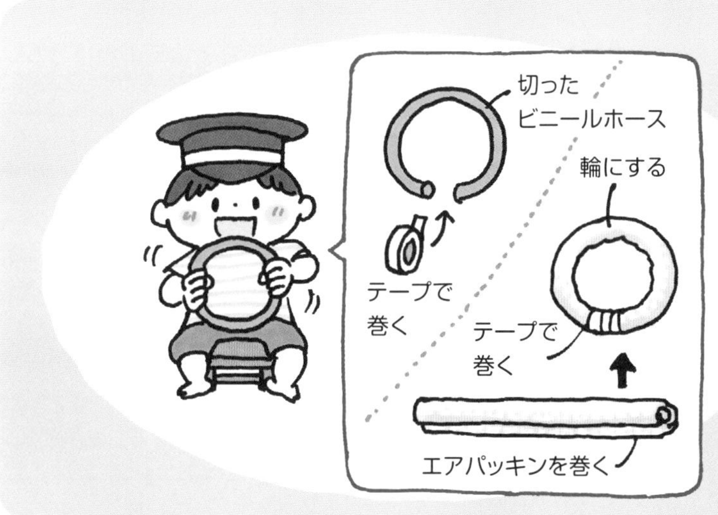

運転手気分が盛り上がるように、ビニールホースやエアパッキンを輪にしたハンドルを持たせます。歌いながら、ハンドル操作を楽しみましょう。

愛着関係

あるこうロンドン橋

発達に合った関わりポイント

足の甲にのったり、抱っこされたりさまざまな動きから、バランス感覚を養います。人と関わる楽しさも育みます。

作詞・振付:中谷真弓　イギリス民謡

あそびかた

● 子どもと向かい合って立ちます

1 みんなであるこう…たいへん

保育者の足の甲に子どもをのせ、しっかり抱え、2拍に1歩進みます。

2 ロンドン

子どもを抱き上げます。

3 ばし

再び保育者の足の甲におろします。

バリエーション

「ロンドン」の「ドン」の上に、𝄐(フェルマータ)がついています。これは音を十分に伸ばす記号です。わざと長く伸ばし「たかいたかい」をして、体を左右に揺すってから着地してもいいでしょう。

どんな曲かな

大人の足の動きに合わせて、落ちないようにゆっくりあそびます。子どもと息を合わせることがポイントです。

見立てを楽しむ

いもむしごろごろ

発達に合った関わりポイント

歩くのが楽しくなってきた子どもに、ぴったりのあそびです。
列になって進むことで、友達との関わりもうまれます。

わらべうた

あそびかた

● 子どもは保育者のうしろに立ち、腰のあたりにつかまります

1 いもむしごろごろ ひょうたんぽっくり

保育者につかまって2拍に1歩ずつ歩きます。

2 こ

保育者はうしろを振り返り、子どもを抱きしめます。

バリエーション

慣れてきたら子どもの人数を増やして歩いてみましょう。歌を繰り返しながら進みます。

どんな曲かな

本来は子どもが何人もつながって、しゃがんで歩くあそびです。1歳児には難しいので、まずは保育者と2人組になってはじめます。

手指の刺激 おおまめこまめ

発達に合った関わりポイント

手指の刺激を促すあそびです。1本1本の指が認識できるように、しっかり握ります。

どんな曲かな

5本の指を5種類の豆に見立てる歌です。ハトの動きは、指を大きく動かして、子どもによく分かるようにします。

作詞・作曲・振付:阿部直美

あそびかた

● 子どもと向かい合って座ります

準備

子どもは右手を開きます。指にまめの名称をつけます。

1番

1 おおまめ こまめ …ひよこまめ

歌詞に合わせて、保育者は子どもの指を握っていきます。

2 ポッポのやまから ハトがきて

保育者は両手の親指を交差して、他の指は羽に見立ててヒラヒラさせます。

3 おおまめ こまめ

歌詞に合わせて、親指、小指を握ります。

4 たべたとさ

子どもの手のひらに、人さし指で渦巻きを描きます。

5 ポッポッポー

2と同様にハトにして、子どもの頭を触ります。2番、3番も同様に。3は握る指を歌詞に合わせます。

おみやげ みっつ

発達に合った関わりポイント

体を動かしてリズミカルな感覚を養います。保育者とのユーモラスなしぐさあそびを楽しみます。

わらべうた　補作詞・振付：中谷真弓

あそびかた

● 子どもと向かい合って立ちます

1 おみやげみっつに たこみっつ…みっつに

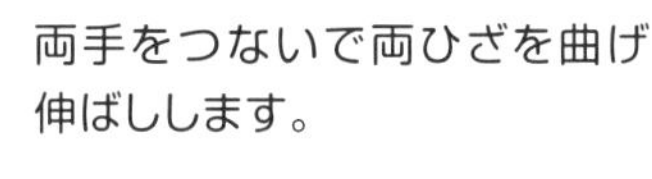

両手をつないで両ひざを曲げ伸ばしします。

2 ハイハイハイハイ

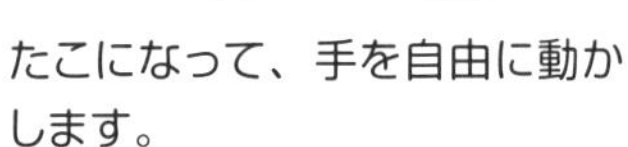

たこになって、手を自由に動かします。

3 たこみっ

保育者は両手を頭に上げて、輪をつくります。子どもは見ています。

4 つ

輪にした手を下げて、子どもをその中に入れます。

バリエーション

4で子どもを抱き上げ「たかいたかい」をしても楽しいでしょう。

どんな曲かな

原曲は1～4小節まで。本来は友達と別れるときなどに、「たこみっつ」で背中を3回たたくあそびです。ここでは1歳児向けにアレンジしました。

皮膚刺激 パンやさんにおかいもの

発達に合った関わりポイント

顔をパンに見立てながら、ほおや鼻を触りふれ合いを楽しみます。パン屋さんとお客さんの役割も知るようになります。

どんな曲かな

最初は保育者がお客さんになりましょう。2番1小節目の「たくさん」と最後の「ハイどうぞ」は、1番とはメロディーが異なるので、注意しましょう。

あそびかた ● 子どもと向かい合って座ります

1 パンパン　パンやさん におかいもの

最初は子どもがパン屋さん、保育者はお客さん。2人で拍手をします。

2 サンドイッチに

保育者は両手で、子どものほおを軽くはさみます。

3 メロンパン

子どもの両目をあかんべえします。

4 ねじりドーナツ

子どもの鼻をねじるしぐさをします。

5 パンのみみ

子どもの両耳を軽く引っ張ります。

6 チョコパン ふたつ

子どもの両脇をくすぐります。

7 ください

2回拍手します。

8 な

手のひらを上にむけて、お互い相手の方に見せます。

9 ホイホイたくさん …ハイどうぞ

2番は子どもがお客さん役になり触っていきます。

真似をする

げんこつやまのたぬきさん

発達に合った関わりポイント

歌詞に合わせてしぐさを真似していく、しぐさあそびです。保育者とのやり取りを楽しみながら、付点音符の弾んだリズムを感じとらせます。

どんな曲かな

広く知られているわらべうたです。最後の「た」は、本来じゃんけんをしますが、1歳児向けにアレンジしています。

あそびかた

● 子どもと向かい合って座ります

1 げんこつやまの たぬきさん

両手をグーにして、上下に打ち合わせます。

2 おっぱいのんで

ミルクを飲むしぐさをします。

3 ねんねして

両手を合わせてほおにつけて、眠るしぐさをします。

4 だっこして

胸の前で赤ちゃんを抱くしぐさをします。

5 おんぶして

赤ちゃんをおんぶするしぐさをします。

6 またあし た

両手をグーにしてかいぐりし、「た」でお互いの両手を合わせます。

真似をする

パパンのぞうさんゲーム

動画はここから

発達に合った関わりポイント

2匹の動物のポーズを認識して、すばやく保育者のポーズを真似します。言葉の指示が分かるようになる、この時期ならではのあそびです。

どんな曲かな

ゾウ、ゴリラの2つの動作を真似するゲーム性のある曲です。慣れてきたらゾウ、ゴリラの順番を入れかえてあそびましょう。

作詞・作曲・振付:中谷真弓

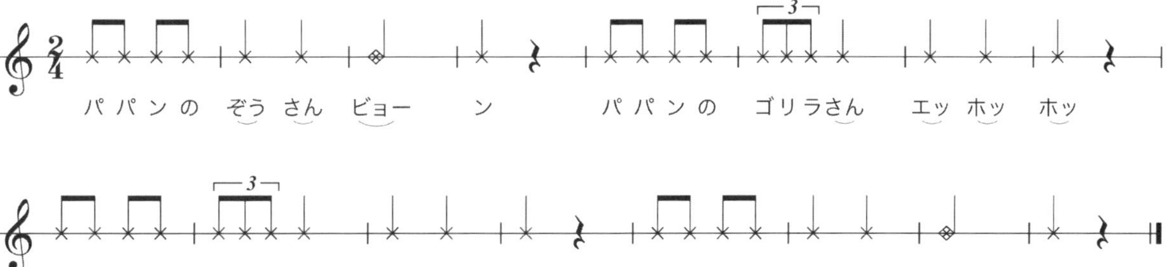

あそびかた

●子どもと向かい合って座ります

1 パパンの

両者同じテンポで拍手を2回します。

2 ぞうさん

保育者はすばやく両手をグーにして、鼻につけます。子どももすばやくその真似をします。

3 ビョーン

両者同じテンポで、ゾウの鼻のように片手を伸ばします。

4 パパンのゴリラさん

1のあと、保育者はすばやく両手を胸につけてゴリラポーズ。子どももすばやくその真似をします。

5 エッホッホッ

両者同じテンポで、胸をたたきます。

6 パパンのゴリラさん エッホッホ

4、5同様に。

7 パパンのぞうさん ビョーン

1、2、3と同様に。

大きな栗の木の下で

発達に合った関わりポイント

歌詞に合わせて体を動かしていきます。慣れてきたら輪になり、みんなで手あそびする楽しさを味わいましょう。

作詞：不詳　イギリス民謡

あそびかた

● 子どもと向かい合って立ちます

1 おおきなくりの

両手を輪にします。

2 きの

両手を頭に当てます。

3 した

両手を肩に当てます。

4 で

両手を下におろします。

5 あなたと

人さし指で、前にいる人を指でさすようにします。

6 わたし

人さし指で、自分をさします。

7 なかよく

左右の手を交差させて、胸に当てます。

8 あそびましょう

7のしぐさのまま、左右に揺れます。

9 おおきなくりの きのしたで

1～4と同様に。

「きの　した　で」のしぐさは、肩→頭→バンザイするあそびもあります。慣れてきたら、この動きでもあそんでみましょう。

どんな曲かな

イギリスの民謡。しぐさもメロディーも覚えやすく、よく知られている歌です。

手指の刺激 むすんでひらいて

発達に合った関わりポイント

グーとパーの手の動きは、0歳児でもできますが、連続してできるのは1歳児くらいから。楽しみながら指先の動きを促します。

どんな曲かな

「そのてを うえに」の𝄐（フェルマータ）は、音を十分に伸ばします。手が上がっていることを確認してから、次の動作に移ります。

あそびかた ● 子どもと向かい合って座ります

1 むすんで

両手をグーにして、上下に4回振ります。

2 ひらいて

パーにして、上下に4回振ります。

3 てをうって

4回拍手します。

4 むすんで

1と同様に。

5 またひらいて

2と同様に。

6 てをうって

3と同様に。

7 そのてをうえに

両手をパーにして頭の上にあげます。

8 むすんでひらいて…むすんで

1〜4と同様に。

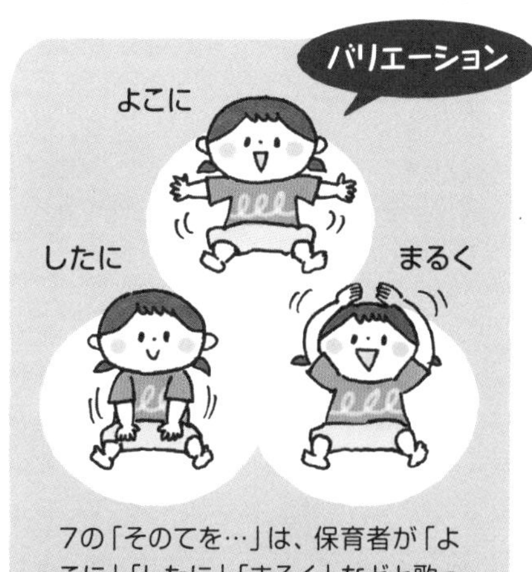

7の「そのてを…」は、保育者が「よこに」「したに」「まるく」などと歌って、それに合わせてポーズしても楽しめます。

真似をする

あたまかたひざポン

どんな曲かな

イギリスのナーサリーライム(童謡)の『マザーグース』の中で広く知られている「ロンドン橋」からつくられた曲。外国では「ポン」が「つまさき」になっています。

発達に合った関わりポイント

体や顔の部位を触っていきます。あそびを繰り返すことで、部位の位置や、名前が分かるようになります。

作詞:不詳　イギリス民謡

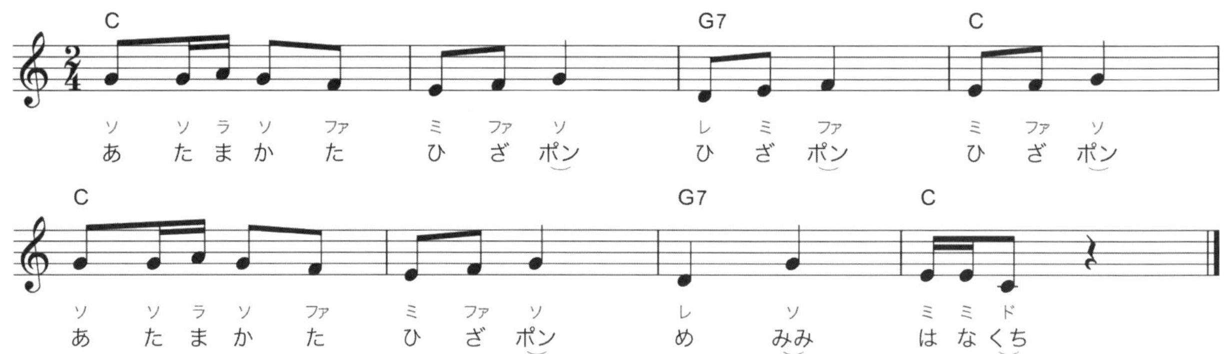

● 子どもと向かい合って座ります

1 あたま

両手を頭に当てます。

2 かた

両手を肩に当てます。

3 ひざ

両手をひざに当てます。

4 ポン

拍手を1回します。

5 ひざポン　ひざポン

3、4を2回繰り返します。

6 あたま　かた　ひざポン

1〜4と同様に。

7 め

人さし指で、両目のふちを触ります。

8 みみ

両耳をつまみます。

9 はな

人さし指で、鼻を押さえます。

10 くち

人さし指で、口のはしを押さえます。

バリエーション

● タヌキになって

● サルになって

慣れてきたら「タヌキさんになって、あそびましょう」といって、「ポン」でおなかをたたきます。「サルになって…」では、「ウッキ」と歌いながらポーズしても楽しめます。

見立てを楽しむ

これくらいのおべんとうばこ

動画はここから

発達に合った関わりポイント

少し難しい「チョキ」の指の形は、それらしい形で十分。
あそびを通して、少しずつ出せるようになるといいでしょう。

わらべうた

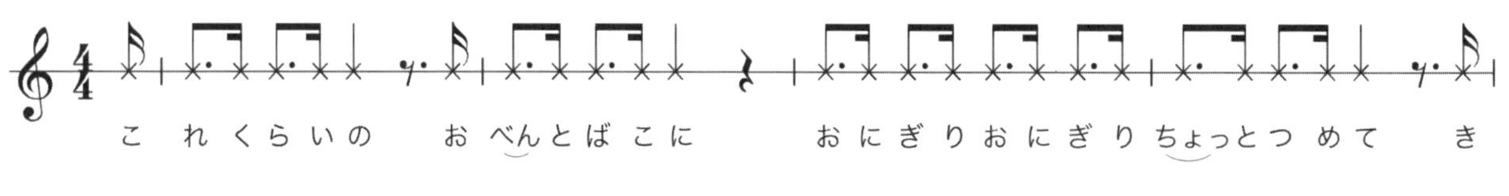

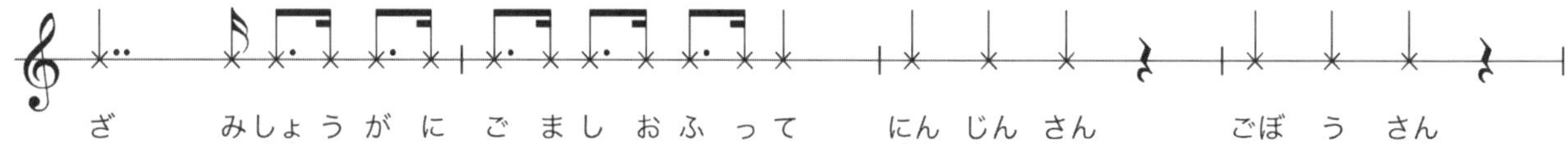

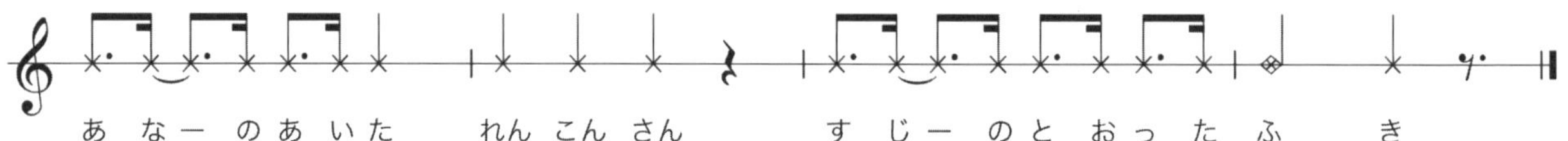

あそびかた

● 子どもと向かい合って座ります

1 これくらいの おべんとばこに

両手の人さし指で、四角を2回描きます。

2 おにぎりおにぎり

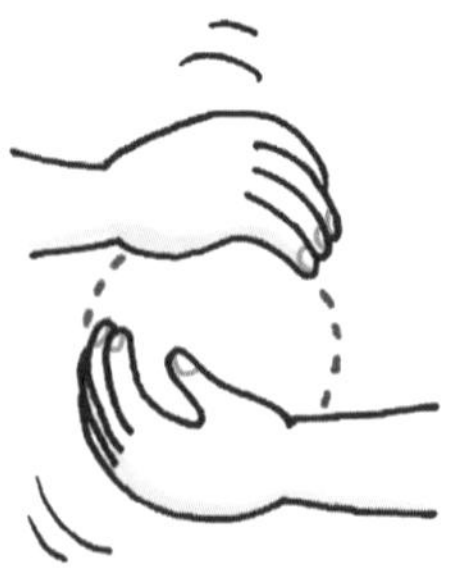

両手でおにぎりを握るしぐさをします。

3 ちょっとつめて

お弁当におにぎりをつめるしぐさをします。

4 きざみしょうがに

片手をまな板、片手を包丁に見立てて切るしぐさをします。

5 ごましおふって

両手で、ごまをかけるしぐさをします。

6 にんじんさん

右手の指を２本出します。

7 ごぼうさん

右手を５本出します。

8 あなのあいたれんこんさん

親指と人さし指で輪をつくり、両目に当て動かします。

9 すじのとおった

左腕の手首からひじに向かって、右手の人さし指でなで上げます。

10 ふ

左の手のひらに息をふうーっとかけます。

11 き

両手でパチンとたたきます。

どんな曲かな

お弁当箱にどんどんおかずを詰めていく歌です。地域によって入る食べ物もいろいろ。これが原曲に近いものです。最近では「おべんとうばこのうた」というタイトルで、呼ばれることもあります。

見立てを楽しむ

てんぐのはな

発達に合った関わりポイント

鼻、耳、口を触って顔の部位の認識を促します。「ながい」「でっかい」「ちっちゃい」を体で表現していきます。

どんな曲かな

自分の顔を触る顔あそびです。「おっとっとっとっ」をユーモラスに表現できるようにしましょう。

作詞・作曲・振付：浅野ななみ

あそびかた

● 子どもと向かい合って座ります

1番

1 てんぐのはなは ながいぞ

片手の人さし指で、鼻を軽くたたきます。

2 おっとっとっとっ このくらい

両手を握り鼻につけ、片手を伸ばします。「このくらい」でほどよい長さに戻します。

2番

3 ぞうのみみは でっかいぞ

両手の人さし指で、両耳をたたきます。

4 おっとっとっとっ このくらい

両耳につけた両手を大きく広げます。「このくらい」でほどよい大きさに戻します。

3番

5 ありのくちは ちっちゃいぞ

片手の人さし指で口を軽くたたきます。

6 おっとっとっとっ このくらい

両手でほおを押さえ口を小さくすぼめていきます。「このくらい」でほどよい大きさに戻します。

せんべ せんべ

どんな曲かな

「せんべ」は秋田地方の方言。手のひらをおせんべいに見立ててあそびます。まず2～3人であそんでみましょう。

発達に合った関わりポイント

子どもの手に触れながら、スキンシップを深めます。自分の手が食べられるドキドキを味わいつつ、リズミカルな動作を楽しみます。

わらべうた　振付：阿部直美

あそびかた ●子ども2～3人と向かい合って座ります

1 せんべせんべやけた

子どもは手の甲を上にむけ、前に出します。保育者は拍手します。

2 どのせんべやけた

子どもは手のひらを上にむけます。保育者は拍手。

3 このせんべやけた

保育者は子どもの手のひらを人さし指でひとつずつ突きます。最後の「た」でとまった手が、焼けたせんべい。

4 ムシャムシャムシャ

焼けたせんべい（子どもの手）を、食べるしぐさをします。

真似をする 手をたたきましょう

発達に合った関わりポイント

笑う、泣く、怒るの「まねっこ」が楽しくなる時期にピッタリの歌です。リズムにのって喜怒哀楽を表現しましょう。

どんな曲かな

チェコの民謡「ナニンカちゃんキャベツ畑へ」のメロディーが基になって、つくられたといわれている曲です。「笑う、怒る、泣く」をリアルに表現すると、あそびが盛り上がります。

訳詞：小林純一　チェコスロバキア民謡

おもしろく

C　F　C

ミ　ミ　レ　ミ　ミ　レ　ミ　ミ　ファ　ソ　ラ　ラ　ソ　ファ　ソ　ソ　ファ　ミ

1.～3. て　を　ー　た　た　ー　き　ま　ー　しょう　タン　タ　ン　タン　タン　タ　ン　タン

C　F　C

ミ　ミ　レ　ミ　ミ　レ　ミ　ミ　ファ　ソ　ラ　ラ　ソ　ファ　ファ　ミ　ミ　ミ

あ　し　ー　ぶ　み　ー　し　ま　ー　しょう　タン　タ　ン　タン　タン　タン　タン　タン

C

ソ　ソ　ソ　ラ　ソ　ミ　ミ　ミ　ソ　ソ　ソ　ラ　ソ　ミ　ミ　ミ

わ　ら　い　ま　しょう　アッ　ハッ　ハッ　わ　ら　い　ま　しょう　アッ　ハッ　ハッ
お　こ　り　ま　しょう　ウン　ウン　ウン　お　こ　り　ま　しょう　ウン　ウン　ウン
な　き　ー　ま　しょう　エン　エン　エン　な　き　ー　ま　しょう　エン　エン　エン

F　G7　C

ド　ド　ド　ラ　ラ　ラ　ソ　ファ　ミ　レ　ド　ド　ド

アッ　ハッ　ハッ　アッ　ハッ　ハッ
ウン　ウン　ウン　ウン　ウン　ウン　あ　あ　お　も　し　ろ　い
エン　エン　エン　エン　エン　エン

あそびかた ● 子どもと向かい合って立ちます

1 てをたたきましょう タンタン…タンタン

「てをたたきましょう」は歌い、「タンタン」から拍手します（以下同様に）。

2 あしぶみしましょう タンタン…タンタン

最初は歌い、「タンタン」から足踏みします。

3 わらいましょう… アッハッハッ

最初は歌い、「アッハッハッ」は両手を広げて、笑うしぐさをします。これを繰り返します。

4 ああおもしろい

両手を上にあげて、ひらひら振りながら下におろします。

5 …おこりましょう ウンウンウン…

1番と同様に。「ウンウンウン」で腕を組み、怒るしぐさをします。

6 …なきましょう エンエンエン…

1番と同様に。「エンエンエン」で両手を目に当て、泣くしぐさをします。

バリエーション

慣れてきたら「ああおもしろい」で足踏みもしてみましょう。手足の協応動作を促すことができます。

見立てを楽しむ

こっちむいて うさぎさん

発達に合った関わりポイント

主にパーの手で構成されたリズムあそびです。動物のなりきりあそびは、この時期ならではです。

どんな曲かな

大好きなウサギの真似です。5小節目からの「みみ（みみ）」は、保育者が先に歌ったあと、子どもが掛け合いで歌います。

作詞・作曲・振付：阿部直美　出典・こどもちゃれんじ

あそびかた ● 子どもと向かい合って立ちます

1 うさぎさん うさぎさん

両者、4回拍手をします。

2 こっちむいて（休符）

両手で目を隠します。休符で手を広げます。

3 うさぎさん うさぎさん こっちむいて（休符）

1、2と同様に。

4 みみ（みみ）

保育者は両手を上にあげて左右に振ります。次に子どもが同じしぐさをします。

5 おめめ（おめめ）

親指と人さし指で輪をつくり、両目に当てます。先に保育者、次に子どもの順に。

6 しっぽ（しっぽ）

両手を後ろで組み、しっぽをつくります。先に保育者、次に子どもの順に。

7 ぴょんぴょんぴょん

両者、自由に3回ジャンプします。

8 みみ（みみ）… ぴょんぴょんぴょん

4、5、6、7と同様に。

やりとりを楽しむ

アッチッチ コロッケ

発達に合った関わりポイント

自分はどのコロッケか、期待している子どもの要求にこたえながらあそびます。集団であそぶ意識も育ってきます。

どんな曲かな

子どもを熱い、ちょっと熱い、冷たいコロッケに見立てて、触っていきます。輪になってあそびます。

あそびかた

● 輪になって座り、保育者は輪の中に入ります

1 ○○ちゃんのコロッケ アッチッチ

保育者はひとりの子どもを指さします。子どもは拍手します。

2 アッチ! アッチ! アチーッ!

コロッケに見立てた子どもの頭を、熱そうに愉快に触っていきます。

3 △△ちゃんのコロッケ ちょっとアチッアチッ? アチッ? アチーッ?

他の子どもを指さし、2と同様に「ちょっと熱い?」を愉快に表現します。

4 ◇◇ちゃんのコロッケ つめたい つめたーい

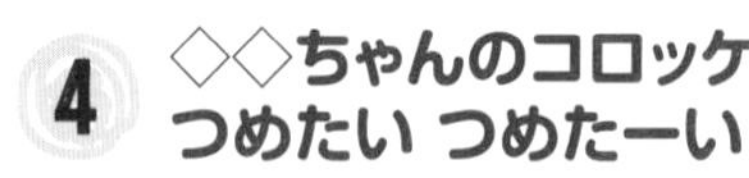

別の子どもを指さし、2と同様に「冷たい」とびっくりした表現をします。

真似をする ごんべさんの赤ちゃん

発達に合った関わりポイント

小さい赤ちゃんに興味をもち、お母さんの真似をするのが楽しい時期。手あそびで赤ちゃんのお世話を楽しみます。

どんな曲かな

ごんべえさんが、風邪をひいた赤ちゃんの世話をします。原曲はアメリカ民謡。南北戦争の時に兵士に歌われました。

作詞：不詳　アメリカ民謡

あそびかた ● 子どもと向かい合って座ります

1 ごんべさんの

頭に手ぬぐいをかぶって、あごの下で結ぶしぐさをします。

2 あかちゃんが

両手で赤ちゃんを抱きかかえるしぐさをします。

3 かぜひいた

両手を口元に当て、せきをするしぐさをします。

4 ごんべさん…かぜひいた

1～3を2回繰り返します。

5 とてもあわてて

4回拍手をします。

6 しっぷした

両手を胸の前で交差します。

見立てを楽しむ

とんとんとんとんひげじいさん

発達に合った関わりポイント

拍子に合わせてげんこつを打つことが楽しくなります。ユーモラスな歌詞を両手で表現していきます。

どんな曲かな

最後に手をひざに置き、気持ちを落ち着かせるので活動の切り替えなどによく使われます。基は鍵盤ハーモニカの指使いの練習曲としてつくられました。

作詞：不詳　作曲：玉山英光

あそびかた ●子どもと向かい合って座ります

1 とんとんとんとん

こぶしを上下交互に4回打ち合わせます。

2 ひげじいさん

両手をグーのまま、あごの下につけて体を左右に揺らします。

3 とんとんとんとん こぶじいさん

1のあと、両手をグーのままほおにつけて体を左右に揺らします。

4 とんとんとんとん てんぐさん

1のあと、両手をグーにしたまま鼻につけて体を左右に揺らします。

5 とんとんとんとん めがねさん

1のあと、両手を輪にして目につけて体を左右に揺らします。

6 とんとんとんとん てはうえに

1のあと、両手を広げて上げます。

7 らんらんらんらん

上げた手をひらひらさせながら、おろします。

8 ては

両手をパッと開いて前に出します。

9 おひざ

両手をそっとひざにおきます。

手指の刺激 いっちょうめのドラねこ

発達に合った関わりポイント

親指から小指までを動かし、手指を刺激します。1から5の数の概念も、この歌を通して自然と覚えていきます。

どんな曲かな

人さし指をネコとネズミに見立てて、追いかけっこする様子をユーモラスに表現します。「いっちょうめ」の「う」は、歌う際は抜かして歌います。

作詞・作曲・振付:阿部直美

あそびかた ●子どもと向かい合って座ります

1 いっちょめの ドラねこ

片手を広げます。もう片方の人さし指で、親指を4回たたきます。

2 にちょめの クロねこ

人さし指で、もう片方の人さし指を4回たたきます。

3 さんちょめのミケネコ …トラねこ

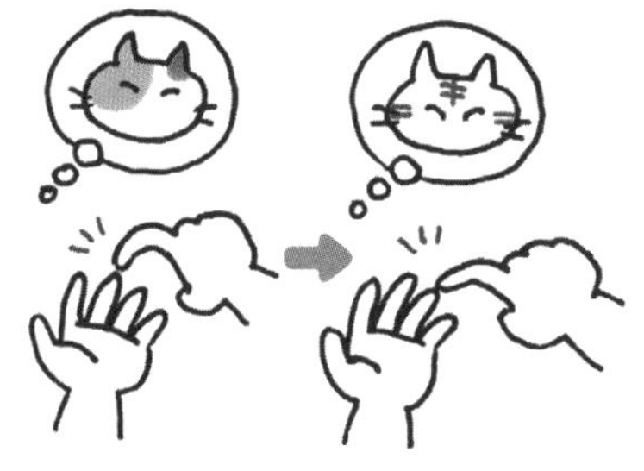

同じように中指、薬指をたたきます。

4 ごちょめの ネズミは

小指を4回たたきます。

5 おいかけられて

両手の人さし指を曲げたり伸ばしたりしながら、左方向に動かします。

6 あわててにげこむ

5とは反対の右方向に動かします。

7 あなのなか

片手を軽く握り穴の形にします。もう一方の人さし指を中に入れます。

8 ニャオー

両手を頭の横につけてネコの耳のようにし、「ニャオー」と鳴きます。

バリエーション

子どもの様子を見て、難しければこんなあそびを

1

1、2、3、4までは、子どもが片手を広げ保育者が親指から順にたたきます。

2

5、6、7は、保育者が人さし指で子どもの体をつつきます。最後の「ニャオー」は、2人で8のポーズを。

見立てを楽しむ

だいすき だいすき

発達に合った関わりポイント

体の部位を触ってスキンシップを楽しみます。慣れてきたら、動物の特徴を自由に表現していきます。

どんな曲かな

子どもの体を動物に見立てて触っていくふれ合いあそび。親子参観などにも、よく使われます。

作詞・作曲・振付：阿部直美

あそびかた ● 子どもと向かい合って座ります

1 ぷくぷくやまの ウサギさん

子どものほおを両手で軽くたたきます。

2 だいすきだいすき ぴょんぴょんぴょん

両手をつなぎ上下に軽く振ります。

3 ながいおみみで

両手を上げて、ウサギの耳にします。

4 ぴょーん…ぴょーーん

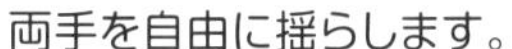
両手を自由に揺らします。

2番 5 ぼうぼうやまのタヌキさん

子どもの髪の毛を軽く触ります。

6 だいすきだいすきぽんぽんぽん

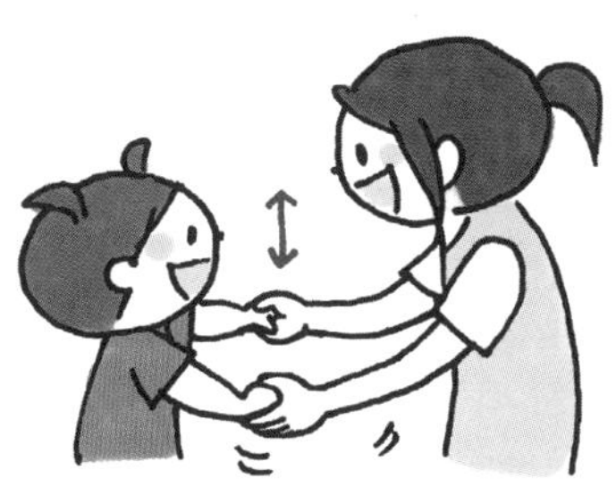

2と同様に。

7 おなかのたいこを

おなかを両手で軽くたたきます。

8 ぽーん…ぽーーん

自由におなかをたたきます。

3番 9 げじげじやまのコアラさん

子どものまゆ毛を軽くつまみます。

10 だいすきだいすきだっこっこ

2と同様に。

11 かわいいおててで

拍手をします。

12 だーっこ…だーっこ

自由に抱き合ってから、最後に「だいすき」といってギュッとします。

見立てを楽しむ

大きくトン 小さくトン

発達に合った関わりポイント

大小の概念を理解できるのもこの時期。大きい、小さいを体を使って楽しく表現していきます。

どんな曲かな

付点音符がとてもリズミカルな曲です。みんなですぐにあそべるので、親子参観などにも喜ばれます。

作詞・作曲・振付：阿部直美

あそびかた ● 子どもと向かい合って座ります

1 おおきくトン

「おおきく」は歌のみ、「トン」でこぶしを大きく打ち合わせます。

2 ちいさくトン

1のあと、「トン」で小さく打ち合わせます。

3 おおきく…ちいさく トントントン

1、2と同様に。「トントン」は詞に合わせて、大きく・小さく打ち合わせます。

4 おおきくパン…パンパンパン

1番と同様に。「（おおきく）パン」で大きな拍手をします。「（ちいさく）パン」は、小さな拍手をします。

5 おおきくピョン…ピョンピョンピョン

1番と同様に。「（おおきく）ピョン」は、大きく手を上げウサギの耳にします。「（ちいさく）ピョン」は少し手を下げます。

6 おおきくブウ…ブウブウブウ

1番と同様に。「（おおきく）ブウ」は両手で輪をつくり、鼻に当てブタの鼻にします。「（ちいさく）ブウ」は輪を小さくします。

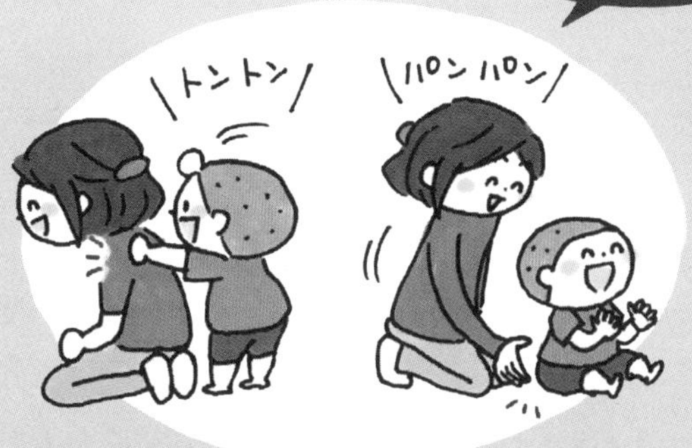

親子参観などでは、1番の歌詞に合わせて保護者の肩をたたいたり、2番は子どものお尻をたたいたりしても楽しめます。

見立てを楽しむ

山ごやいっけん

発達に合った関わりポイント

ひとりで「おじいさん」と「うさぎ」を演じていくので、見立てあそびが盛んになってくるこの時期にぴったりの歌です。

どんな曲かな

歌詞に合わせてしぐさをしていきます。アメリカの教育番組「セサミストリート」で取り上げられ広く歌われるようになりました。

あそびかた

● 子どもと向かい合って座ります

1 やまごやいっけん ありました

両手の人さし指で、家の形を描きます。

2 まどからみている おじいさん

片手を額に当てて、遠くを見るようにします。

3 かわいいうさぎが ぴょんぴょんぴょん

両手を上げてウサギの耳をつくります。

4 こちらへ にげてきた

耳を左右に振ります。

5 たすけてたすけて おじいさん

両手を握りしめて、震えるしぐさをします。

6 りょうしのてっぽう こわいんです

両手を合わせて人さし指を出して、てっぽうの形をつくります。

7 さあさあはやく おはいんなさい

片手は腰に当て、もう一方の手は手招きをします。

8 もうだいじょうぶだよ

両手を胸の前で交差させ、体を左右に揺らします。

手指の刺激

トントンパチパチ

発達に合った関わりポイント

歌詞に合わせて顔の部位を触ったり、動物の真似をしたりします。リズムにのって、拍手のあと手指を動かしていきましょう。

どんな曲かな

こぶし打ちと拍手を繰り返します。*rit.*（リタルダンド）では少しゆっくり歌い、𝄐（フェルマータ）では音を伸ばしながらおもしろい顔をしてみましょう。

作詞・作曲・振付：阿部直美

あそびかた ● 子どもと向かい合って座ります

1 トントンパチパチ

こぶしを2回打ち合わせます。
拍手を2回します。

2 おめめです

両手の人さし指で目のふちを触ります。

3 トントンパチパチ おくちです

1のあと、片手で口を触ります。

4 トントンパチパチ おみみです

1のあと、両手で耳を引っ張りおもしろい顔をします。

5 トントンパチパチ あたまです

1のあと、両手で頭を触ります。

2番

6 トントンパチパチ うさぎさん

1のあと、手を上げてウサギの耳をつくります。

7 トントンパチパチ ことりさん

1のあと、両手でくちばしをつくります。

8 トントンパチパチ きつねさん

1のあと、両目をつり上げおもしろい顔をします。

9 トントンパチパチ たぬきさん

1のあと、おなかをたたきます。

見立てを楽しむ

たまごのうた

動画はここから

発達に合った関わりポイント

イメージを共有するようになる時期。ストーリー性がある分かりやすい歌なので、表現あそびにぴったりです。

作詞・作曲：不詳

あそびかた

● 子どもと向かい合って立ちます

1番

1 まるいたまごが

両手を頭の上で合わせて、輪をつくります。

2 パチンとわれて

大きく拍手を1回します。

3 かわいいひよこが ピヨッピヨッピヨッ

両手を横に広げて、羽のようにはばたくしぐさをします。

4 まあかわいい

両手を握りほおの横で、震えるようにします。

5 ピヨッピヨッピヨッ

3と同様に。

6 かあさんどりの おはねのしたで

両手を胸の前で交差させて、胸を4回たたきます。

7 かわいいおくびを ピヨッピヨッピヨッ

両手を腰に手を当てて、首を左右に振ります。

8 まあかわいい ピヨッピヨッピヨッ

4のあとに7をします。

3番

9 あおいおそらが まぶしくて

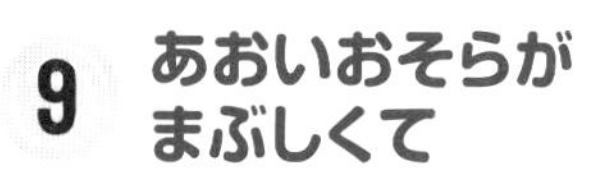

両手で目を隠し、左右に体を揺らします。

10 かわいいおめめを クリックリックリッ

両手で輪をつくり目に当て、回します。

11 まあかわいい クリックリックリッ

4のあとに10をします。

どんな曲かな

たまごが割れてヒヨコが成長していく歌です。「パチン」は大きく拍手を。「たまごたまご」という別名でも知られています。

動画はここから

手指の刺激 奈良の大仏さん

どんな曲かな

奈良の大仏さんにスズメが飛んできて、いろいろなところにとまっていきます。「10人のインディアン」の替え歌として広まりました。

発達に合った関わりポイント

歌詞に合わせて顔の部位を触ったり、動物の真似をしたり、歌詞としぐさをリズミカルに合わせられる時期です。

作詞：不詳　アメリカ民謡

あそびかた

● 子どもと向かい合って立ちます

1 ならのならの だいぶつさんに

両手に大きく大仏さんの形を描きます。

2 すずめがさんば とまった

指を3本出します。

3 なんといって ないてます

片手を耳に当てて、聞くしぐさをします。

4 チュンチュン…チュン

両手を広げてスズメが飛ぶしぐさをします。

2番

5 いちばんめの こすずめは

指を1本出します。

6 あたまにとまった

片手で頭を軽くたたきます。

7 たかいたかい おやまだよ

両手を下から上げて、山を描くしぐさを2回します。

8 チュンチュン…チュン

4と同様に。

3番

9 にばんめの こすずめは

指を2本出します。

10 おはなにとまった

人さし指で鼻を軽くたたきます。

11 くらいくらいトンネルだよ チュン…チュン

両手で目を隠し、首を左右に振ったあと、4と同様に。

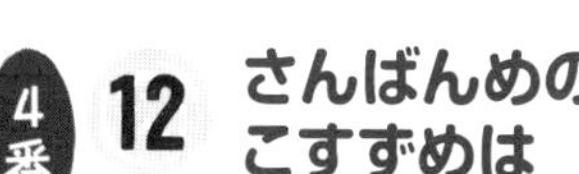

4番

12 さんばんめの こすずめは

片手の指を3本出します。

13 おしりにとまった

片手でお尻を軽くたたきます。

14 くさいくさいおかだよ チュン…チュン

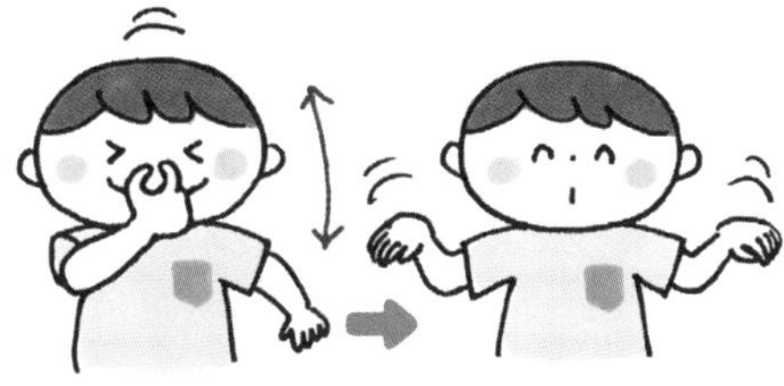

片手で鼻をつまんで、頭を振ったあと、4と同様に。

手指の刺激

グーチョキパーでなにつくろう

発達に合った関わりポイント

じゃんけんの勝ち負けの理解はまだ難しいですが、チョキの形ができるようになってきます。また、両手を使って形をつくり、見立てを楽しみます。

あそびかた

● 子どもと向かい合って座ります

1番

1 グーチョキパーで グーチョキパーで

歌に合わせて、両手でグー、チョキ、パーを出します。2回繰り返します。

2 なにつくろう なにつくろう

両手を腰に当てて、左右に揺れます。

3 みぎてがパーで ひだりてパーで

右手をパー、次に左手もパーにします。

4 ちょうちょうさん ちょうちょうさん

親指をつけてちょうの形にします。

2番 5 グーチョキ… なにつくろう

1、2と同様に。

6 みぎてがチョキで ひだりてグーで

右手をチョキ、次に左手をグーにします。

7 かたつむり かたつむり

チョキの上にグーをのせます。

3番 8 グーチョキ… なにつくろう

1、2と同様に。

9 みぎてがグーで ひだりてグーで

右手をグー、次に左手もグーにします。

10 てんぐさん てんぐさん

鼻の上に両手を重ねててんぐにします。

どんな曲かな

保育現場などでたくさんの替え歌がつくられています。フランス民謡の「フレール・ジャック」、アメリカでは「アーユースリーピング」として歌われています。

見立てを楽しむ

ちいさなにわ

動画はここから

発達に合った関わりポイント

ストーリー性のある歌なので、表現活動が楽しめます。「大・中・小」の理解もできている時期にぴったりのあそびです。

あそびかた

● 子どもと向かい合って座ります

1番

1 ちいさなにわを

両手の人さし指で四角を描きます。

2 よくたがやして

両手の人さし指を曲げて、左から右へと動かします。

3 ちいさなたねをまきました

片方の手の平を上に向け、もう片方の手で種をまくようなしぐさをします。

4 ぐんぐんのびて

両手を合わせて左右に振らしながら、頭の上まで伸ばします。

5 はるになって

頭の上から両手をひらひら振りながらおろします。

6 ちいさなはなが さきました

小さく拍手を7回します。

7 「ポッ」

両手で花の形をつくります。

2番 8 ちゅうくらいのにわを… ぐんぐんのびてはるになって

大きい四角を人さし指で描きます。1番同様ですが、少し大きなしぐさにします。

9 ちゅうくらいのはなが… 「ホワッ」

拍手のあと、1番より大きな花の形をつくります。

3番 10 おおきなにわを… ぐんぐんのびてはるになって

大きな四角を人さし指で描きます。1番同様ですが、より大きなしぐさにします。

11 おおきなはなが… 「ワーッ」

拍手のあと立ち上がり、花の形をつくってジャンプします。

どんな曲かな

種まきから芽が出て、花が咲くまでを歌った曲。1976年に出版された「おひさまおはよう」（キリスト教保育連盟）に収録されている「ちいさなにわ」が基であるといわれています。

手指の刺激

こびとのおうち

どんな曲かな

右の指を5人のこびとに見立て、左の指を家の窓に見立てた指あそびです。最初は顔のついた軍手人形でやると分かりやすいです。

発達に合った関わりポイント

指を順に突いていくので、手指の器用さを促すあそびです。ひとり、ふたりと人の数の数え方にも気がつけるといいでしょう。

作詞・作曲:不詳

あそびかた

● 子どもと向かい合って座ります

1 こびとがひとり

右手を広げます。左手の人さし指で親指を軽くつつきます。

2 こびとがふたり　さんにん　よにん　ごにんのこびと

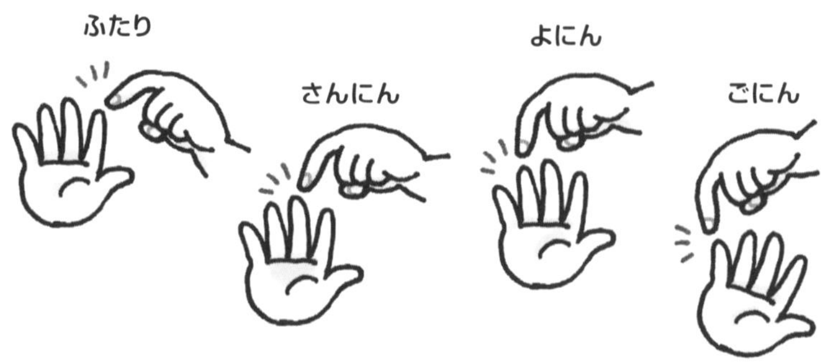

右手の人さし指から順に小指までつつきます。

3 こびとのおうち かわいいおうち

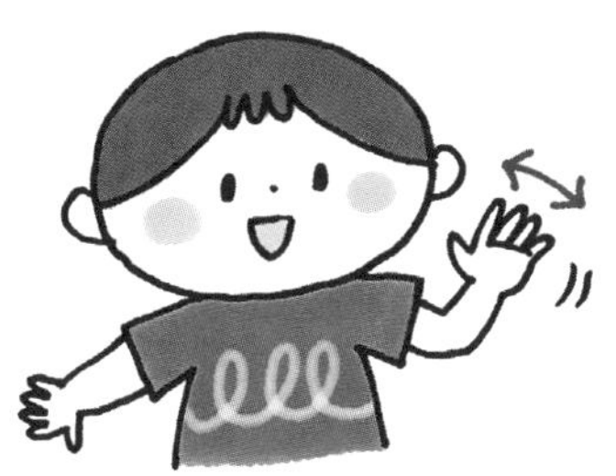

左手をパーにして、左右に振ります。

4 おまどがいつつ

おま　どが　い　っ　つ

右手の人さし指で、左手の指の谷間を親指の方から順にさします。

5 ちいさなおまど

4回拍手をします。

6 こびとがのぞく まどからのぞく

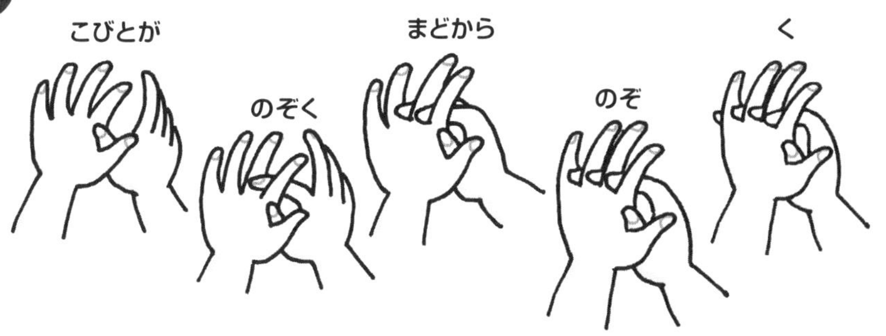

左手をパーにして、右手の指を親指から順にかけていきます。

7 ラッタラッタ…ラッタラッ

6でかけた右手の指を、曲げたり伸ばしたりします。

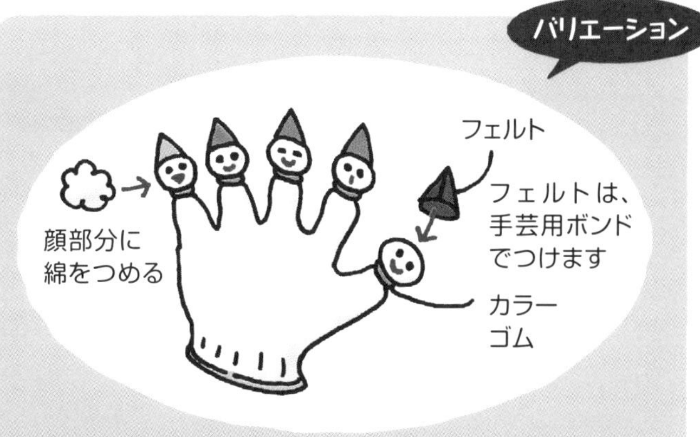

カラー軍手で指人形をつくり、手にはめて、曲に合わせ自由にあそびましょう。

やりとりを楽しむ

ゆびのかくれんぼ

発達に合った関わりポイント

友達との関わりも芽生えはじめます。保育者の隠した指をみんなで考えます。指の名称をあそびの中から覚えていきます。

どんな曲かな

「もういいかい　もういいよ」は、子どもとのやりとりを楽しみます。最初は軍手人形などを見せて、指の名称を覚えましょう。

作詞・作曲:不詳

あそびかた

● 子ども2〜3人と向かい合って座ります

1 ゆびのゆびの かくれんぼ

保育者は両手を前に出して、歌に合わせて左右に揺らします。

2 もういいかい もういいよ

保育者は左手をグーにして、右手をかぶせます。

3 なにゆびさんが かくれた

左手を広げて、右手で左手の指１本を握って隠します。見ている子どもが、隠れている指を当てます。

おしゃれなもやし

発達に合った関わりポイント

いろいろな形に指を動かし、手先の巧緻性を養うあそびです。最後はくすぐりっこで、子どもとのスキンシップを思い切り楽しみましょう。

作詞・作曲：中谷真弓　振付：阿部直美

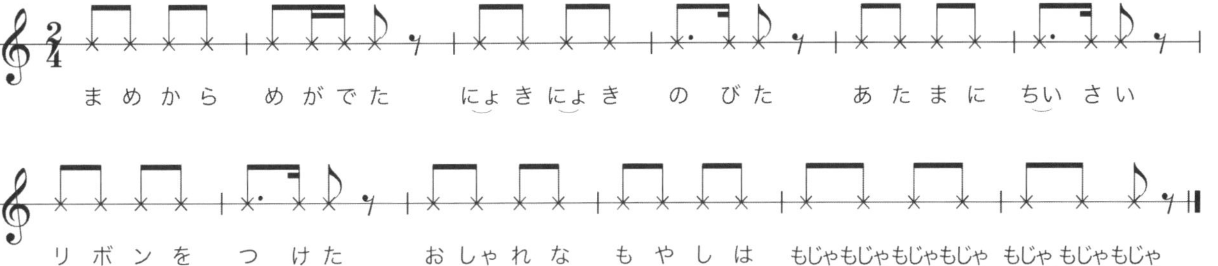

あそびかた

●子どもと向かい合って座ります

1 まめから

両手を握ります。

2 めがでた にょきにょきのびた

人さし指を立てます。指を立てたまま、交互に上げます。

3 あたまにちいさい リボンをつけた

人さし指を頭の上で交差させて、4回打ち合わせます。

4 おしゃれなもやしは

人さし指を交差させたまま、「もやしは」で残りの4本をパッと開きます。

5 もじゃもじゃ… もじゃもじゃ

お互いにくすぐり合います。

どんな曲かな

握った手を豆に見立てて、生長する様子を指で表現するあそびです。楽しい歌詞なので、全体的にユーモラスでおどけたしぐさに。

はなハナぼうし

発達に合った関わりポイント

ルールを意識しながら、みんなであそびを楽しめるようになります。最後のポーズは、保育者に合わせようとハラハラドキドキです。

どんな曲かな

めがね・ぼうし・マスクのポーズを覚えます。少しゆっくり歌いながら、四分休符の拍手をはっきり打ちます。

あそびかた

● 子どもと向かい合って座ります

1 はなハナはな

人さし指で鼻を3回たたきます。

2 （休符）ぼうし

休符で1回拍手したあとに、両手を上げて輪をつくります。

3 はなハナはな（休符）めがね

1のあとに1回拍手をし、次に両手を輪にして目に当てます。

4 はなハナはな（休符）マスク

1のあとに1回拍手をし、次に両手で口をおおいます。

5 はなハナはなハナハナハナ（休符）マスク

鼻を自由にたたいたあとに、休符で1回大きく拍手。保育者はABCどれかを歌い、ポーズをします。子どもも保育者と同じポーズをします。

やりとりを楽しむ

やおやのおみせ

発達に合った関わりポイント

子ども達は保育者とのかけ合いが楽しめる時期です。あそびの前にやおやさんで売っているものを聞いてみましょう。

作詞：不詳　フランス民謡　振付：阿部直美

あそびかた　●子どもの前に立ちます

1 やおやのおみせに…みてごらん

歌に合わせて拍手をします。

2 よくみてごらん

人さし指で前をさします。

3 かんがえてごらん

片手をほおにつけて、考えるポーズをします。

4 トマト（トマト）キャベツ（キャベツ）

保育者が「トマト」といったら、子ども達も同じ言葉をいいます。

5 アーアー

両手を上げておろします。

どんな曲かな

保育者がやおやさんになります。4では子どもが知っている野菜の名前を、自由にいってみましょう。

手指の刺激

キャベツのなかから

発達に合った関わりポイント

親指から小指までを器用に動かすことで、指先への刺激と集中力が育まれます。指の名称に興味をもてるようにします。

あそびかた ● 子どもと向かい合って座ります

1番

1 キャベツの…あおむしでたよ

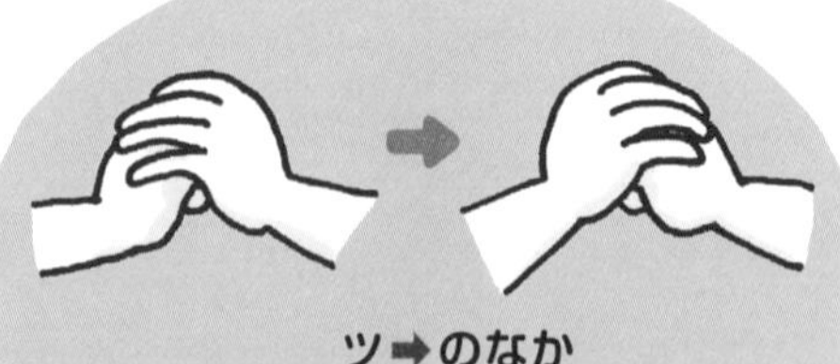

「キャベ」は歌のみ。片手はパー、片手はグーを交互に変えながら、グーをパーで包みます。

2 ピッピッ

片手の親指を出し、もう片方の手の親指も出します。

3 とうさんあおむし

両手を左右に揺らします。

4 キャベツ…あおむしでたよ

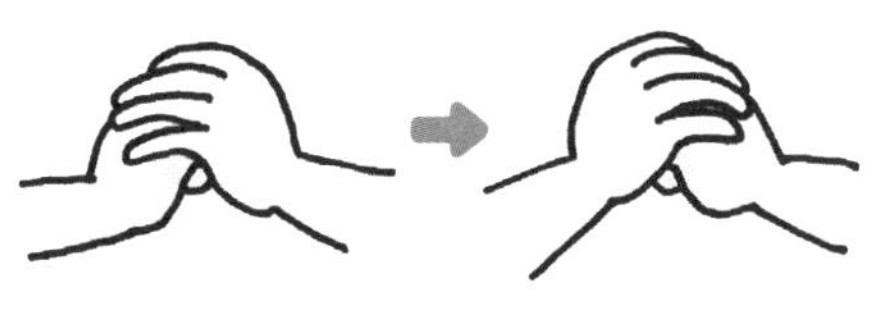

1と同様に。

5 ピッピッ かあさんあおむし

2、3のしぐさを人さし指でします。

6 キャベツの…にいさんあおむし

1のあとに、2，3のしぐさを中指でします。

7 キャベツの…ねえさんあおむし

1のあとに、2，3のしぐさを薬指でします。

8 キャベツ…あかちゃんあおむし

1のあとに、2，3のしぐさを小指でします。

9 キャベツの…ピピピピピ

1のあとに、「ピピピ…」で両手を胸の前で広げます。

10 ちょうちょに なったよ

両手の親指を重ねチョウチョウをつくり揺らします。

どんな曲かな

指を青虫家族に見立てたあそび。最初の「キャベツ」の「キャベ」は小節の前に出ています。このような曲を弱起といい、手あそびではこの部分に振りはなく、歌のみとなります。

体を動かす

かたづけマン

発達に合った関わりポイント

お片付けの理解もできる時期です。ヒーローになった保育者の真似をしながら、生活習慣を促していきます。

作詞：佐倉智子　作曲：おざわたつゆき　振付：阿部直美

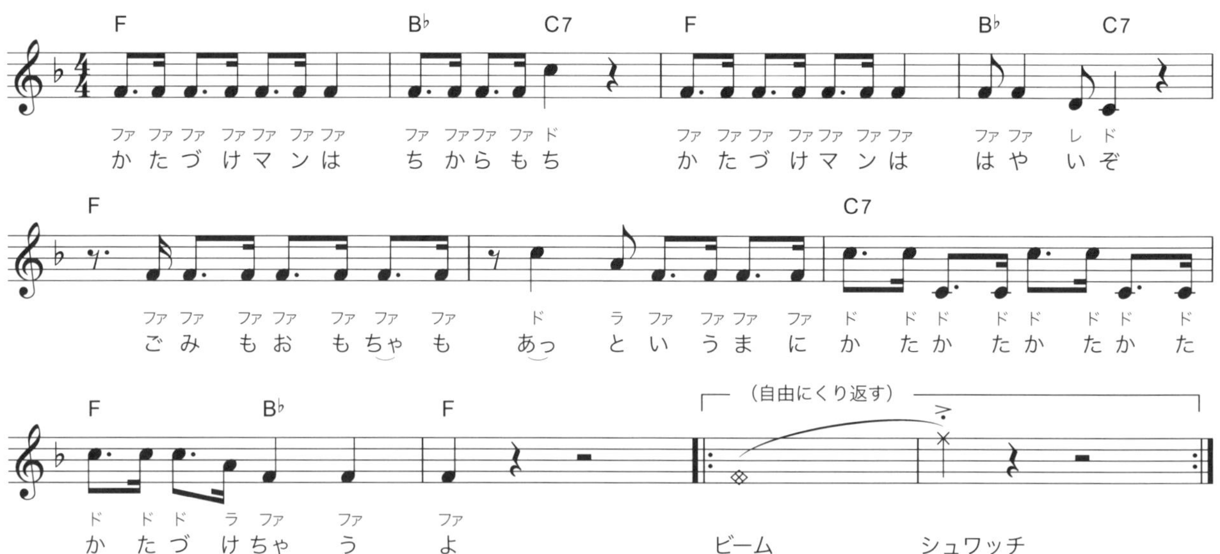

あそびかた

● 子どもの前に立ちます

1 かたづけマンは ちからも

拍手を6回します。

2 ち

「ち」でガッツポーズします。

3 かたづけマンは はやい

拍手を6回します。

4 ぞ

「ぞ」で両手を右から左へすばやく動かします。

5 ごみもおもちゃも

拍手を4回します。

6 あっというまに

両手を左右に広げてびっくりのしぐさをします。

7 かたかたかた…かたづけちゃうよ

両手を肩におきひざを曲げたあと、手を下げてひざを伸ばします。これを繰り返します。

8 ビーム

両手を前に伸ばして、左右に動かし、光線を出すしぐさをします。

9 シュワッチ

保育者はABCどれかのポーズをします。子どもは保育者と同じポーズをします。

A グー　B チョキ　C パー

A 両腕を曲げて左右に広げたグーシュワッチ。B 両手をチョキにして額にのせるチョキシュワッチ。C 両手を胸の前で交差したパーシュワッチ。

どんな曲かな

決めポーズの「シュワッチ」が待ち遠しいあそびです。3つのシュワッチポーズは、最初に覚えておきましょう。

手指の刺激

ねずみのはみがき

どんな曲かな

歯が欠けたネズミさん。でも大人の歯が生えてきました。付点のリズムを生かしたのりのいいジャズ調の曲。明るく弾んで歌いましょう。

発達に合った関わりポイント

自分でも歯みがきしたくなる一方、仕上げみがきが嫌いな子どもも多いので、楽しく歌って興味・関心をもたせるようにしましょう。

作詞・作曲・振付：阿部直美

あそびかた

● 子どもの前に立ちます

1番

1 ねずみのまえば

左手を腰に当て、右手を前に出して上下に振ります。

2 ガリガリガリ

右手で左脇あたりをかじるしぐさをします。

3 ねずみのまえば ガリガリガリ

1、2と同様に。

4 あら

左手は腰に当て、右手をすばやく上げます。

5 いっぽん かけちゃった

左手はそのままで、右手の親指をおります。

2〜4番 6 …にほん かけちゃった

にほん
かけちゃった

さんぼん
かけちゃった

よんほん
かけちゃった

1から4まで同様。1本ずつ指をおります。

5番 7 ねずみのまえば …いっぽんだけ

左手は腰に当て、右手は小指を立てて前に出すように自由に振ります。繰り返します。

8 これがかけたら… どうしよう

小指を出す動きを小さくしていきます。

9 そこではみがきよ

右手の小指を立て、左手の人さし指を歯ブラシに見立てて近づけます。

10 シュッシュッ

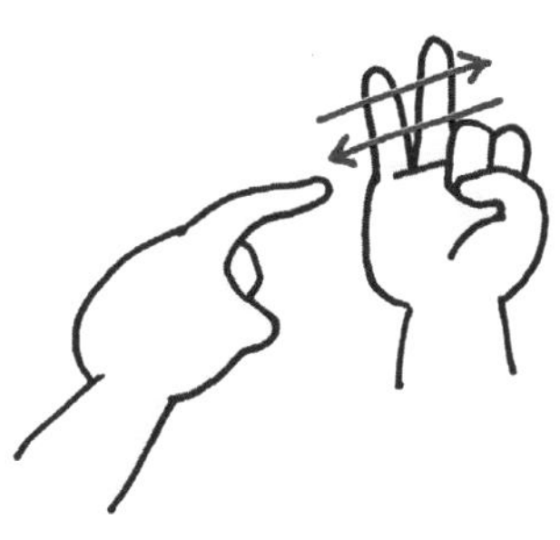

歯ブラシを動かしながら、薬指を立てます。

11 そこで…シュッシュッ

歯ブラシを動かしながら、中指を立てます。

12 そこで…シュッシュッ

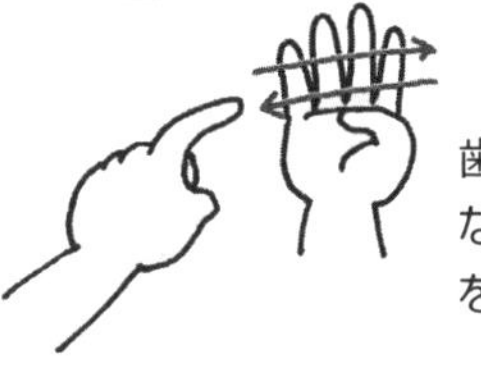

歯ブラシを動かしながら、人さし指を立てます。

13 そこで…シュッシュッ

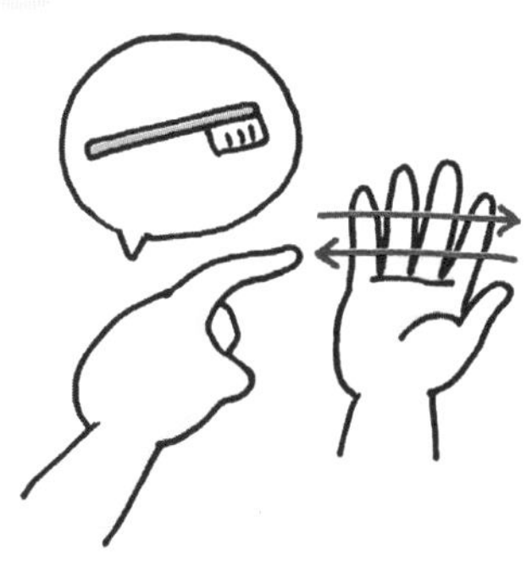

最後は5本の指を立てて、全体を歯ブラシでみがきます。

Part 2

ピアノ伴奏

0歳児

1歳児

このパートは、ピアノ伴奏つきの楽譜を紹介。最初の音に迷わないよう、全曲鍵盤つきです。0歳児は機嫌のよいときに優しく弾きます。歌は気分を高揚させます。楽しく歌いましょう。

2歳児

親子で歌おう

発達との関わり　2拍子のリズムを楽しむ

はじめの指の位置

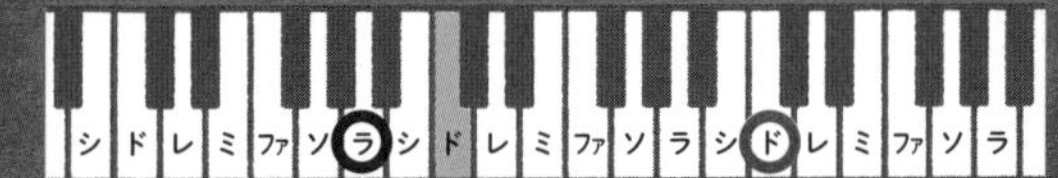

絵本唱歌　作詞：近藤宮子　日本教育音楽協会　作曲：井上武士　編曲：平沼みゆう

「さいたさいた…はなが」までの4小節を、ひとつのフレーズとしてレガート（なめらか）に弾くと、優しい花の感じを表現することができます。

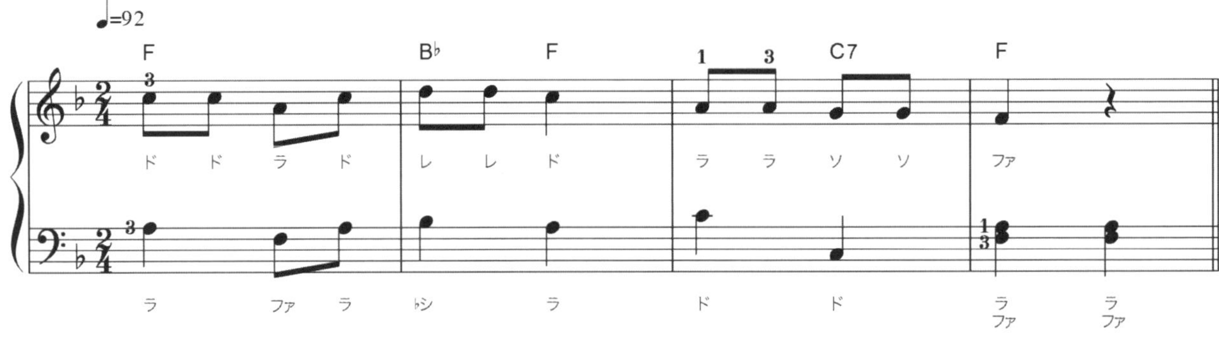

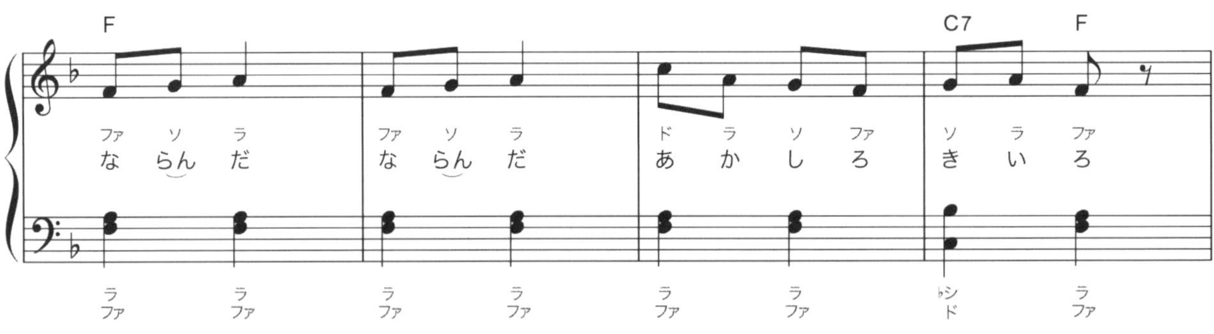

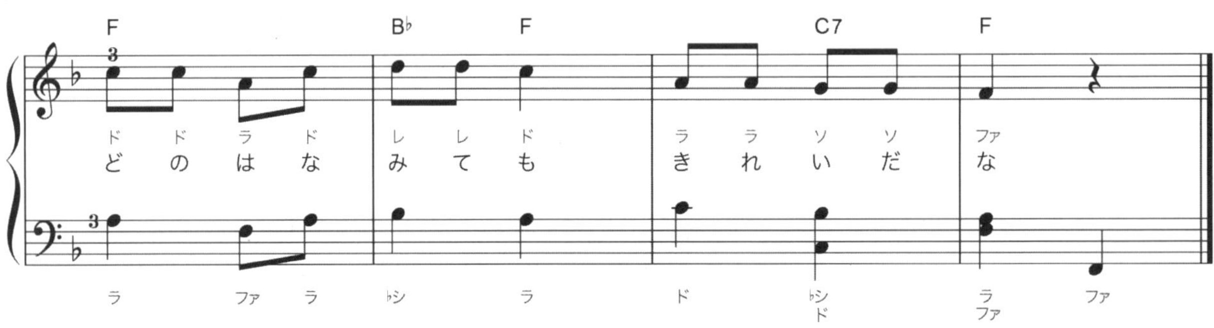

発達との関わり　リズムが聞き取りやすく耳に心地よい

はじめの指の位置

春　ちょうちょう

訳詞：野村秋足　スペイン民謡　編曲：平沼みゅう

弾くときのアドバイス　左手はどの小節も同じ軽やかさで弾くと、飛びまわるちょうちょうの様子が表現できます。強くなったり弱くなったりしないようにします。

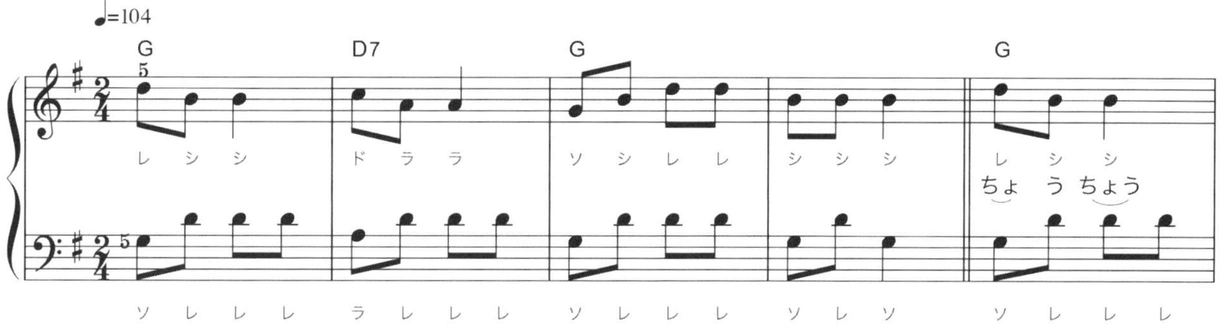

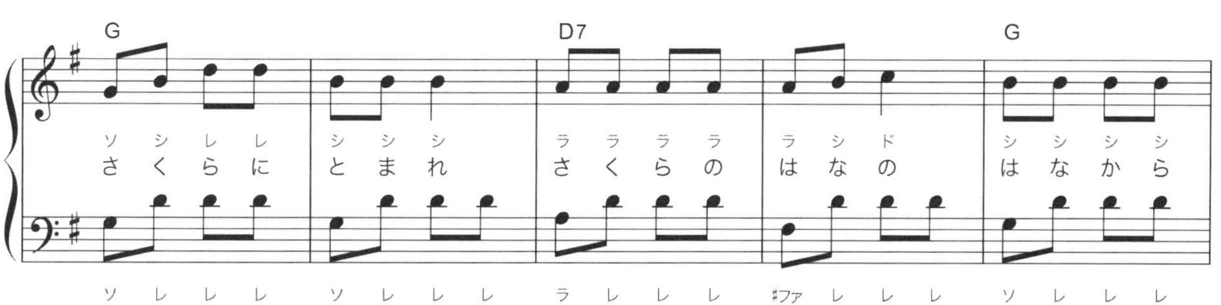

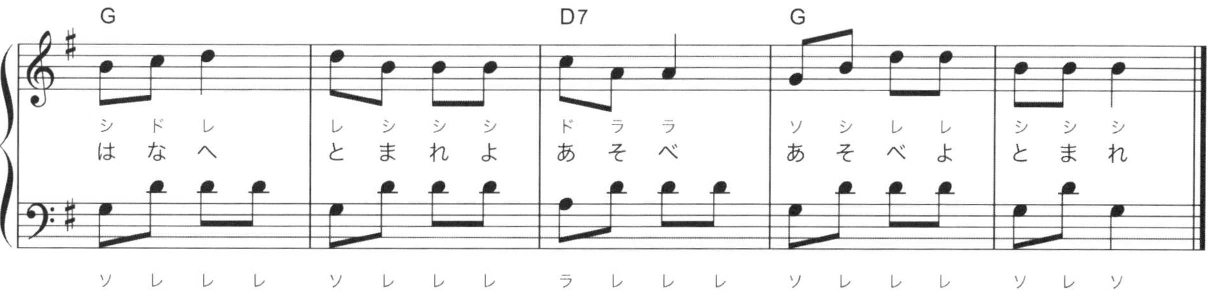

春 ことりのうた

作詞：与田準一　作曲：芥川也寸志　編曲：平沼みゆう

左手　3小節目

はじめの指の位置

シ ド レ ミ ファ ソ ラ シ ド レ ミ ファ ソ ラ シ ド レ ミ ファ ソ ラ

付点のリズムが重くならないようにします。「ピピピ…」は*mf*（メゾフォルテ）、「チチチ…」は*mp*（メゾピアノ）と強弱をつけると、2羽が会話しているように表現できます。

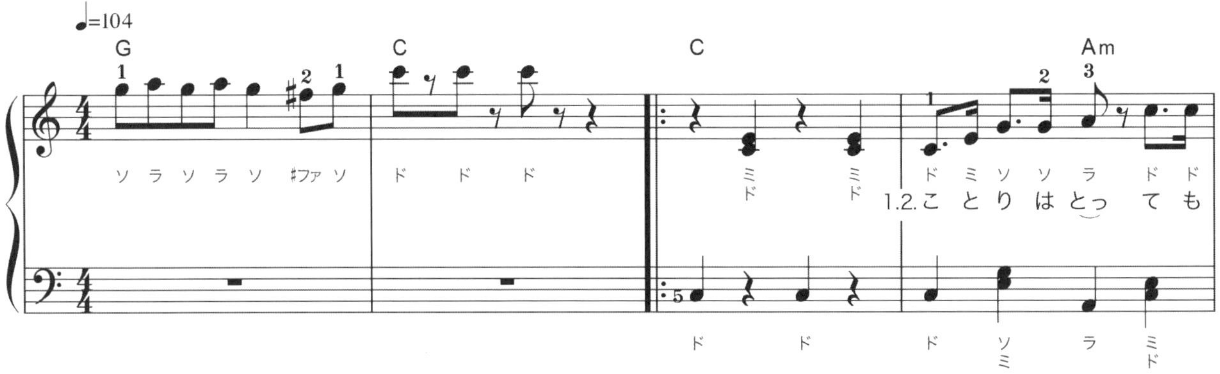

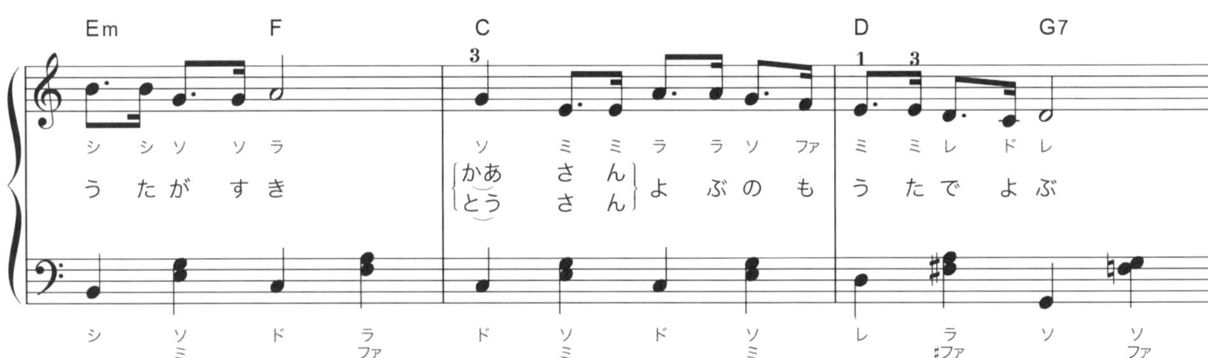

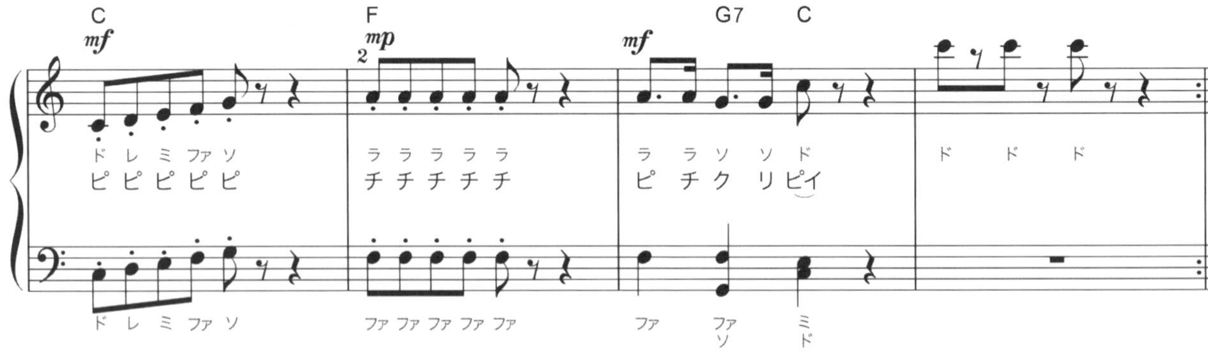

発達との関わり　ゆっくりしたテンポで音が捉えやすい

はじめの指の位置

シ ド レ ミ ファ ソ ラ シ ド レ ミ ファ ソ ラ シ ド レ ミ ファ ソ ラ

夏 かたつむり

文部省唱歌　編曲：長尾淳子

左手伴奏は単音で、とてもシンプルです。2段目、3段目の4小節目の左手の音をクリアに弾くと、メロディがくっきりしてきます。

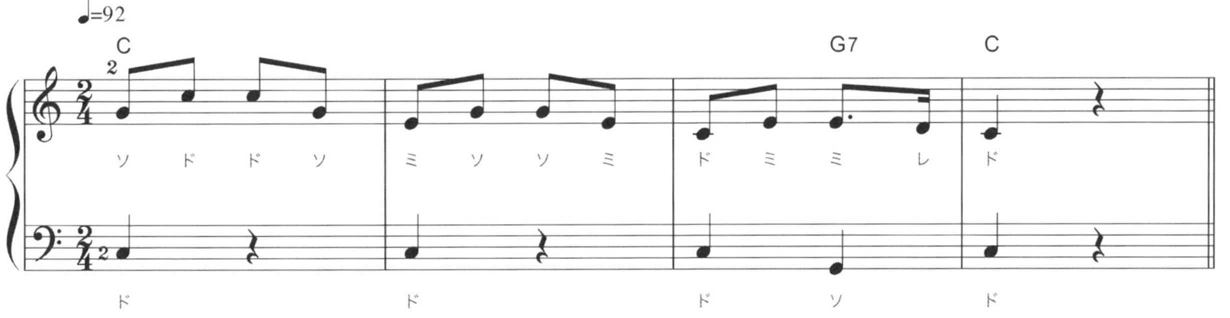

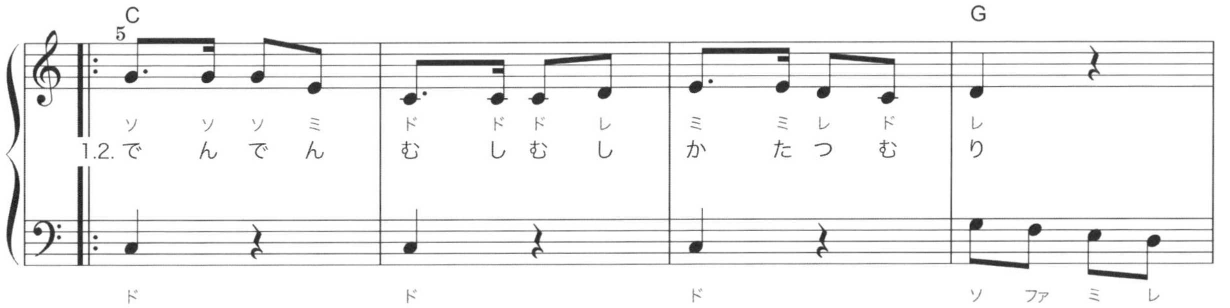

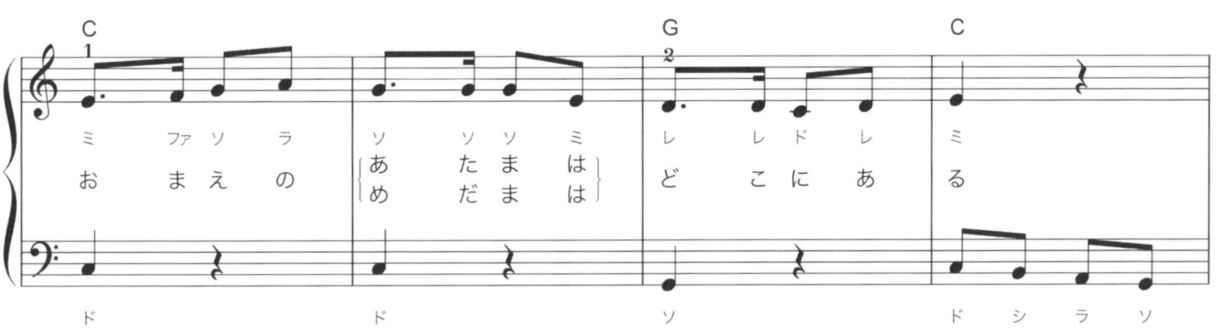

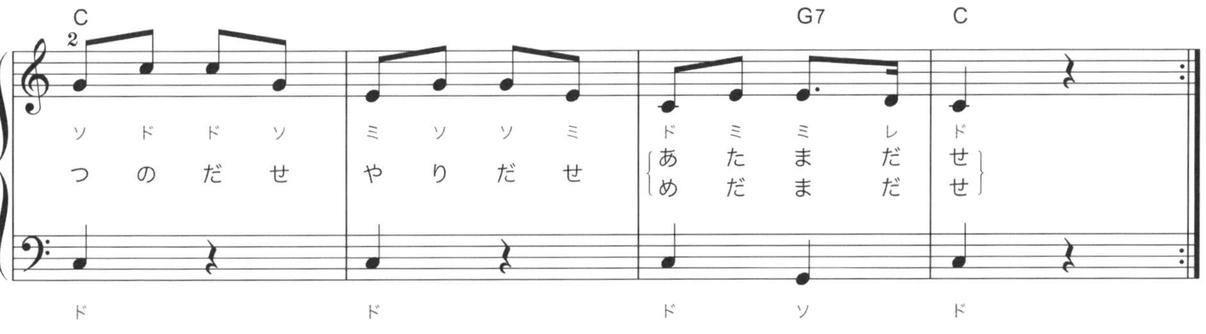

夏 すいか

作詞・作曲：阿部直美　編曲：金子みどり

はじめの指の位置

何度も出てくる♫の音符は、「タッカ・タッカ」とリズムのって弾くと、はつらつとした楽しい表現につながります。

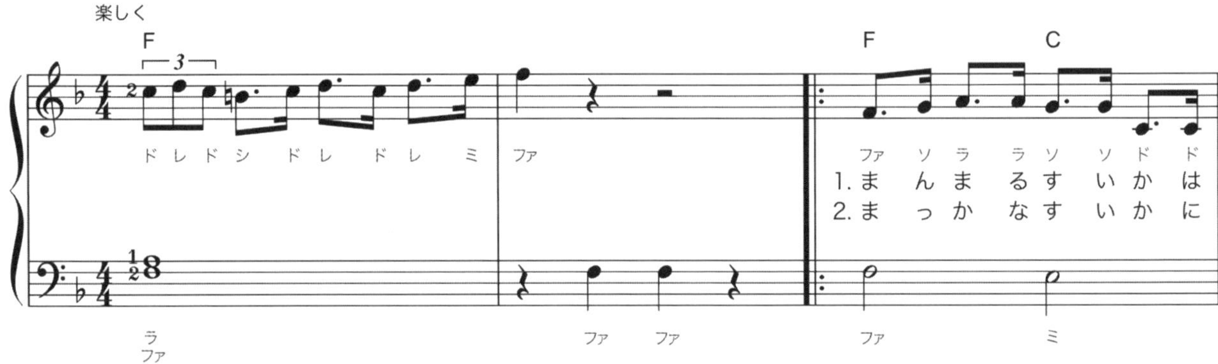

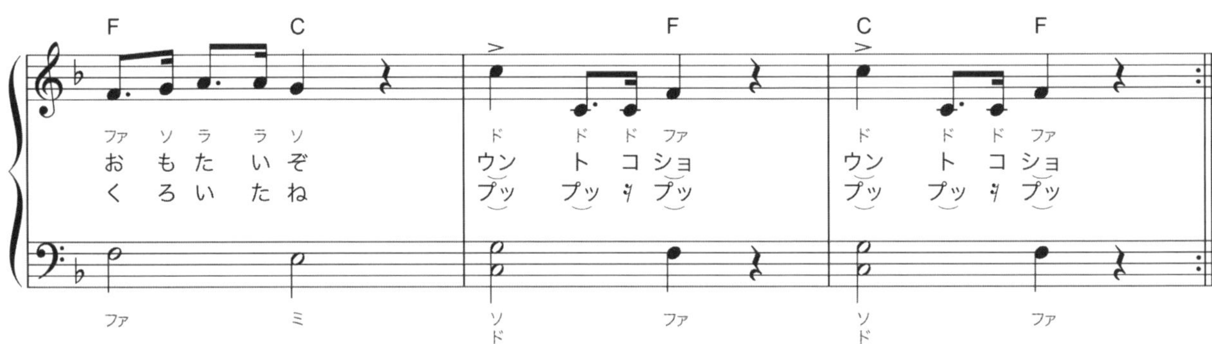

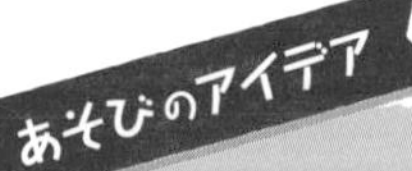

● 子どもと向かい合って座り、ふれ合いあそびへと発展していきましょう。

1 まんまるすいかは おもたいぞ

子どものほおを軽くたたきます。

2 ウントコショ ウントコショ

顔をスイカに見立てて、あごを2回持ち上げます。

2番

1 まっかなすいかに くろいたね

1と同様に。

2 プップップッ プップップッ

顔のあちこちを種に見立てて、つつきます。

発達との関わり　子どもの心情に寄り添った歌詞

右手
1小節2拍目
はじめの指の位置

シ ド レ ミ ファ ソ ラ シ ド レ ミ ファ ソ ラ シ ド レ ミ ファ ソ ラ

夏　アイスクリーム

作詞：田中ナナ　作曲：岩河三郎　編曲：平沼みゆう

アイスクリームを、食べようとするときの気持ちを歌っています。弾く際には、急がずに、優しく語りかけるように穏やかに演奏します。

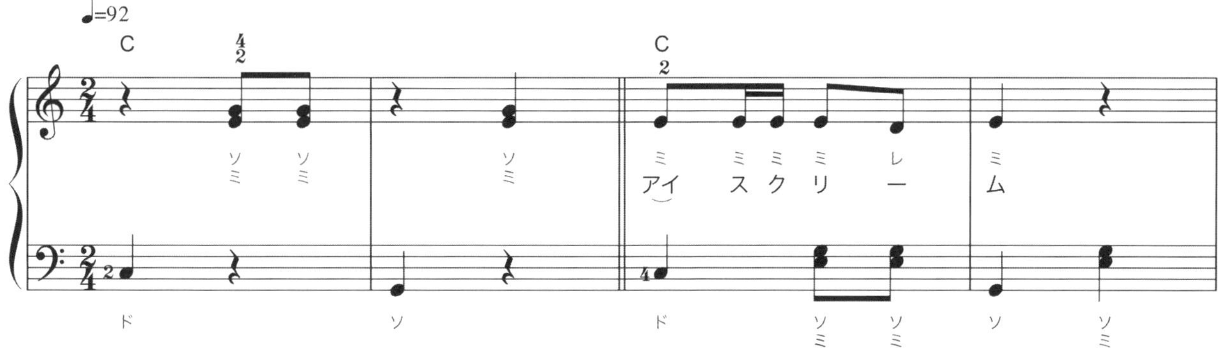

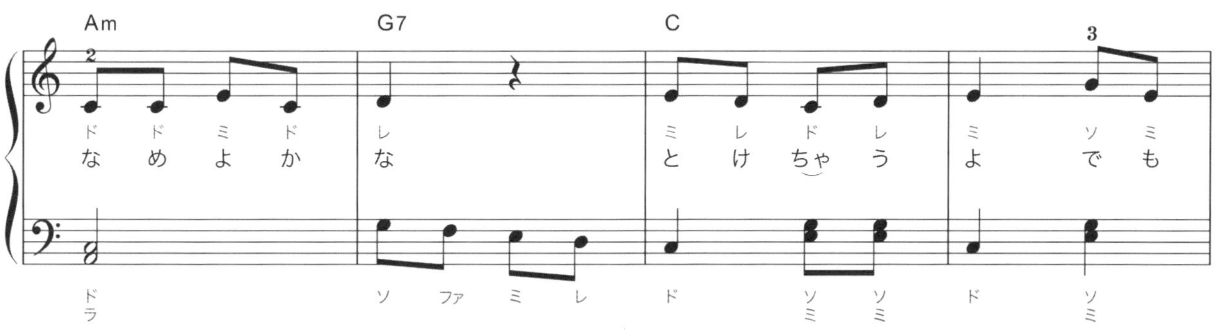

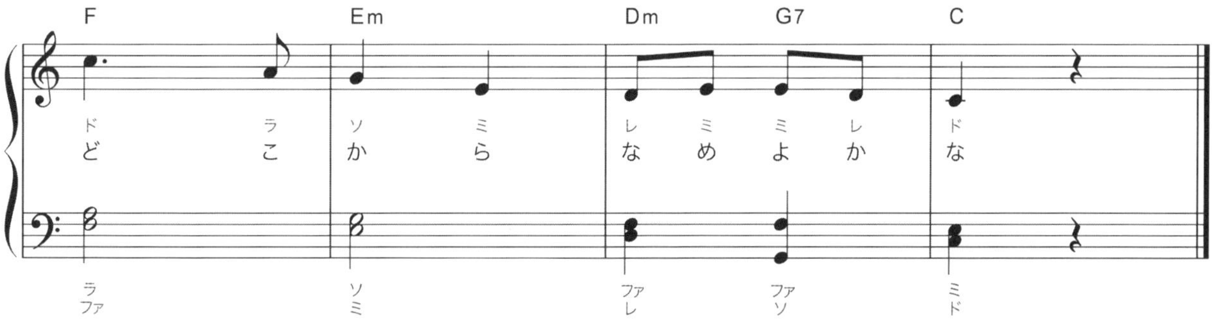

発達との関わり　愉快なリズムに反応する

秋　どんぐりころころ

作詞：青木存義　作曲：梁田 貞　編曲：平沼みゆう

はじめの指の位置

シ ド レ ミ ファ ソ ラ シ ド レ ミ ファ ソ ラ シ ド レ ミ ファ ソ ラ

弾くときのアドバイス

「どんぐりころころ」と「どじょうがでてきて」は似たメロディです。この♬(十六分音符)を、同じテンポと強さで弾くと、ころころと転がる感じを表現できます。

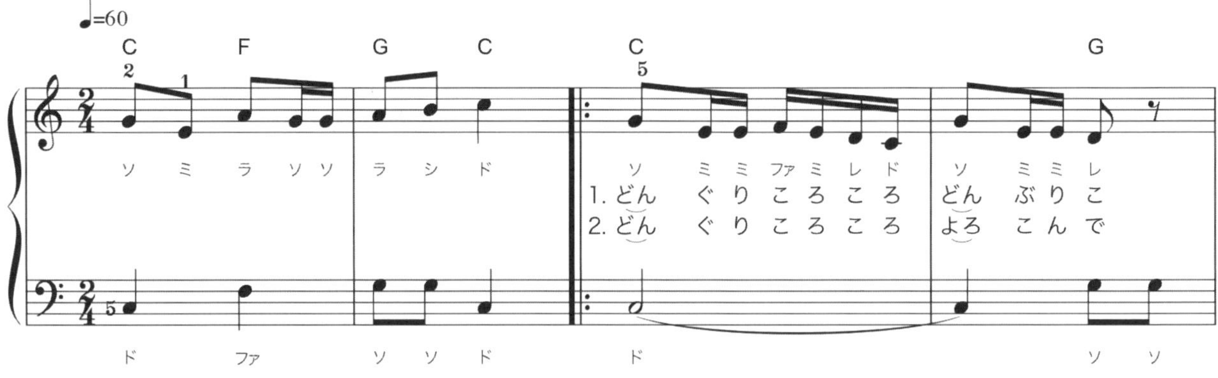

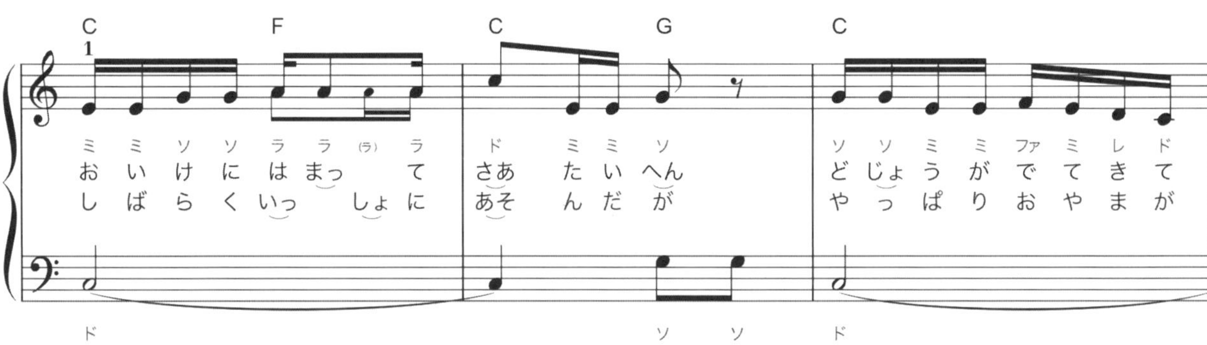

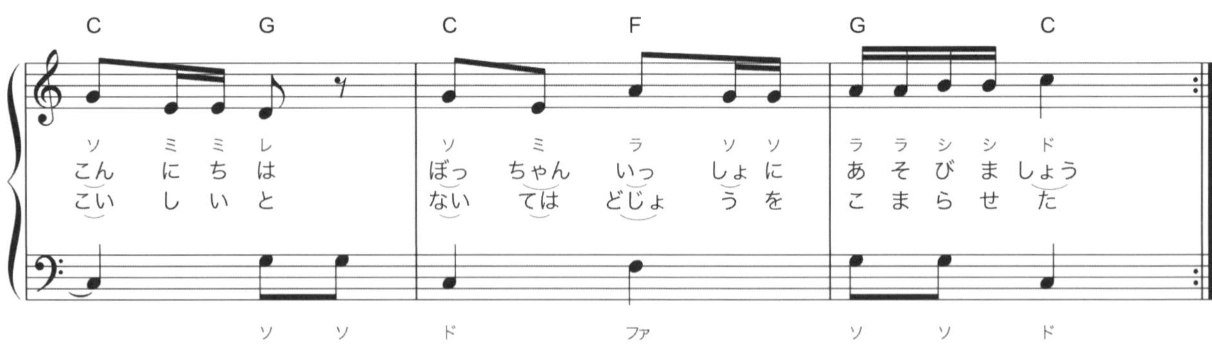

秋

うさぎ

はじめの指の位置

文部省唱歌　編曲：金子みどり

ハ長調に見えますが、イ短調です。最後の「みてはーねる」の伴奏に短調らしさが凝縮されています。この部分を丁寧に弾きましょう。

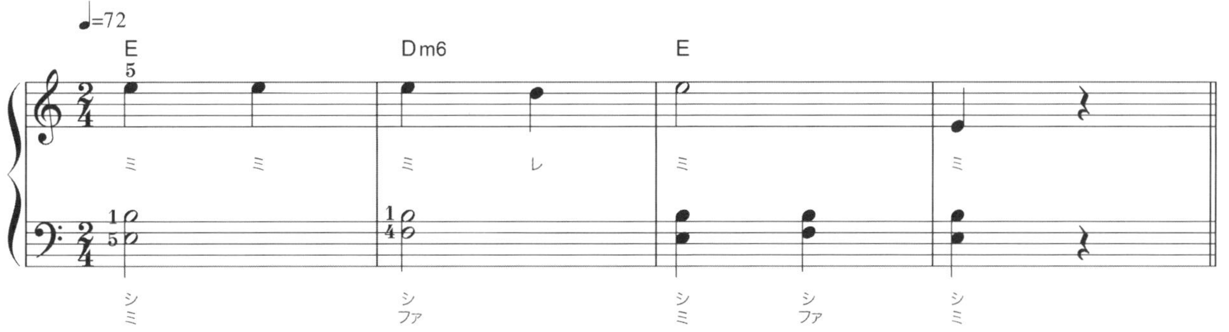

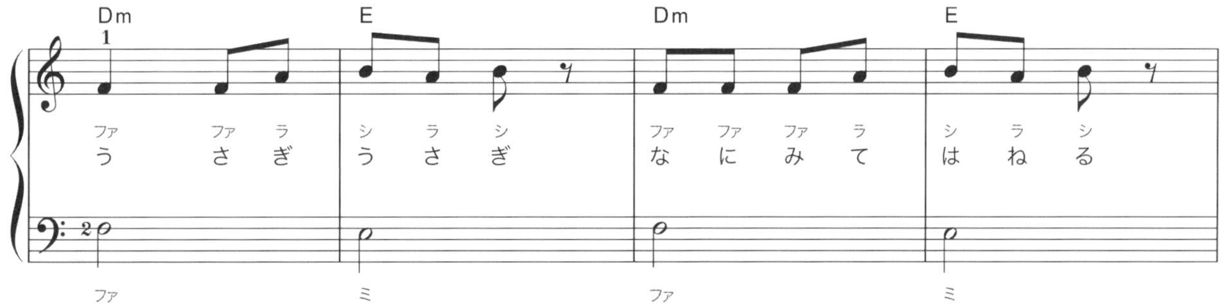

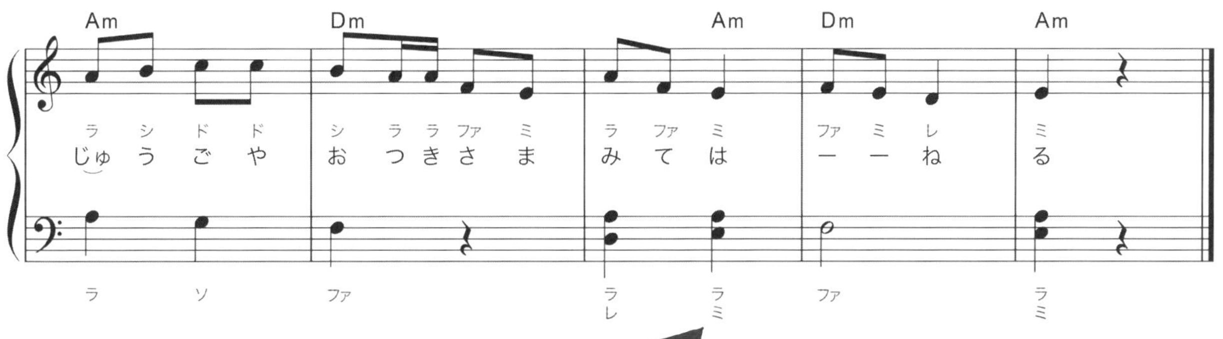

あそびのアイデア

お座りができるようになってきたら、子どもをひざの上に立たせてうしろからしっかり支えます。歌に合わせて上下に動かすと、自分からひざの屈伸をするようになります。ウサギさんの気分で跳ねてみましょう。

はじめの指の位置

おうま

作詞：林柳波　作曲：松島つね　編曲：金子みどり

弾くときのアドバイス

左手の𝄽(四分休符)を感じながら弾くと、「ポックリ」と歩いている穏やかな馬の親子の姿が浮かんできます。跳ねすぎたり速くなりすぎないように。

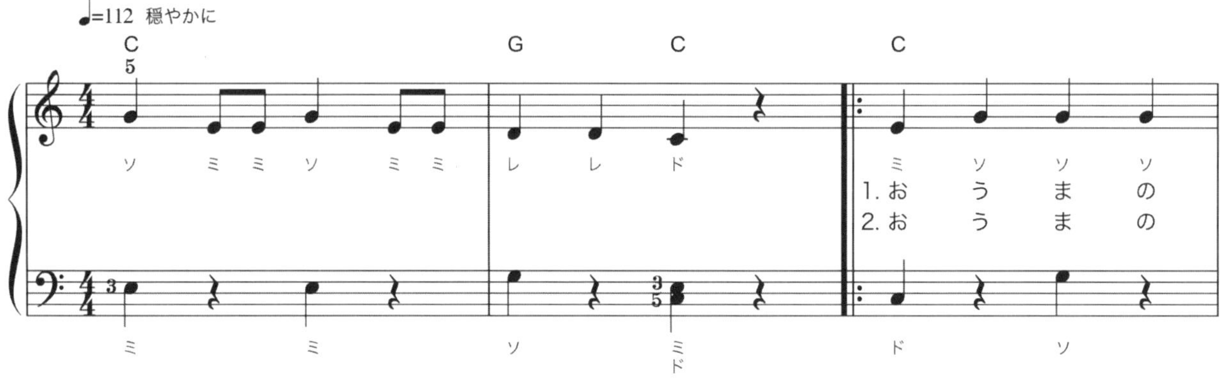

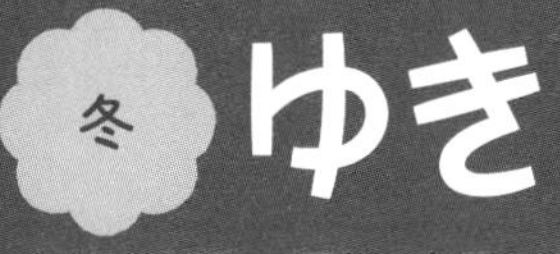

冬 ゆき

文部省唱歌　編曲：金子みどり

はじめの指の位置

シ ド レ ミ ファ ソ ラ シ ド レ ミ ファ ソ ラ シ ド レ ミ ファ ソ ラ

弾くときのアドバイス

歌詞の「こんこ」は「来い来い」が転じて「こんこ」になったといわれています。♪.(付点八分音符)と♪(八分音符)の違いを、弾き分けましょう。

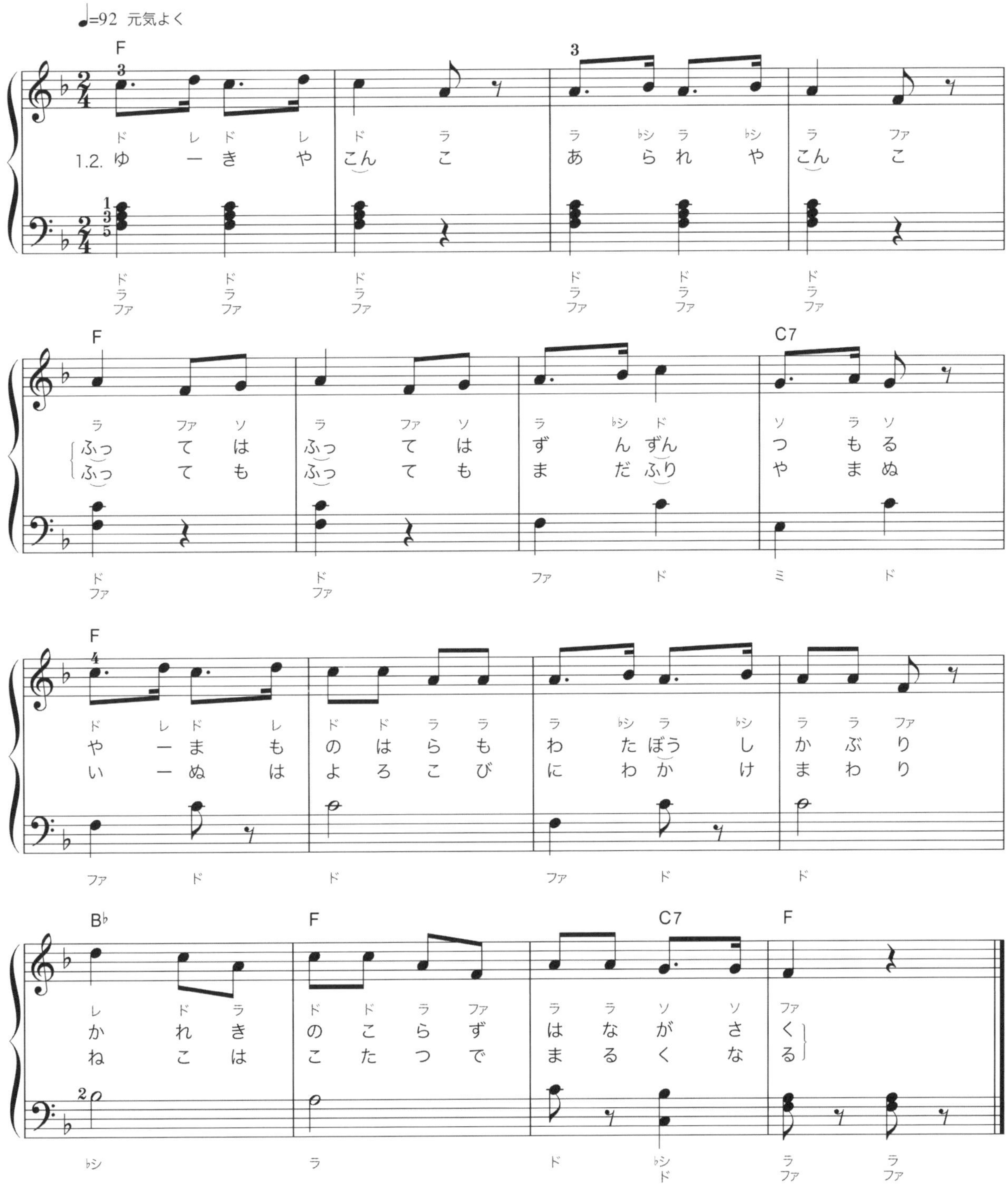

♩=92 元気よく

F
ド レ ド レ ド ラ ラ ♭シ ラ ♭シ ラ ファ
1.2. ゆ ー き や こん こ あ ら れ や こん こ

F C7
ラ ファ ソ ラ ファ ソ ラ ♭シ ド ソ ラ ソ
ふっ て は ふっ て は ず ん ずん つ も る
ふっ て も ふっ て も ま だ ふり や ま ぬ

F
ド レ ド レ ド ド ラ ラ ラ ♭シ ラ ♭シ ラ ラ ファ
や ー ま も の は ら も わ た ぼう し か ぶ り
い ー ぬ は よ ろ こ び に わ か け ま わ り

B♭ F C7 F
レ ド ラ ド ド ラ ファ ラ ラ ソ ソ ファ
か れ き の こ ら ず は な が さ く
ね こ は こ た つ で ま る く な る

0歳児手あそび
1歳児手あそび
2歳児手あそび
0歳児ピアノ伴奏
1歳児ピアノ伴奏
2歳児ピアノ伴奏
親子で歌おう

発達との関わり　シンプルな音が心地よい

はじめの指の位置

冬　おおさむこさむ

シ ド レ ミ ファ ソ ラ シ ド レ ミ ファ ソ ラ シ ド レ ミ ファ ソ ラ

わらべうた　編曲：金子みどり

弾くときのアドバイス　4・6・8・12小節目の左手のラの♪(八分音符)は、次のフレーズへ入るきっかけとなる大事な音なので、タイミングよく弾きます。最後の11・12小節は、*pp*(ピアニッシモ)で。

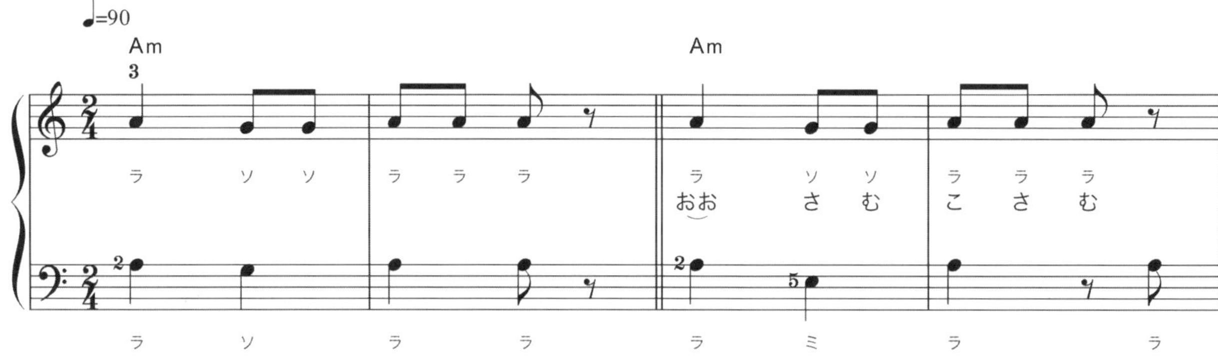

詞も分かりやすく発声しやすい

右手 1小節半拍目 はじめの指の位置

ぞうさん

作詞：まど・みちお　作曲：團 伊玖磨

弾くときのアドバイス　よく知られている名曲です。この譜面は原曲で、5・6・7小節で大きくどっしりとしたゾウが表現されています。スラーは音が切れないようなめらかに弾きます。

Andantino ♩=84~88

1. ぞうさん　ぞうさん　おはながながいのね　そうよ　かあさんも　ながいのよ
2. ぞうさん　ぞうさん　だーれがすきなーの　あのね　かあさんが　すきなのよ

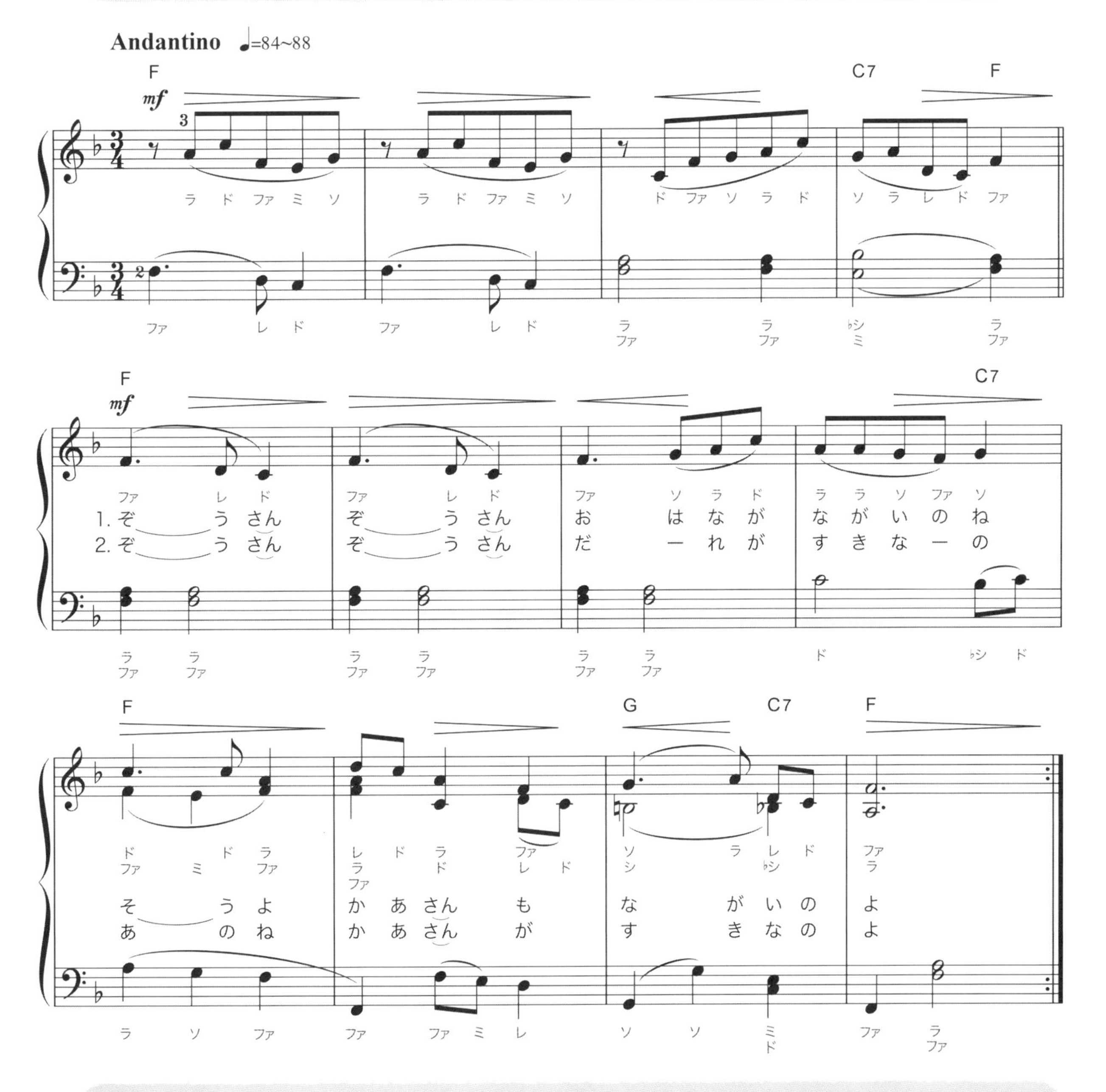

POINT 簡単に弾くには

- 前奏部分は、3段目「そうよ　かあさんも　ながいのよ」を使ってもいいでしょう。
- 3段目の右手の内声部の音を省略して、メロディだけ弾いてみましょう。

発達との関わり 「ぽっ」の音が発声を促す

はじめの指の位置

シ ド レ ミ ファ ソ ラ シ ド レ ミ ファ ソ ラ シ ド レ ミ ファ ソ ラ

通年 鳩

文部省唱歌　編曲：平沼みゅう

「ぱぴぷぺぽ」は子どもが言いやすい音です。「ぽっぽっぽっ」の部分は急がず、語りかけるようにゆっくり弾きます。左手が強くなりすぎないように。

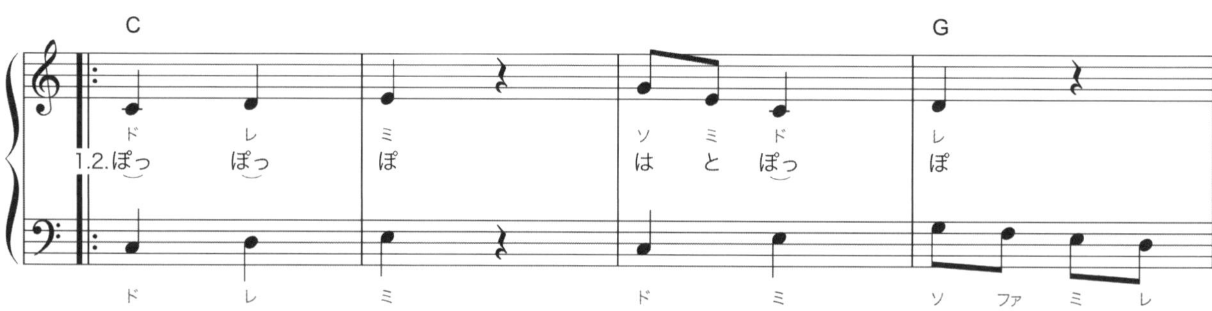

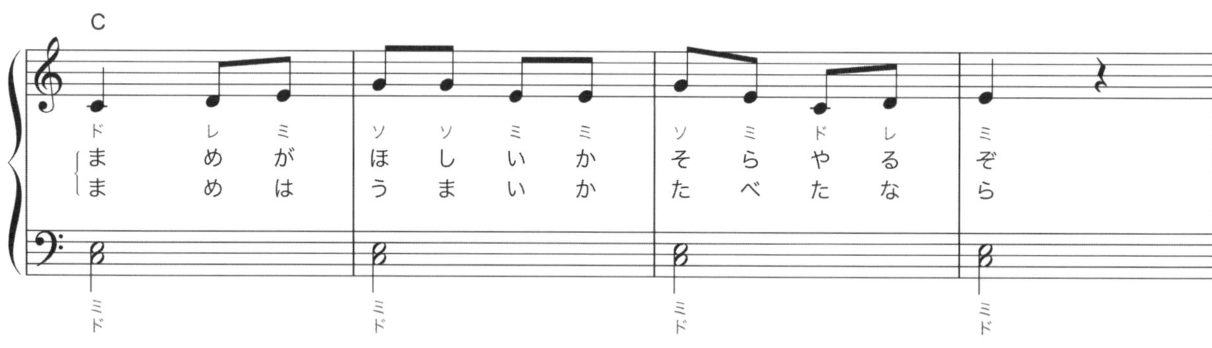

発達との関わり　子どもと気持ちの交流を促む

はじめの指の位置

シ ド レ ミ ファ ソ ラ シ ド レ ミ ファ ソ ラ シ ド レ ミ ファ ソ ラ

通年 ゆりかごのうた

作詞：北原白秋　作曲：草川 信　編曲：金子みどり

ゆったりとゆりかごが、揺れているイメージで弾きます。毎回でてくる「ねんねーこねんねこ…」は、1番は*mp*（メゾピアノ）、2番は*pp*（ピアニッシモ）…などと変化をつけましょう。

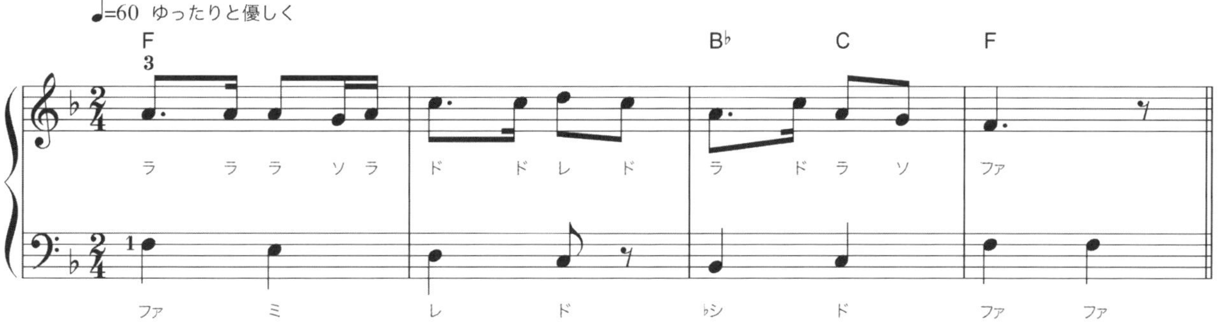

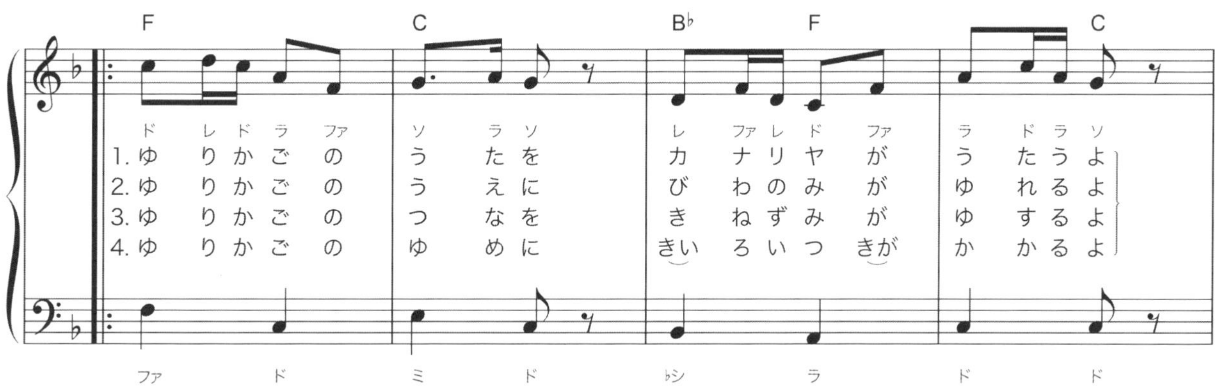

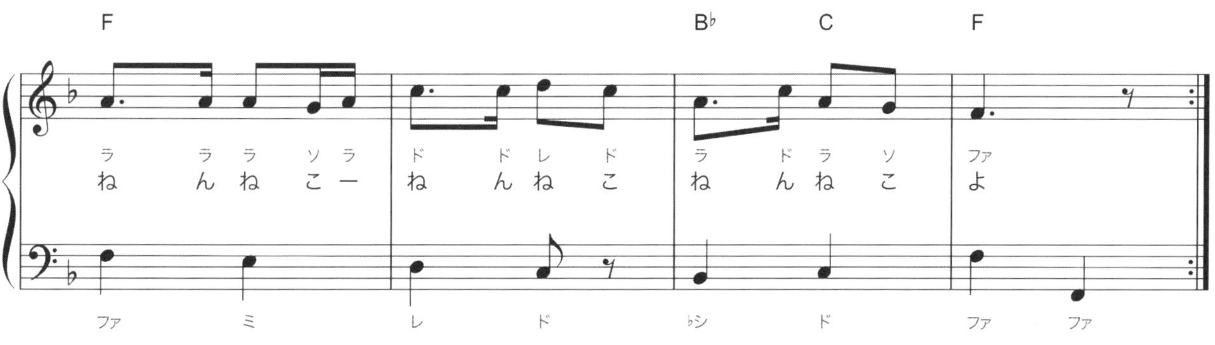

BGM

新世界

はじめの指の位置

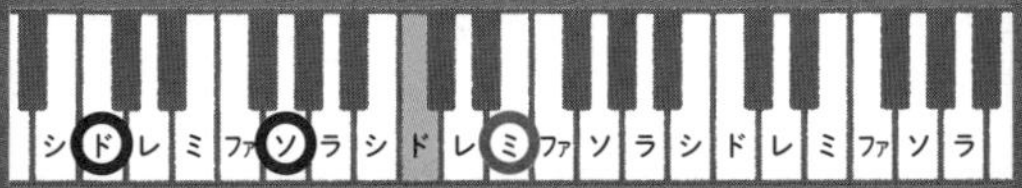

作曲：アントニン・ドヴォルザーク　編曲：金子みどり

1段目の左手「⦚」は、アルペジオ（分散和音）と呼ばれる演奏方法です（128ページ参照）。さらにペダルを使うと、きらめくような美しさを表現できるので、ぜひマスターしましょう。

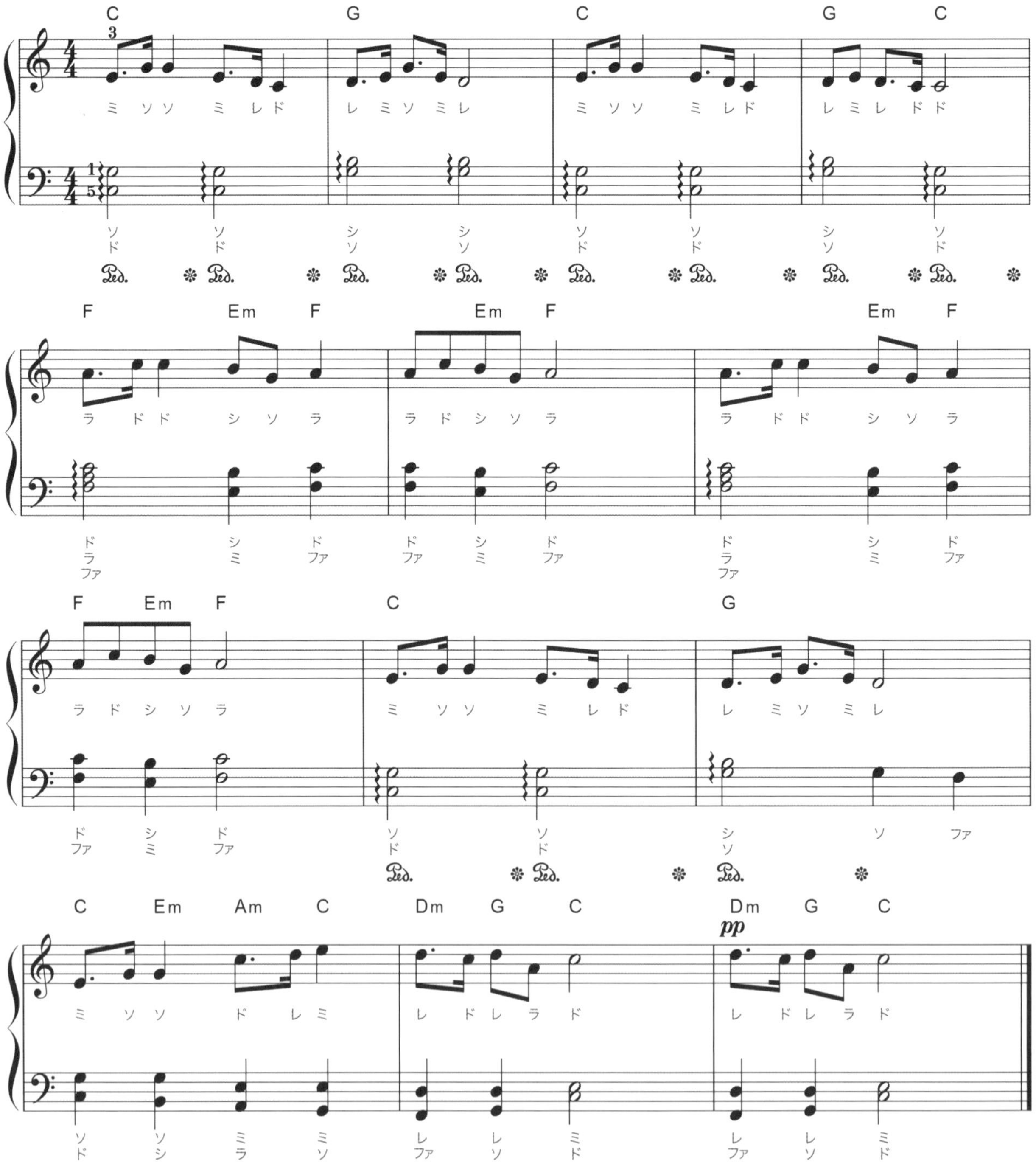

メヌエット

はじめの指の位置

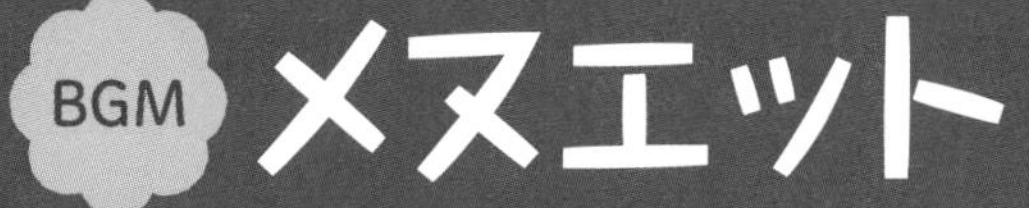

シ ド レ ミ ファ ソ ラ シ ド レ ミ ファ ソ ラ シ ド レ ミ ファ ソ ラ

作曲：クリスティアン・ペツォールト　編曲：金子みどり

弾くときのアドバイス

左手は、１拍目を弾いたら2拍休みの繰り返し。3拍子の「強・弱・弱」のリズムを意識します。本来「メヌエット」とは、フランスの民族舞踊の形式をさします。

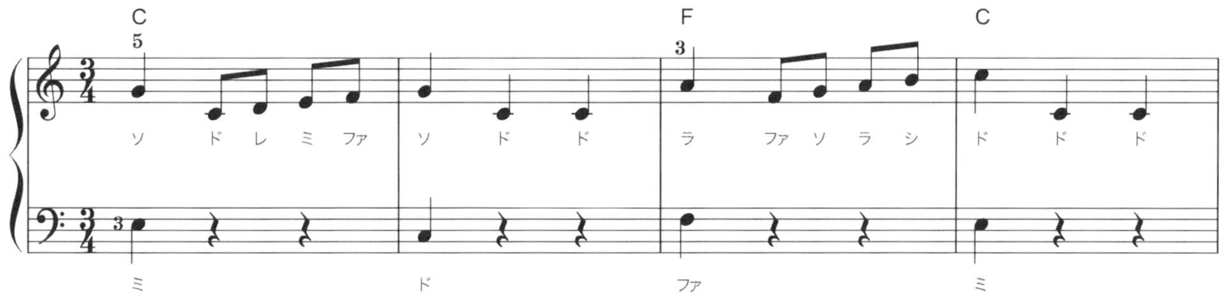

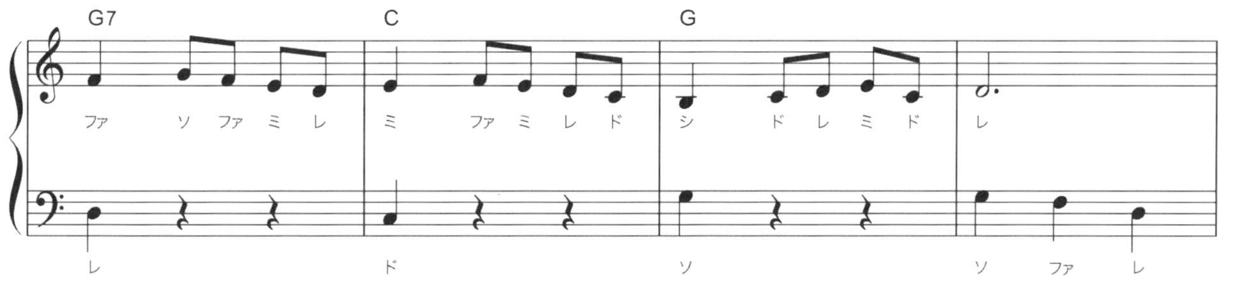

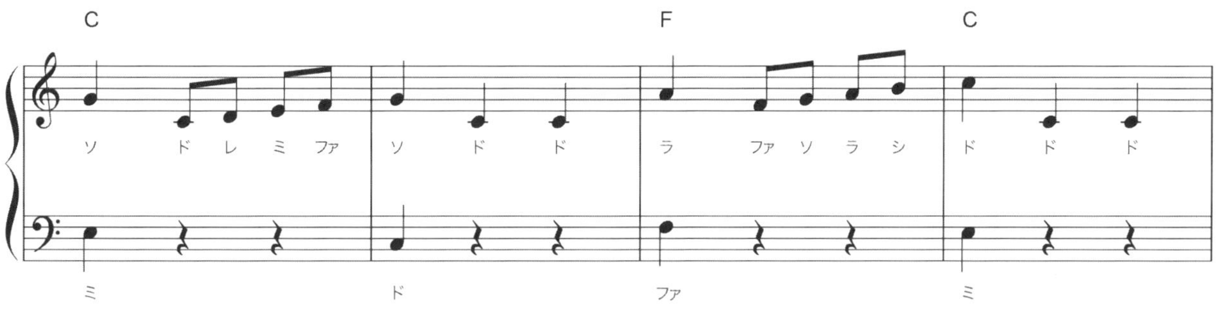

0歳児ピアノ伴奏

はじめの指の位置

シ ド レ ミ ファ ソ ラ シ ド レ ミ ファ ソ ラ シ ド レ ミ ファ ソ ラ

BGM シューベルトのこもりうた

作曲：フランツ・シューベルト　編曲：金子みどり

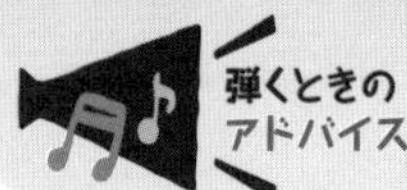

左手を「ドミソ」の和音で弾くのではなく、「ドソミソ」と分けて弾くと曲が華やかになります。分けた音がなめらかに聞こえるように弾きましょう。

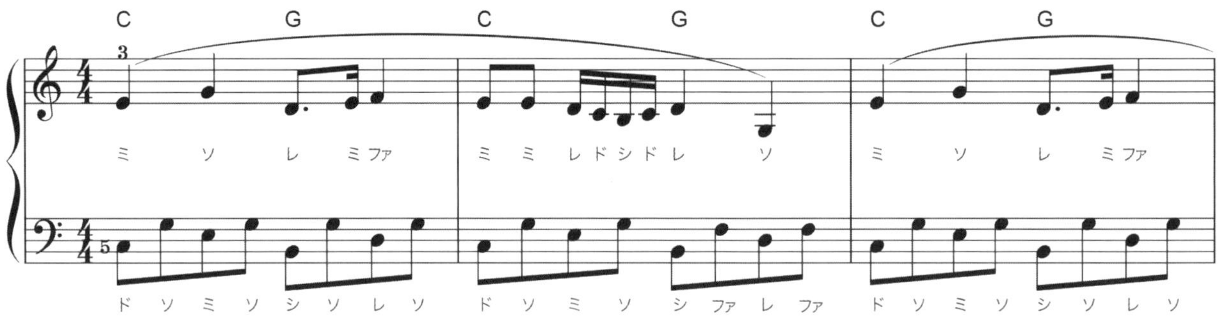

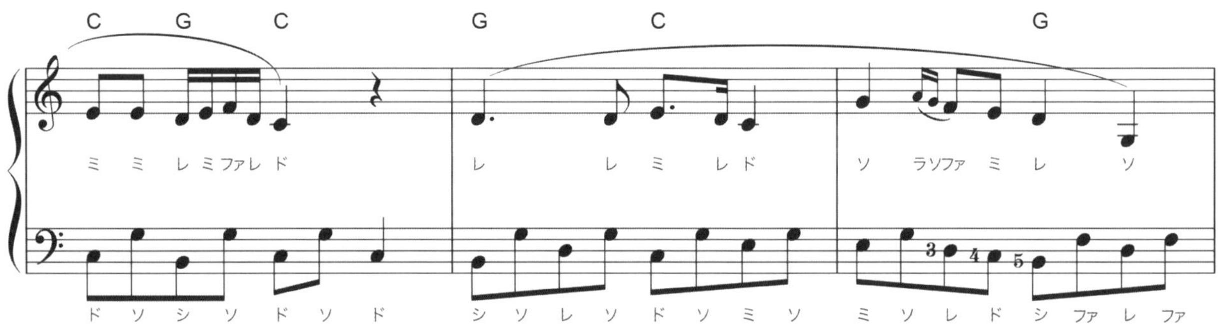

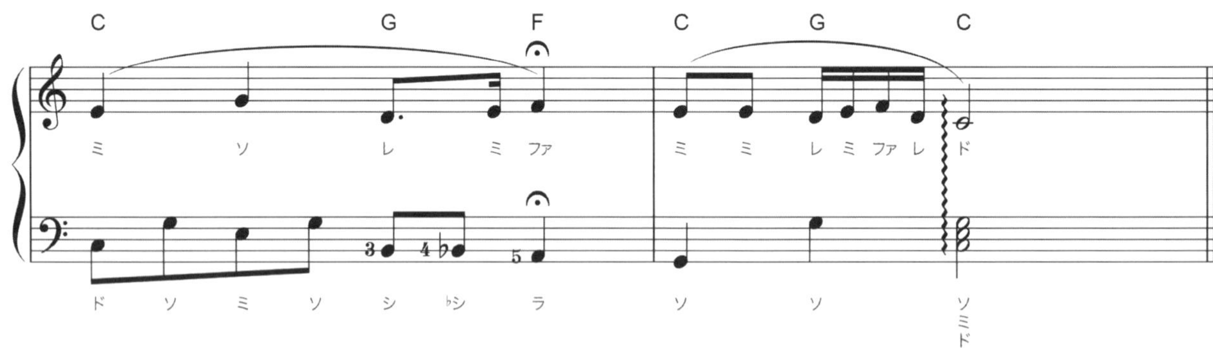

POINT アルペジオの弾きかた

● アルペジオ（分散和音）は、「⦚」記号のある音を1音ずつずらして演奏します。この曲の最後は「ドミソド」と弾きます（右図参照）。『新世界』（126ページ）のアルペジオは、左手の2つの音をずらし、同時に右手でメロディを弾きます（23ページ参照）。

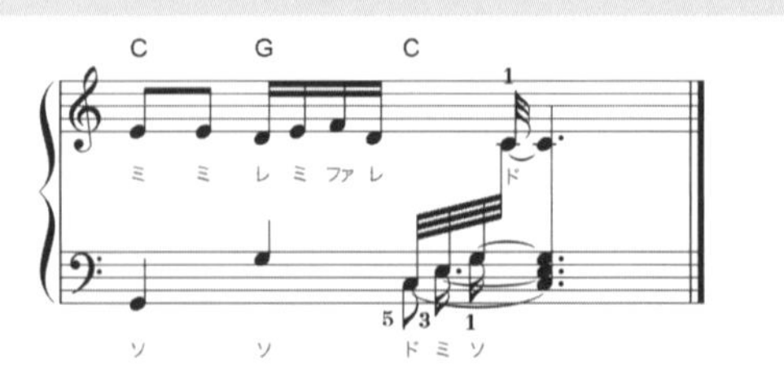

0歳児手あそび
1歳児手あそび
2歳児手あそび
0歳児ピアノ伴奏
1歳児ピアノ伴奏
2歳児ピアノ伴奏
親子で歌おう

発達との関わり　リズミカルで歌いやすい

はじめの指の位置

ぶんぶんぶん

訳詞：村野四郎　ボヘミア民謡　編曲：平沼みゆう

弾くときのアドバイス

「ぶんぶんぶん」についている、＞はアクセント。はちの羽音がイメージできるように、強くなりすぎない軽快なアクセントを心がけましょう。

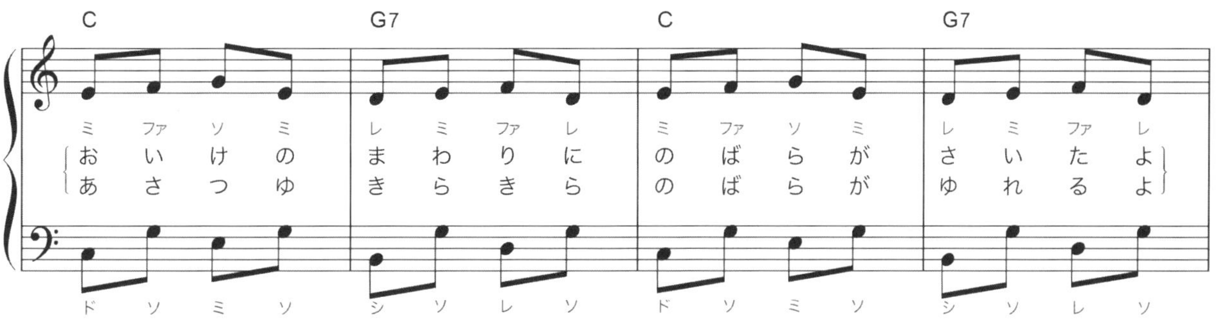

♩=104

C　G7　C　G7　C

ソ　ファ　ミ　レ　ミ　ファ　レ　ド　ド ミ

ソ ド　ソ シ　ソ ド　ソ　ソ　シ　ソ　ミ ド

C　G7　C　G7　C

ソ　ファ　ミ　レ　ミ　ファ　レ　ド

1.2. ぶん　ぶん　ぶん　は　ち　が　と　ぶ

ソ ド　ソ シ　ソ ド　ソ　ソ　シ　ソ　ミ ド

C　G7　C　G7

ミ　ファ　ソ　ミ　レ　ミ　ファ　レ　ミ　ファ　ソ　ミ　レ　ミ　ファ　レ

おいけの　まわりに　のばらが　さいたよ

あさつゆ　きらきら　のばらが　ゆれるよ

ド　ソ　ミ　ソ　シ　ソ　レ　ソ　ド　ソ　ミ　ソ　シ　ソ　レ　ソ

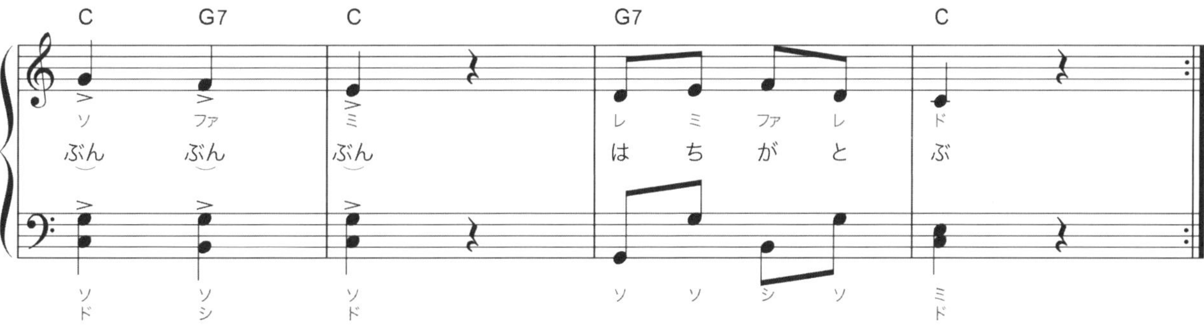

はじめの指の位置

おはながわらった

シ ド レ ミ ファ ソ ラ シ ド レ ミ ファ ソ ラ シ ド レ ミ ファ ソ ラ

作詞：保富庚午　作曲：湯山 昭　編曲：平沼みゅう

弾くときのアドバイス

左手は2和音（重音）と1音の繰り返しなので、とても弾きやすいアレンジです。「みんなわらった」の部分が盛り上がるように演奏しましょう。

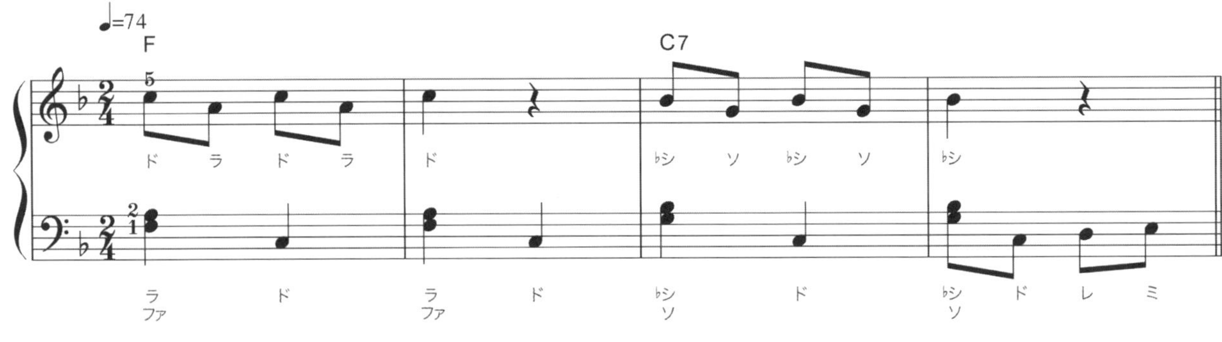

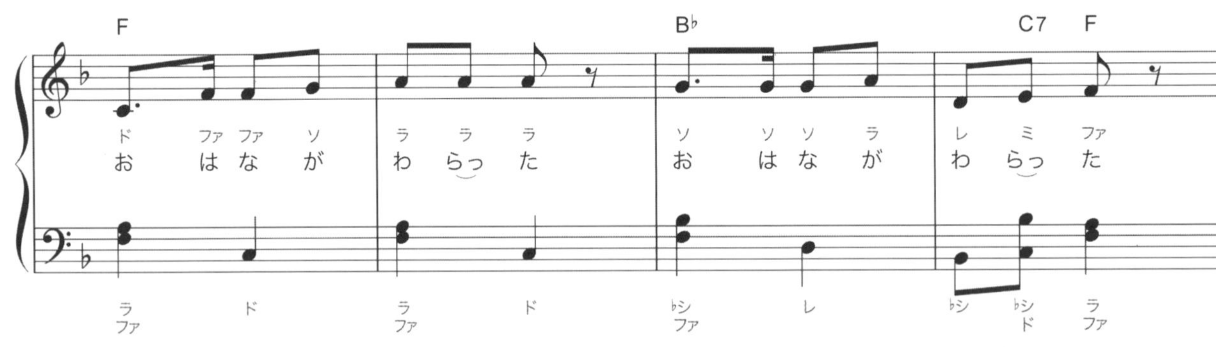

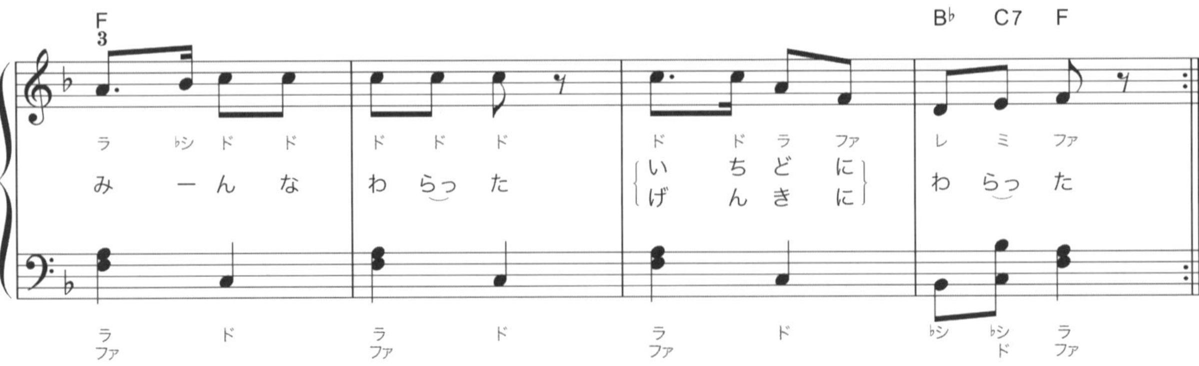

発達との関わり　ゆるやかなメロディで歌いやすい

夏　海

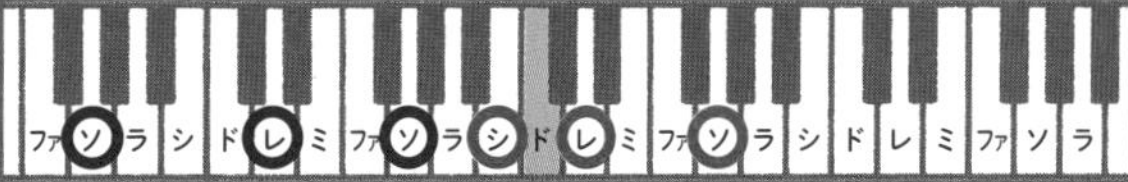

文部省唱歌　作詞：林 柳波　作曲：井上武士　編曲：平沼みゆう

1・2小節目の「⦙」は、アルペジオ(分散和音)の記号です。通常は下の音から上の音に向かって順番に弾きます。曲に表情がでる技法のひとつです(128ページ参照)。

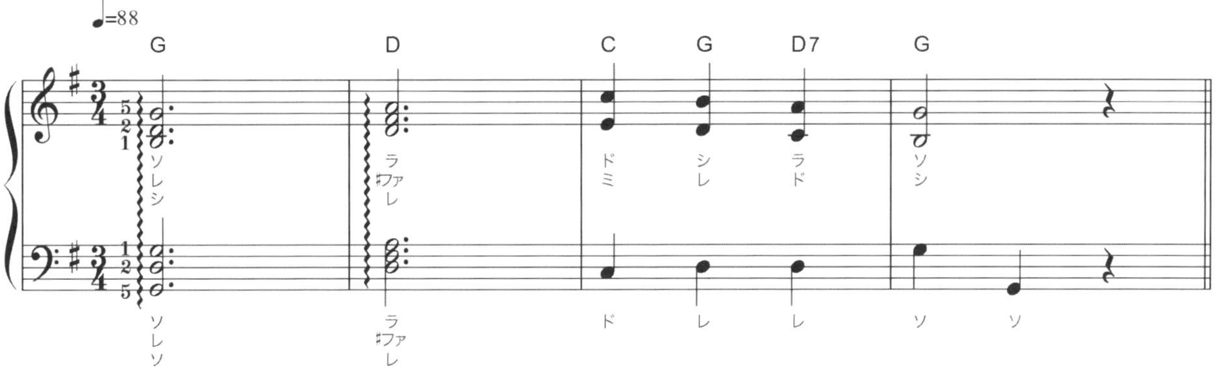

この曲を知ろう

- 3番の歌詞は原曲では「…うかばして」でしたが、現在では「うかばせて」と表記されています。1941年発行『ウタノホン(上)』で発表された作品です。

はじめの指の位置

シ ド レ ミ ファ ソ ラ シ ド レ ミ ファ ソ ラ シ ド レ ミ ファ ソ ラ

トマト

作詞：荘司 武　作曲：大中 恩　編曲：金子みどり

弾くときのアドバイス

7・8小節目の弧線は「タイ」。「ソ♭シ」の2和音（重音）を1回弾いて、次の小節の半拍目まで伸ばします。詞の「読んでも」は「呼んでも」と間違えないようにします。

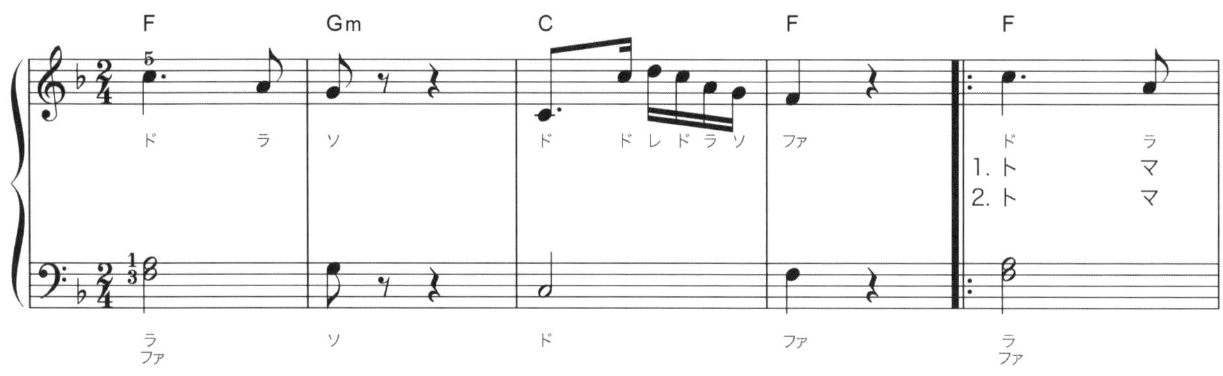

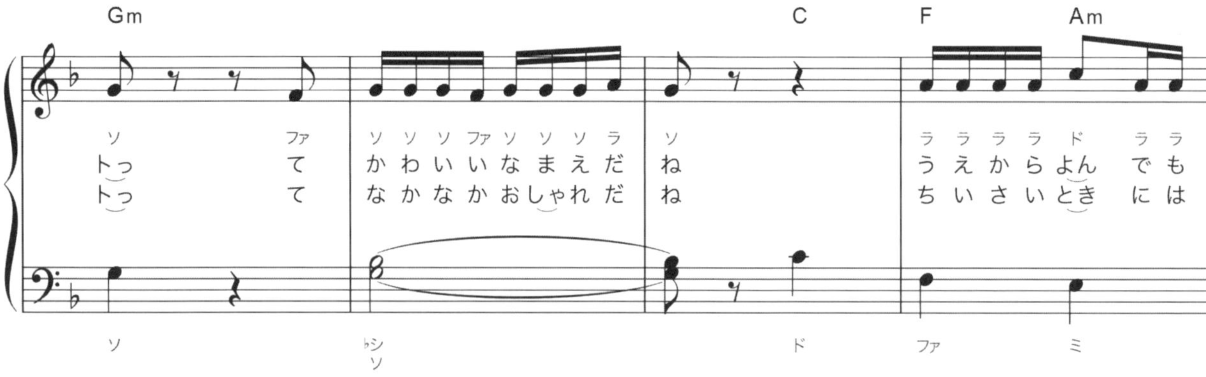

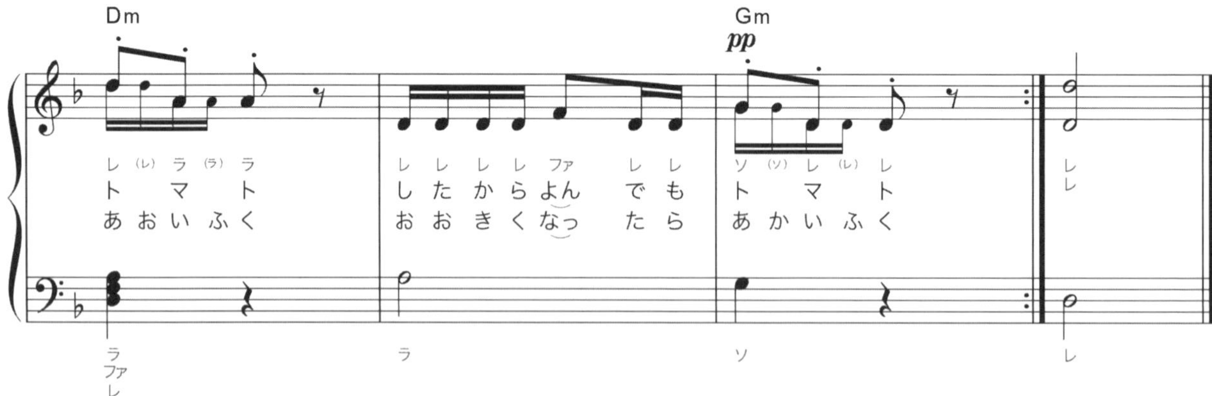

もみじ

はじめの指の位置

シ ド レ ミ ファ ソ ラ シ ド レ ミ ファ ソ ラ シ ド レ ミ ファ ソ ラ

作詞：古村徹三　作曲：日本教育音楽協会　編曲：長尾淳子

弾くときのアドバイス

左手の音数を減らして、メロディを弾きやすくしたアレンジです。8・16小節の左手「ソファミレ」は、次の歌い出しのきっかけになるので省かずに。

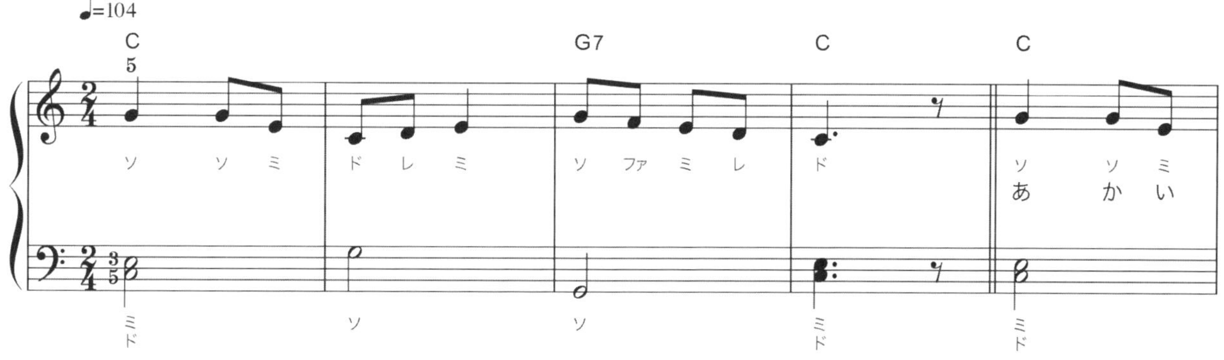

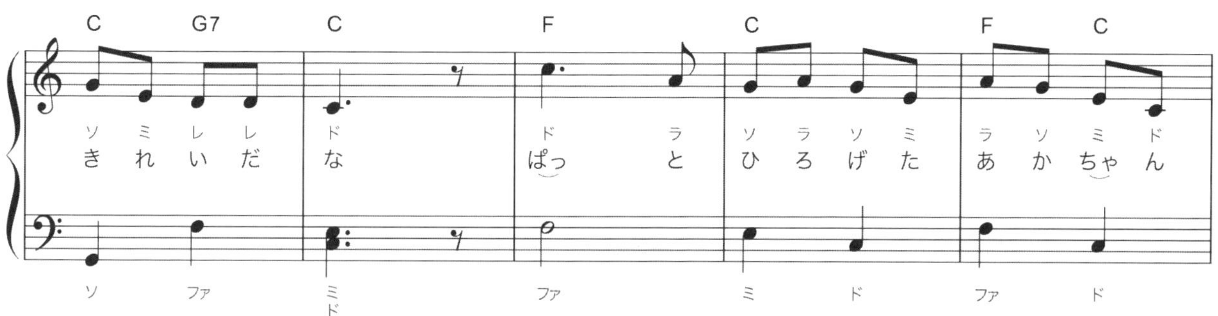

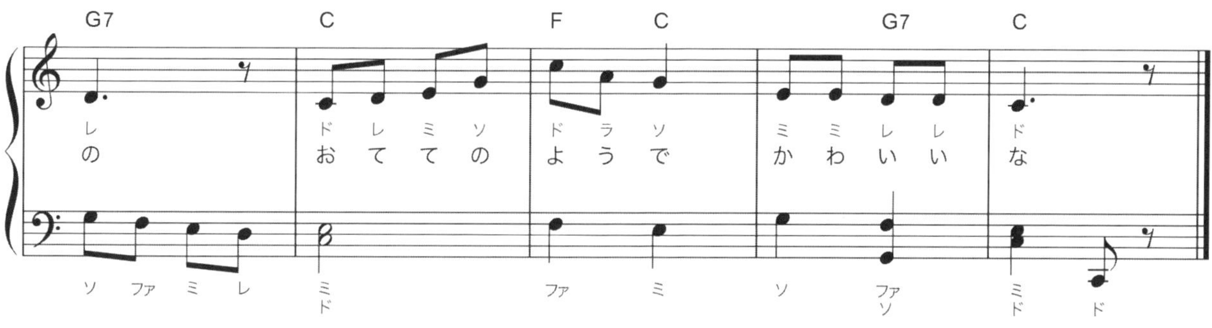

発達との関わり　ゆるやかなメロディで歌いやすい

秋　まつぼっくり

はじめの指の位置

作詞：広田孝夫　作曲：小林つや江　編曲：金子みどり

「あったとさ」が繰り返し出てきますが、最後の「さ」は語りかけるように、手首を柔らかく力を抜いて弾くと、詞の情景が浮かび上がってきます。

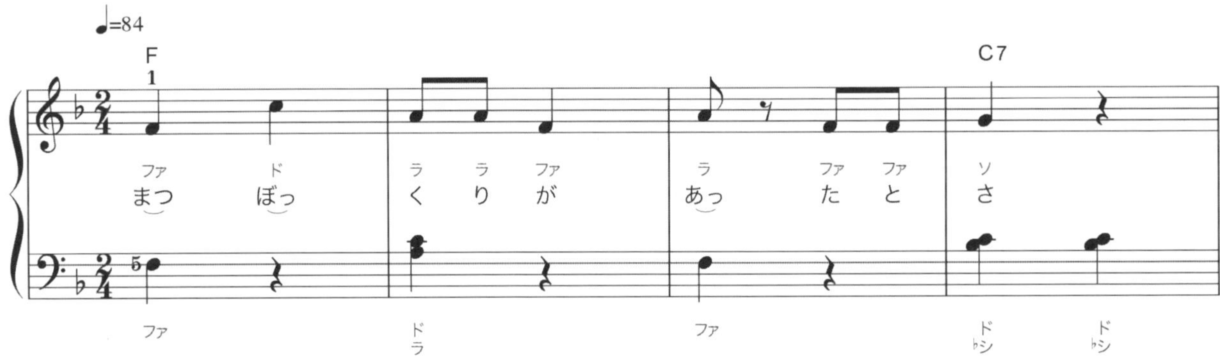

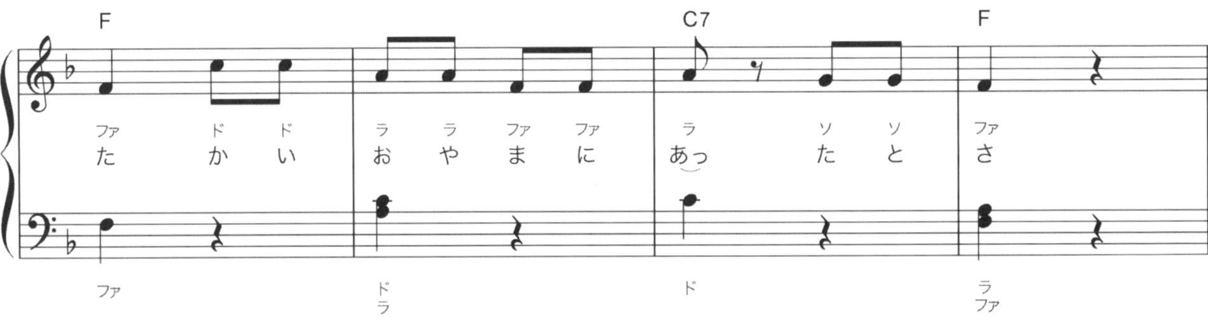

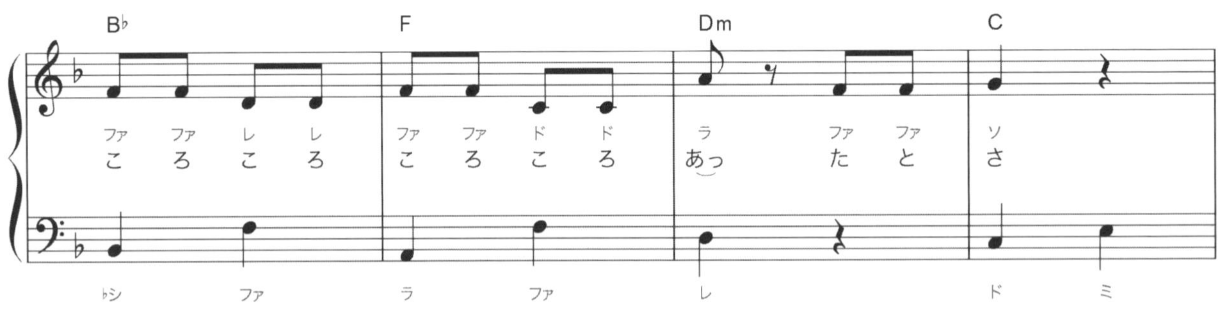

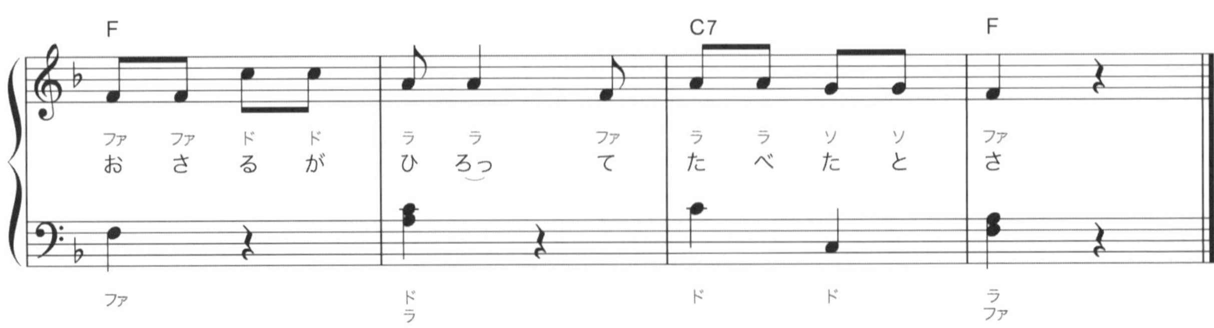

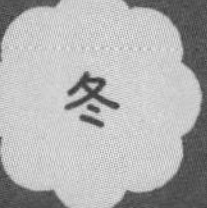

発達との関わり リズミカルで発声しやすい

はじめの指の位置

シ ド レ ミ ファ ソ ラ シ ド レ ミ ファ ソ ラ シ ド レ ミ ファ ソ ラ

冬 雪のペンキやさん

作詞：則武昭彦　作曲：安藤 孝　編曲：長尾淳子

7小節目の「おそら」と「おおぜい」の符割を正しく弾きましょう。「おやねも」は♫(八分音符)、「まっしろく」は付点八分音符)です。違いに気をつけて弾きます。

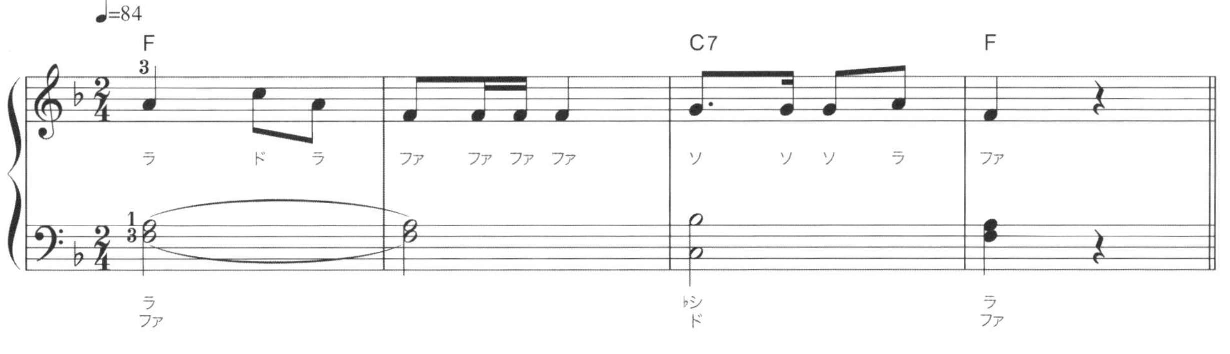

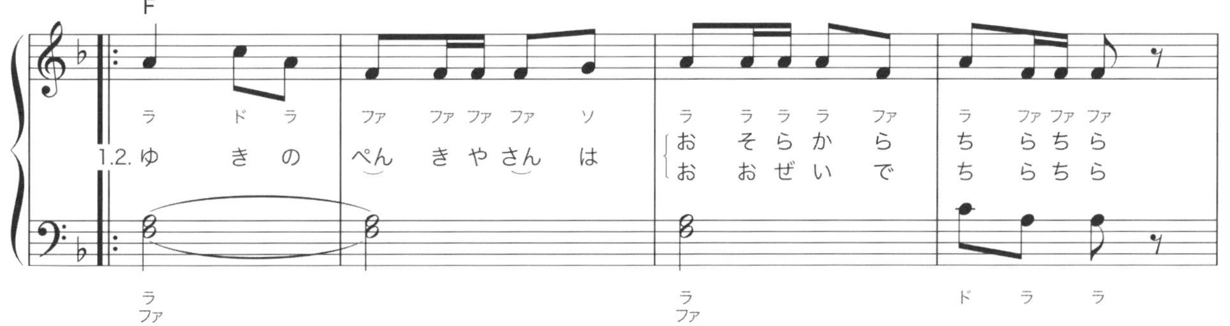

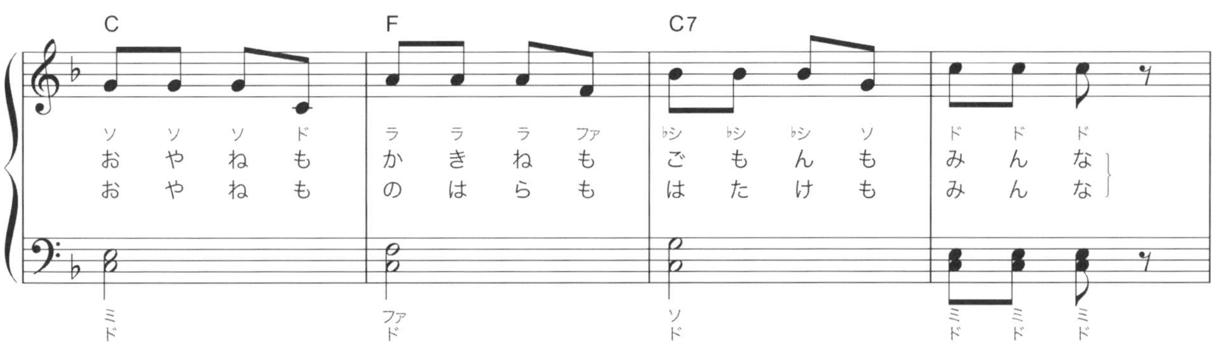

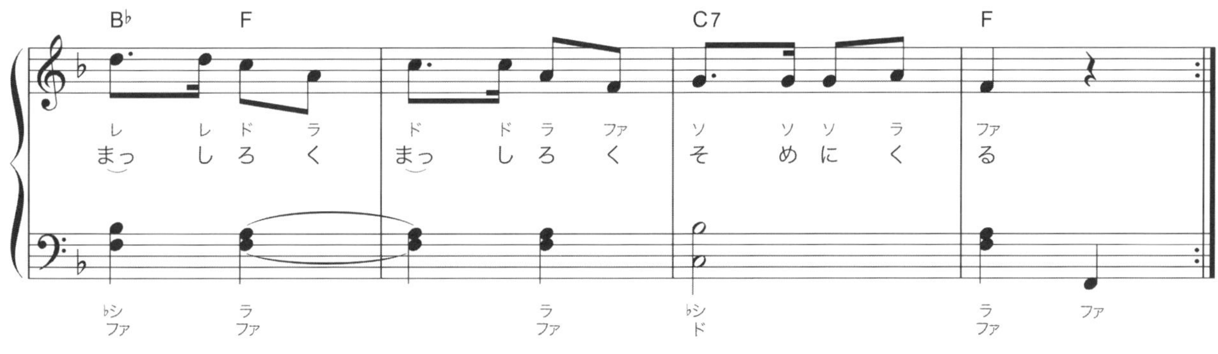

はじめの指の位置

シ ド レ ミ ファ ソ ラ シ ド レ ミ ファ ソ ラ シ ド レ ミ ファ ソ ラ

冬 たこの歌

文部省唱歌　編曲：長尾淳子

左手の2和音（重音）はすべて「ドミ」で構成した、弾きやすいアレンジになっています。
左手が簡単な分、右手はしっかりリズムをとって演奏しましょう。

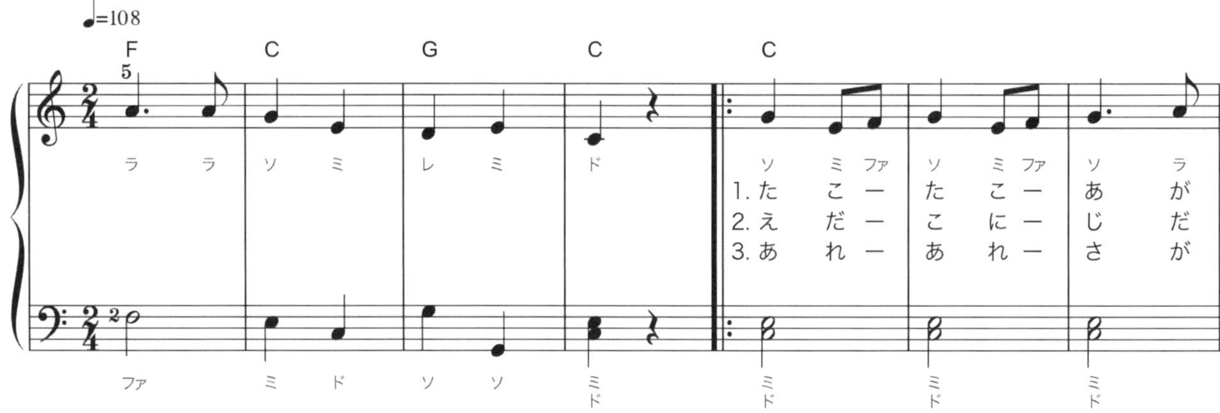

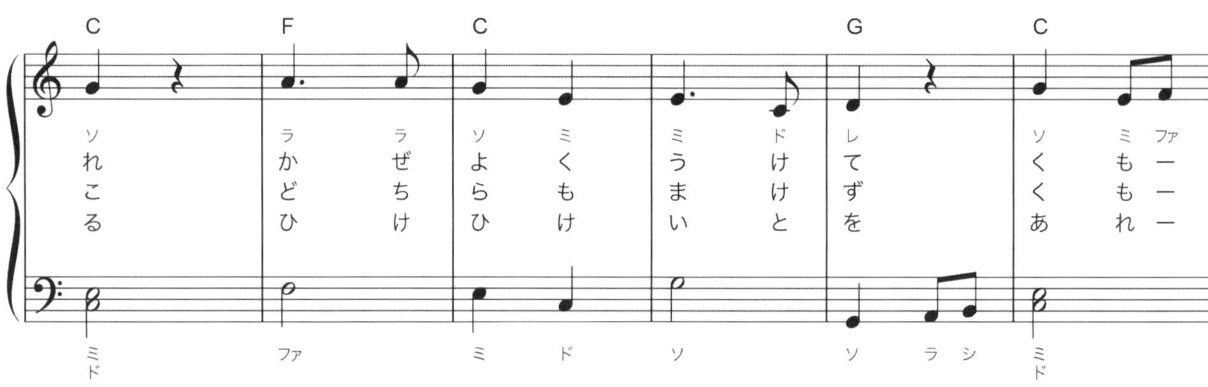

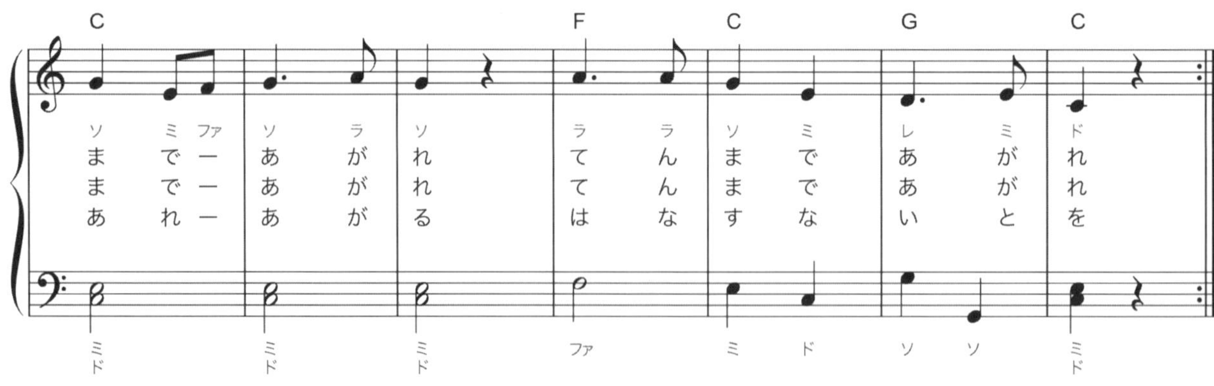

発達との関わり　保育者とのやりとりを楽しむ

生活 わらっておはよう

作詞：佐倉智子　作曲：浅野ななみ　編曲：平沼みゆう

保育者が歌って、子ども達が「おはよう」とこたえます。弾き歌いしやすいように、左手はシンプルにアレンジしています。前奏のセリフから弾き歌いにチャレンジしましょう。

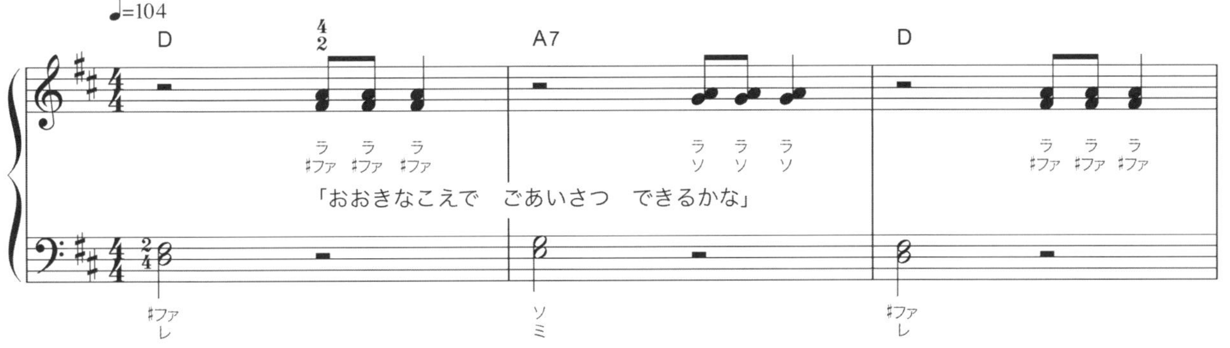

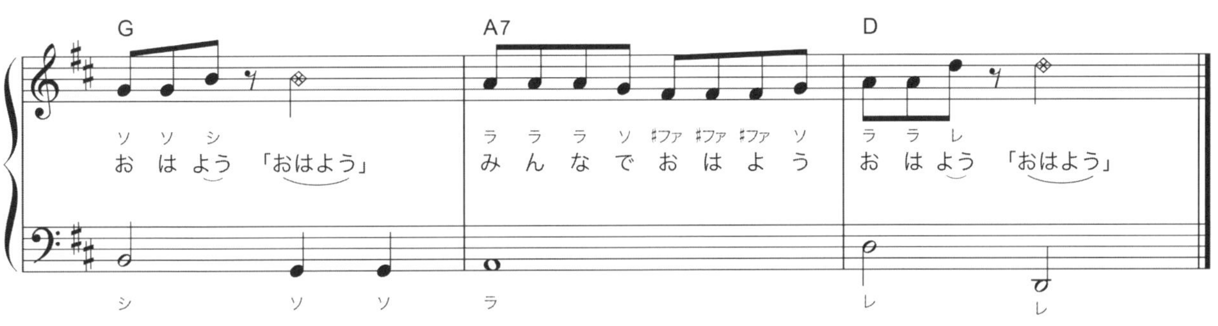

はじめの指の位置

生活 どこでしょう

シ ド レ ミ ファ ソ ラ シ ド レ ミ ファ ソ ラ シ ド レ ミ ファ ソ ラ

作詞・作曲：不詳　編曲：長尾淳子

保育の現場で歌い継がれている曲です。1番と2番は別のあそびです。1番は子どもの名前を呼び、2番は指の名称を呼びます。

♩=92

C　F　G7
ド ミ ソ　ド ミ ソ　ラ ソ ファ ミ　レ

1.「さあ　おともだちの名前をよびますよ」
2.「さあ　ゆびの名前をよびますよ」

ソミド　ソミド　ラファド　ソファシ　ソ

C　G7　C
ド ミ ソ　ド ミ ソ　レ レ レ ミ　ド
1. ○ ○ さん　○ ○ さん　ど こ で しょ う
2. おや ゆび さん　おや ゆび さん　ど こ で しょ う

ソミド　ソミド　ソファシ　ソミド

F C　F C　F　C
ド ラ ソ ソ　ド ラ ソ ソ　ラ ラ ラ ラ ド　ソ
こ こ で す　こ こ で す　こ こ に い ま　す

ラファド　ソミド　ラファド　ソミド　ラファド　ソミド

あそびのアイデア

● 子どもと掛け合いながらあそびましょう。

保育者が子どもの名前を呼びます。呼ばれた子は手を振ります。

保育者は両手をうしろに隠します。詞に出てきた指を出して左右に振ります。

はじめの指の位置

シ ド レ ミ ファ ソ ラ シ ド レ ミ ファ ソ ラ シ ド レ ミ ファ ソ ラ

生活

おかたづけ

作詞・作曲：不詳　編曲：金子みどり

弾くときのアドバイス

歌は「ド」から「ソ」までの曲だけで構成されているので、歌いやすく弾きやすい曲です。前奏の3，4小節目は、(3連音符) を入れておしゃれにアレンジしています。

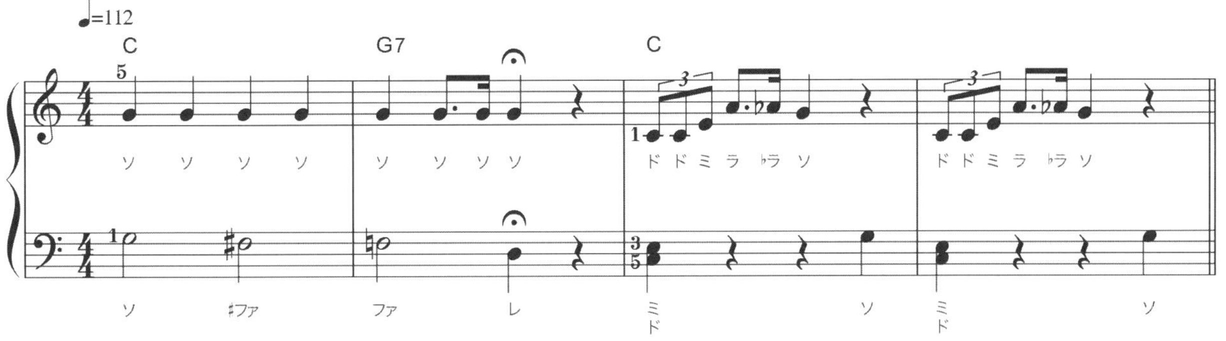

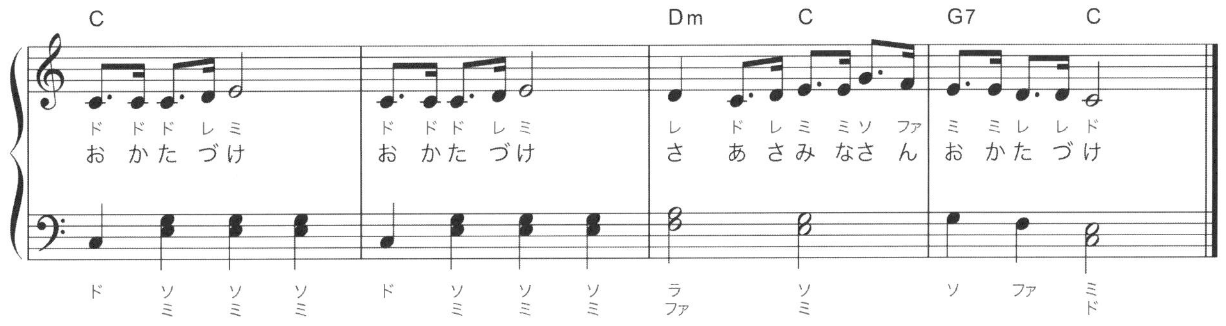

あそびのアイデア

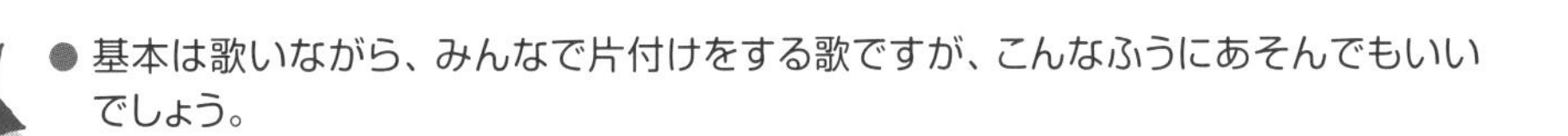

● 基本は歌いながら、みんなで片付けをする歌ですが、こんなふうにあそんでもいいでしょう。

1

子どもに「かたづけまーす。よーく見ててね」といい、2個の箱にぬいぐるみやボールを入れます。

2

歌いながら箱を動かします。歌い終わったら「さあ、どっちにボールが入ってるかな？」当てっこをして楽しみます。

発達との関わり　歌いながらの作業を楽しむ

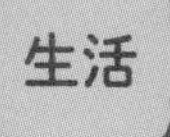

みんなでおかたづけ

作詞・作曲：中谷真弓　編曲：長尾淳子

はじめの指の位置　左手 3小節目
シ ド レ ミ ファ ソ ラ シ ド レ ミ ファ ソ ラ シ ド レ ミ ファ ソ ラ

最初は弾かずに保育者が歌いながら、部屋の片付けをしていきます。子ども達が真似をして片付けができるようになった頃に合わせて、弾きはじめるといいでしょう。

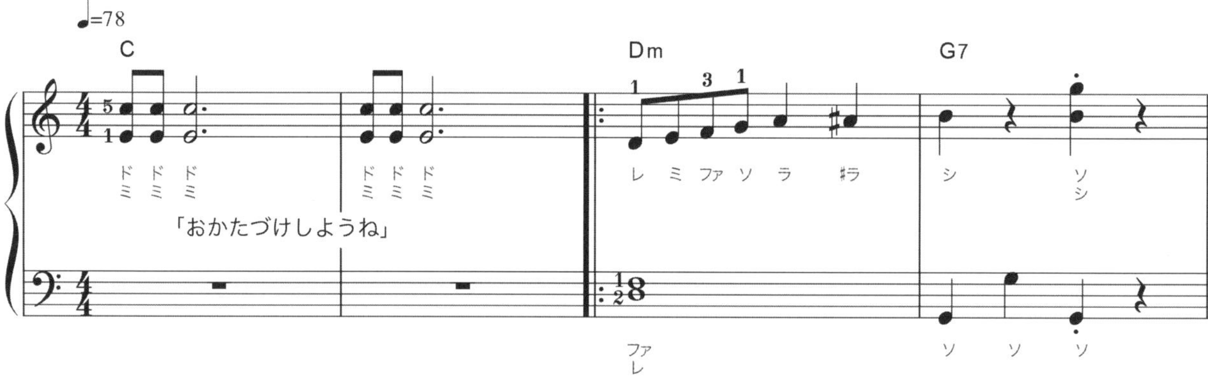

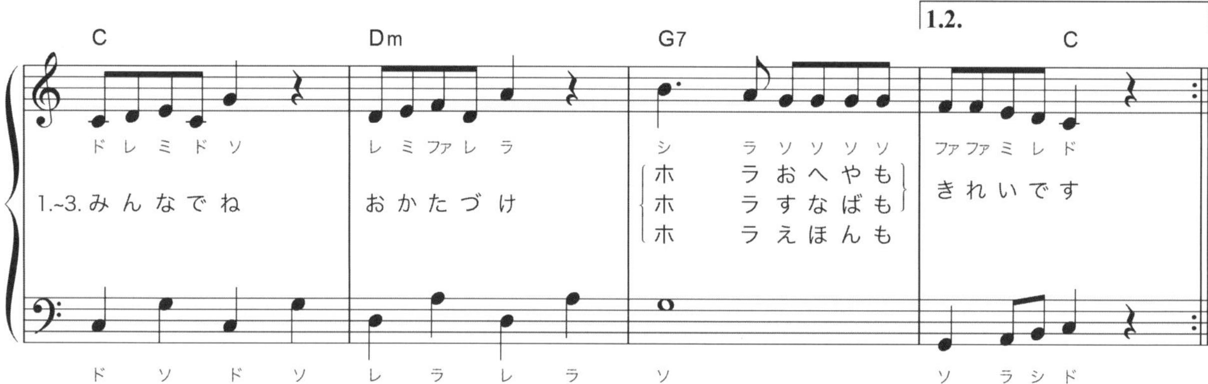

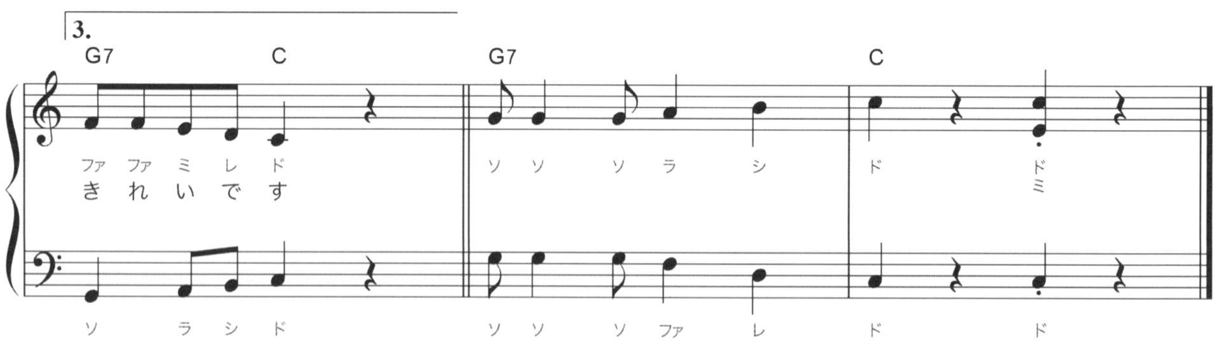

はじめの指の位置

シ ド レ ミ ファ ソ ラ シ ド レ ミ ファ ソ ラ シ ド レ ミ ファ ソ ラ

生活

て、て、手を洗おうのうた

作詞・作曲：阿部直美　編曲：金子みどり

「てをあらおう」の「て」は、少しアクセントをつけ強調して演奏すると歌いやすくなります。テンポが速くなりすぎないように気をつけます。

♩=110　言葉をはっきりと

Dm　G7　C　C

レ ミ ファ ラ　シ ラ ソ ソ ソ　ド ミ　ソ ソ ソ ソ ソ ソ ソ ソ

1. ごはんのまえには
2. おやつのまえには

ラ ラ ラ ラ / ファ ファ ファ ファ　ソ ソ　ド ソ ド　ド ソ ソ / ミ ミ

C　F　G

ド ソ ソ ソ ソ　ラ ラ ラ ラ ラ ラ ラ ラ　レ ラ ラ ラ ラ　シ シ シ シ シ シ シ シ

て を あらおう　トイレのあとにも　て を あらおう　そとからかえって
て を あらおう　おべんときゅうしょく　て を あらおう　いっぱいあそんだ

ド ソ ソ / ミ ミ　ファ ド ド / ラ ラ　ファ ド ド / ラ ラ　ソ レ レ / シ シ

G7　C　Dm　G7

シ ラ ソ ソ ソ　レ ミ ファ ラ　シ ラ ソ ソ ソ

きた ときも　ー
その あとも　ー
て て て て　て をあら おう

ファ レ レ / シ シ　ミ ド ド / ソ ソ　ラ ラ ラ ラ / ファ ファ ファ ファ　ソ / ファ

G7　C　F　G7　C

ド ド ソ ソ ラ ラ ド　シ ラ シ シ　ド ミ

ー　バイキンバイバイ　き れい な　て

ソ ファ ミ レ　ド ファ　ソ ソ　ド ソ ド

発達との関わり　生活習慣を身につける

はじめの指の位置

シ ド レ ミ ファ ソ ラ シ ド レ ミ ファ ソ ラ シ ド レ ミ ファ ソ ラ

おててをあらいましょう

作詞・作曲：不詳　編曲：長尾淳子

「ド」から「ラ」までの音域で歌え、しかもほぼ同じメロディの繰り返しです。演奏が単調にならないように、2段目は *mp*（メゾピアノ）に、3段目は *mf*（メゾフォルテ）にするなど、強弱をつけます。

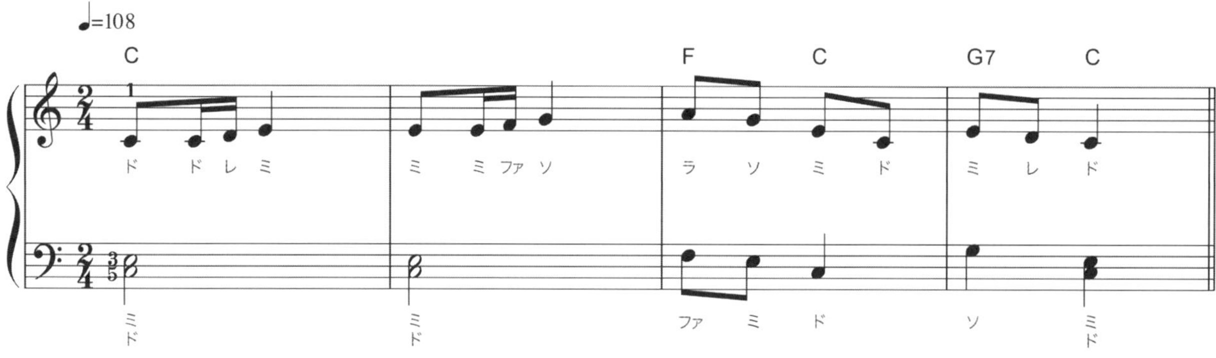

発達との関わり　生活習慣を身につける

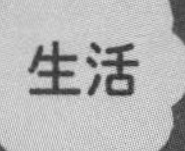

まねっこはみがき

右手
1小節2拍目
はじめの指の位置

シ ド レ ミ ファ ソ ラ シ ド レ ミ ファ ソ ラ シ ド レ ミ ファ ソ ラ

作詞・作曲：浅野ななみ　編曲：平沼みゆう

大きなゾウを表すために、左手は極力音を減らした構成になっています。3拍子の「強・弱・弱」のリズムを心に刻みながら、演奏してみましょう。

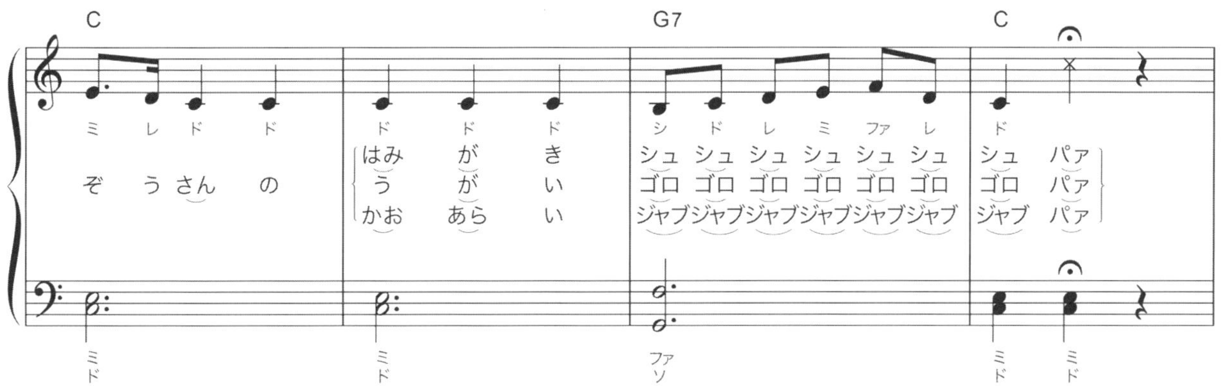

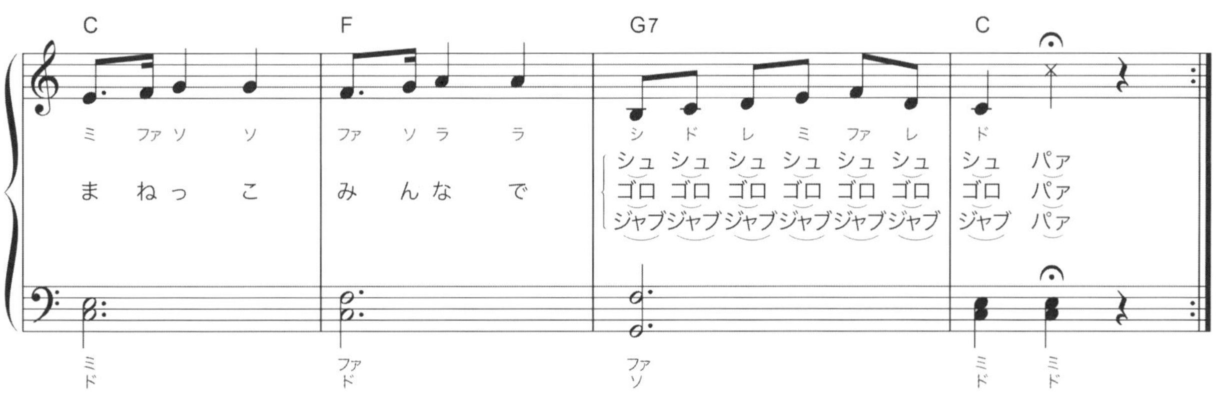

発達との関わり　色や形に興味をもつ

はじめの指の位置

生活　いただきます

作詞・作曲：阿部直美　編曲：金子みどり

弾くときのアドバイス　左手3〜9小節までは、同じリズムが繰り返されます。１拍目𝅗𝅥(二分音符)を強く、３・４拍目♩(四分音符)は軽く弾きます。最後は元気に「いただきます」といいます。

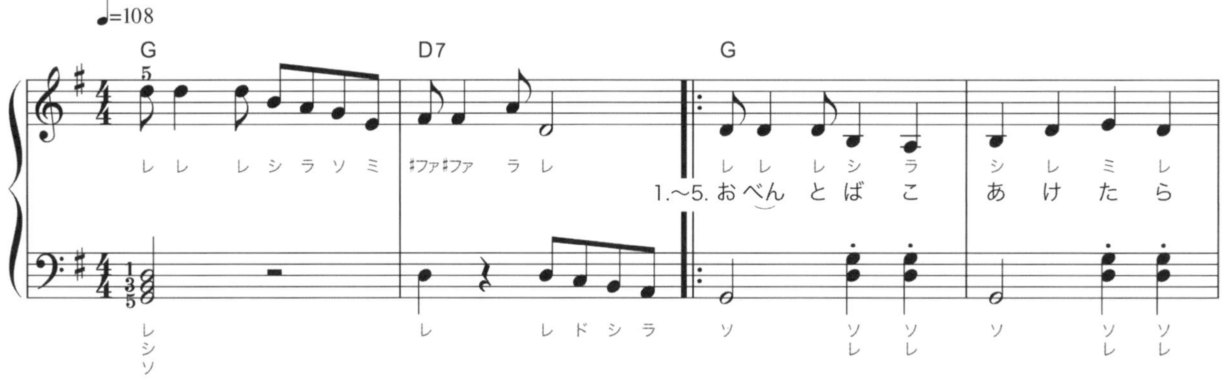

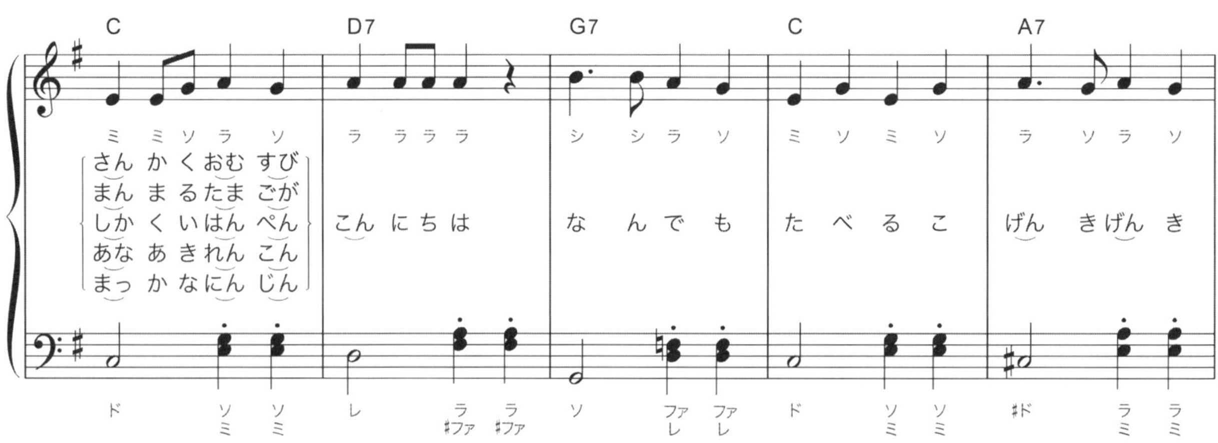

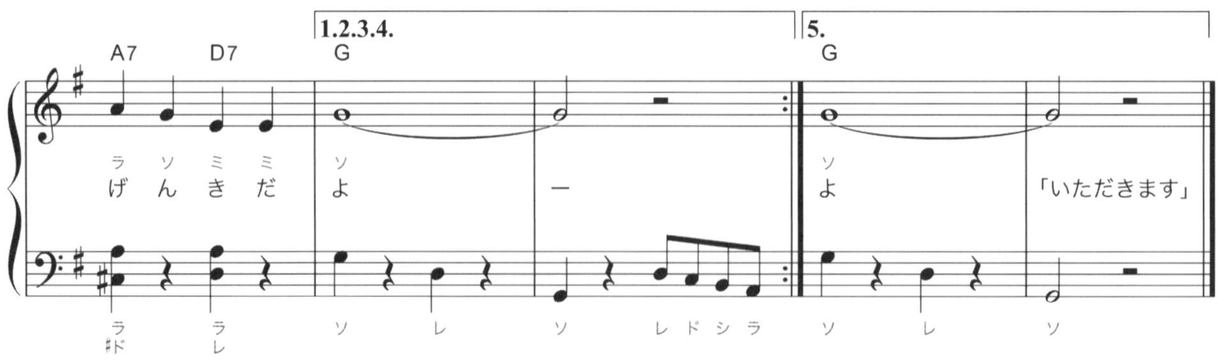

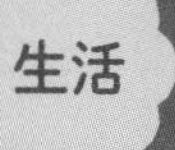

発達との関わり　歯切れのよいリズムを楽しむ

生活　あれもキライのうた

作詞・作曲：阿部直美　編曲：金子みどり

「キライ」の部分についているのは、(スタッカート・アクセント)。その音を短く切り、かつ他の音よりも強く弾く記号ですが、ここでは強くなりすぎないように。

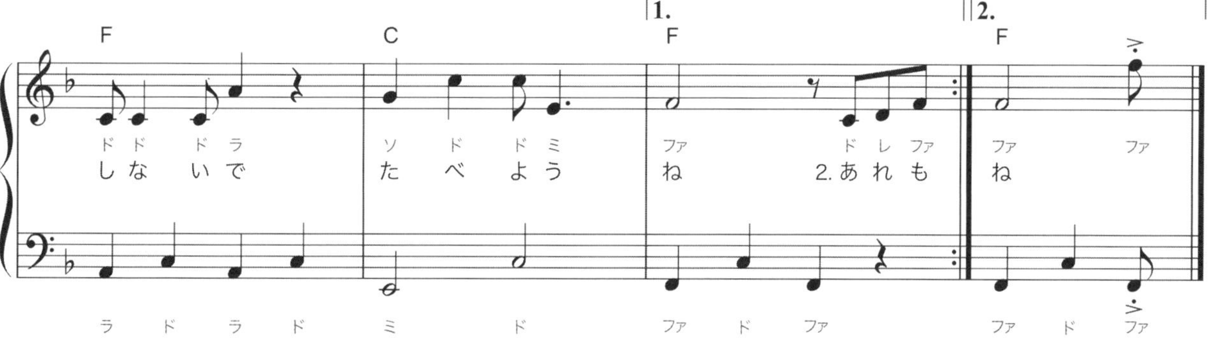

生活

パンツのトンネル

作詞・作曲：中谷真弓　編曲：長尾淳子

弾くときのアドバイス

保育者がパンツやズボンを履かせながら歌いましょう。足を汽車に見立てて、「大きなトンネル」はパンツの入口で、「小さなトンネル」は足の出口のことです。

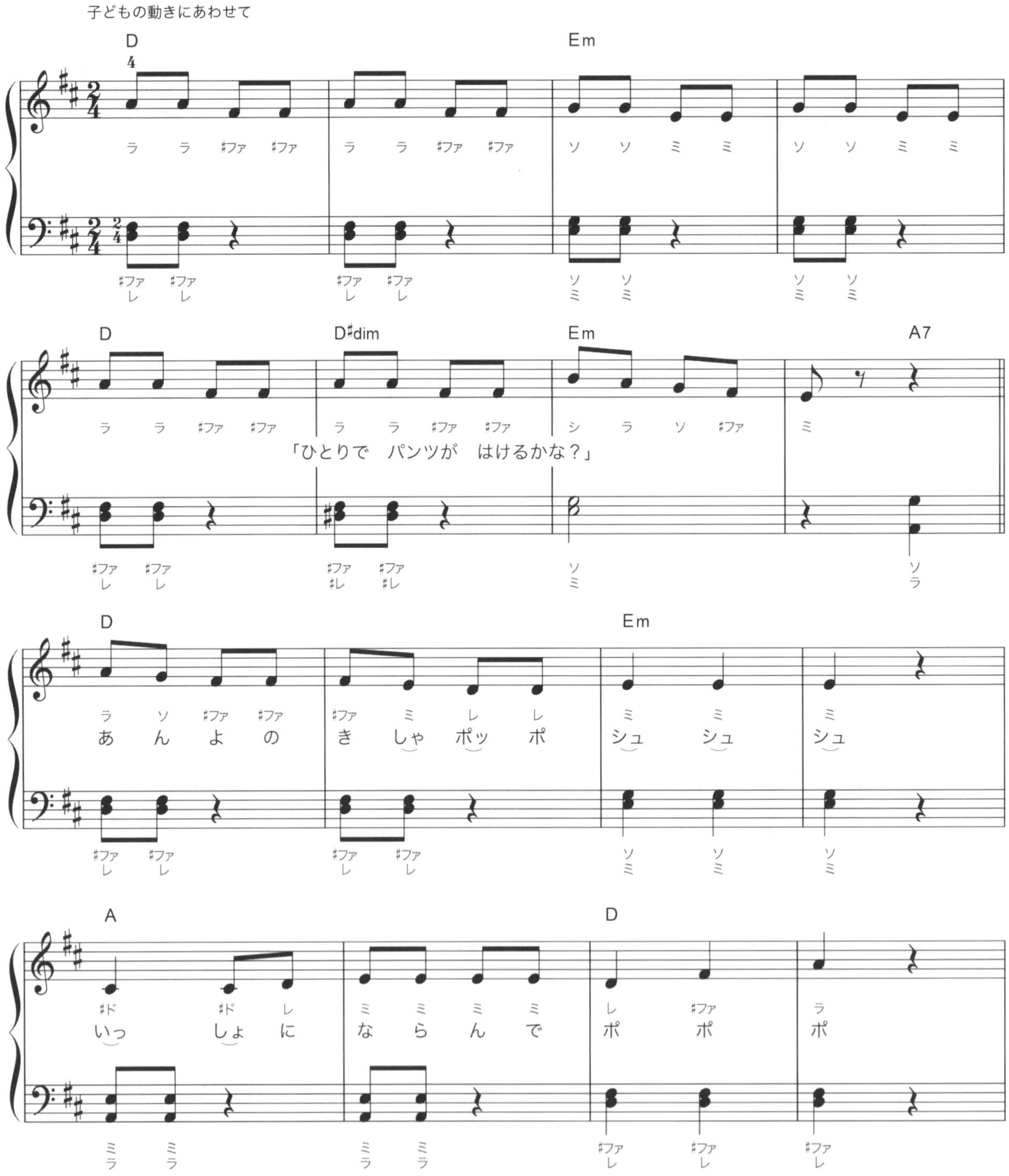

子どもの動きにあわせて

D　Em

D　D♯dim　Em　A7

「ひとりで　パンツが　はけるかな？」

D　Em

あ ん よ の き しゃ ポッ ポ シュ シュ シュ

A　D

いっ しょ に な ら ん で ポ ポ ポ

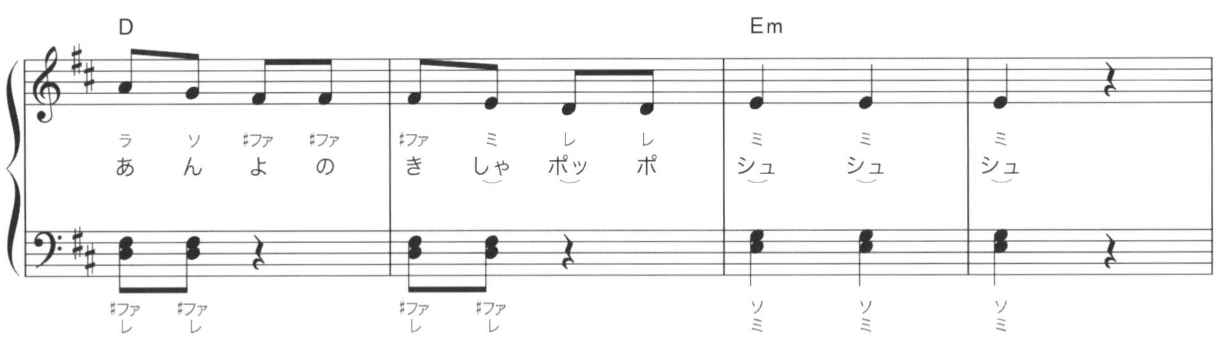

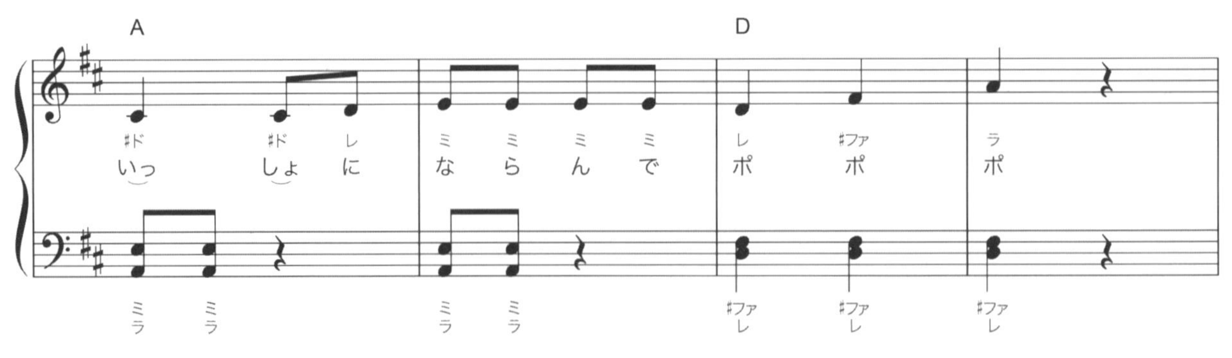

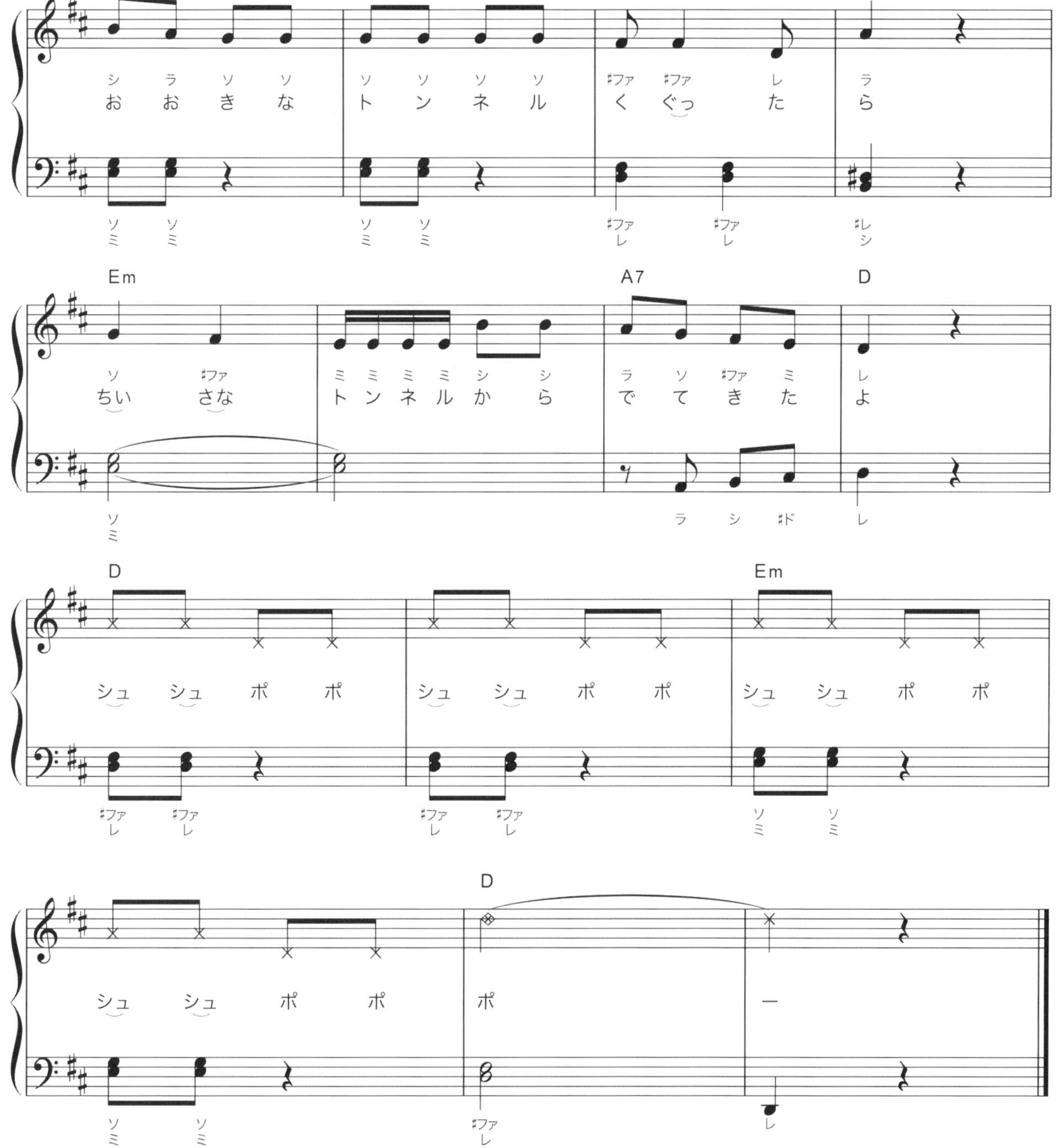
Em D B7
シ ラ ソ ソ ソ ソ ソ ソ ♯ファ ♯ファ レ ラ
おおきな トンネル くぐったら
ソ ソ ソ ソ ♯ファ ♯ファ ♯レ
ミ ミ ミ ミ レ レ シ
Em A7 D
ソ ♯ファ ミ ミ ミ ミ シ シ ラ ソ ♯ファ ミ レ
ちいさな トンネルから でてきたよ
ソ
ミ
ラ シ ♯ド レ
D Em
シュ シュ ポ ポ シュ シュ ポ ポ シュ シュ ポ ポ
♯ファ ♯ファ ♯ファ ♯ファ ソ ソ
レ レ レ レ ミ ミ
D
シュ シュ ポ ポ ポ ー
ソ ソ ♯ファ
ミ ミ レ レ

はじめの指の位置

生活 なかよしくつした

シ ド レ ミ ファ ソ ラ シ ド レ ミ ファ ソ ラ シ ド レ ミ ファ ソ ラ

作詞・作曲：中谷真弓　編曲：金子みどり

弾くときのアドバイス

保育者が靴下を履かせながら歌います。4段目の「はいたら」からは、子どもを支えて立たせ、その場でジャンプ。「ピョン」の♩(スタッカート)は軽やかに。

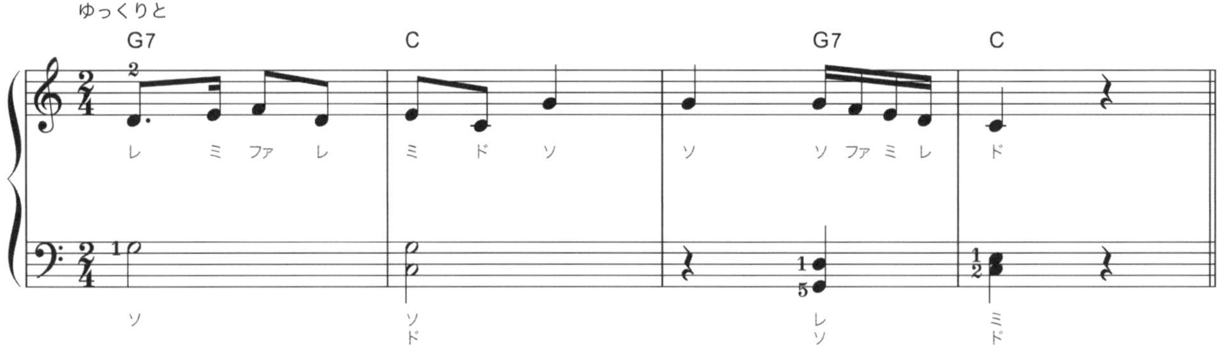

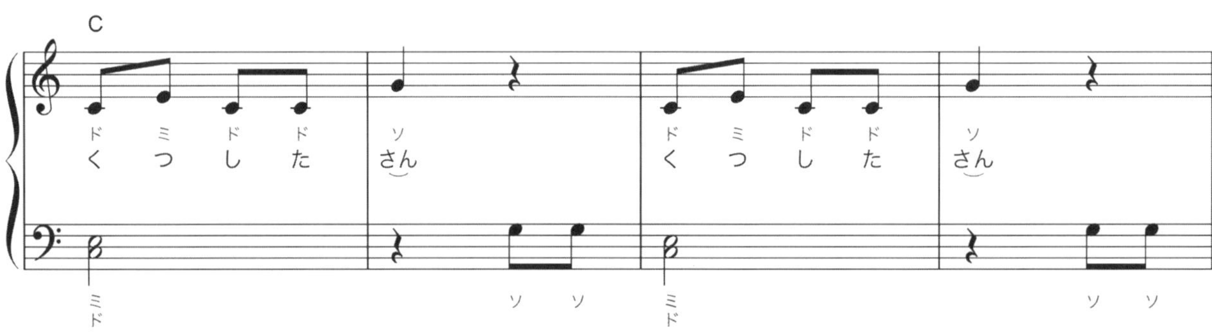

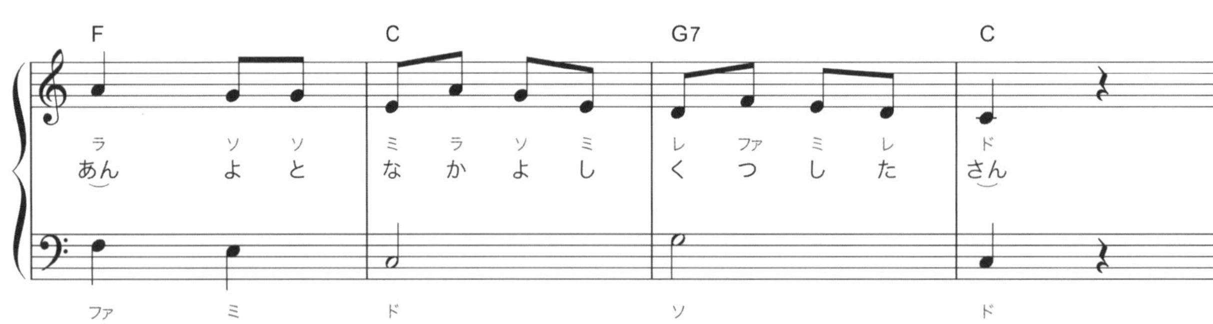

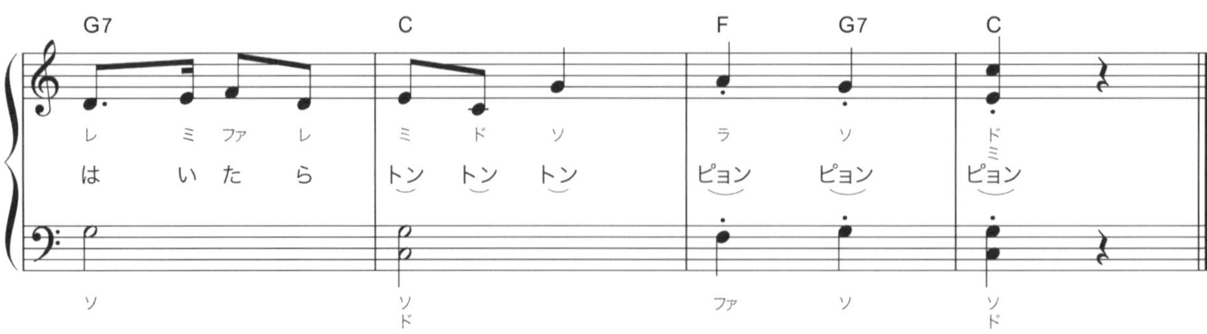

はじめの指の位置

アマリリス

作曲：ヘンリー・ギース　編曲：金子みどり

弾くときのアドバイス

V（ブレスマーク）の前の音は、指を鍵盤につけたままでなく、一度上げて音を切ります。こうすることで、次への指使いの音にスムーズに移ることができます。

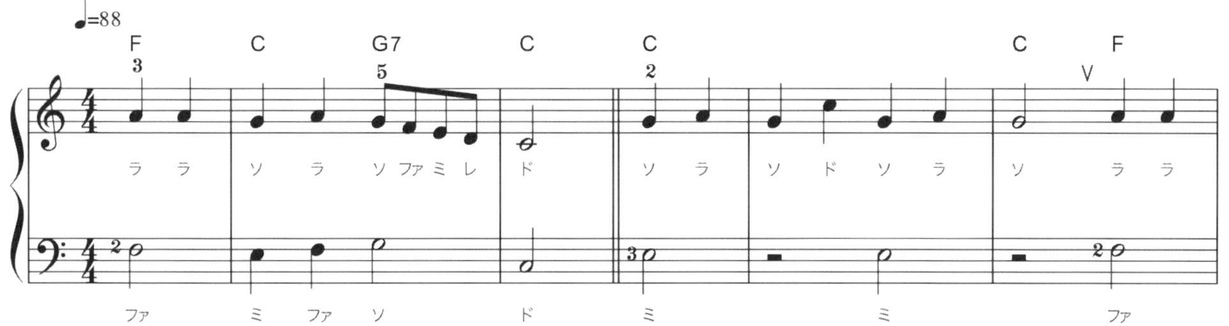

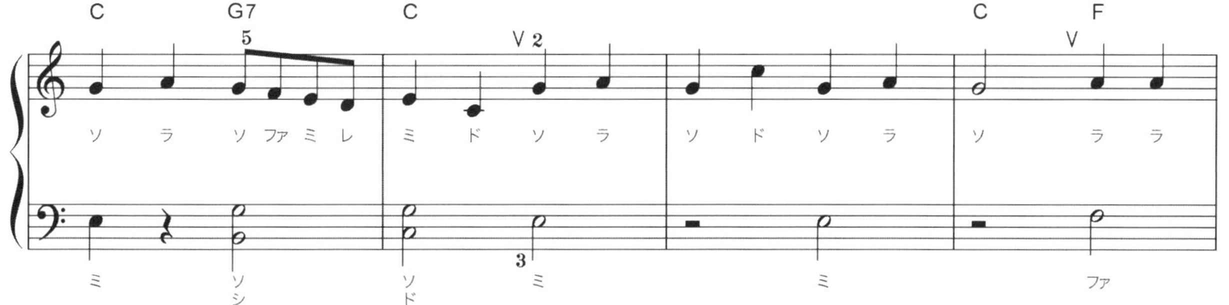

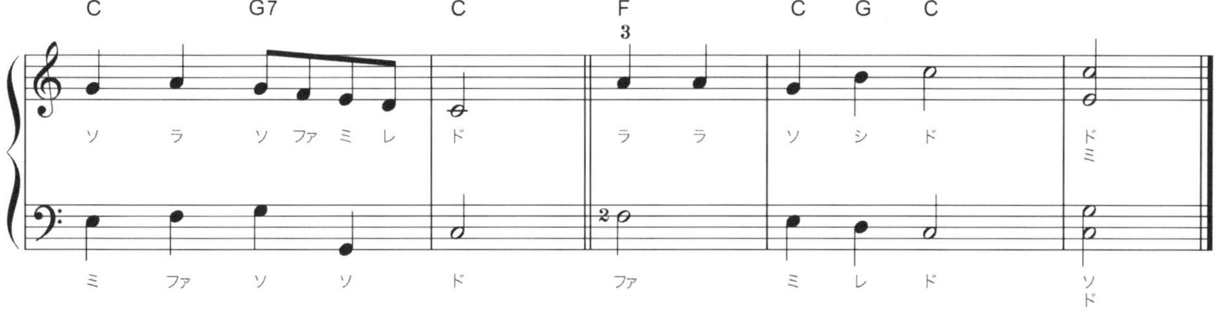

POINT

曲を知ろう

● この曲は今から約400年前のフランスの国王ルイ13世の作曲といわれていましたが、最近ではヘンリー・ギース作ともいわれています。

当時はチェンバロ（ハープシコード）で演奏されていました。チェンバロはピアノのように音の強弱をつけることができずに、響きも短いので、メロディーが♩（スタッカート）で演奏されているように聞こえます。演奏する際には、手首をしなやかに使い、音が重くならないよう心がけましょう。

発達との関わり　メロディの変化が楽しい

BGM エリーゼのために

左手
2小節目

はじめの指の位置

ファ ソ ラ シ ド レ ミ ファ ソ ラ シ ド レ ミ ファ ソ ラ シ ド レ ミ ファ ソ ラ

作曲：ルートヴィヒ・ヴァン・ベートーベン　編曲：金子みどり

弾くときのアドバイス

叙情的な曲なので、ともするとリズムが崩れやすくなります。左手の𝅗𝅥（二分音符）を柔らかく力を抜いて弾くと、落ち着いた感じの表現になります。慣れてきたら、全体をレガート（なめらか）に。

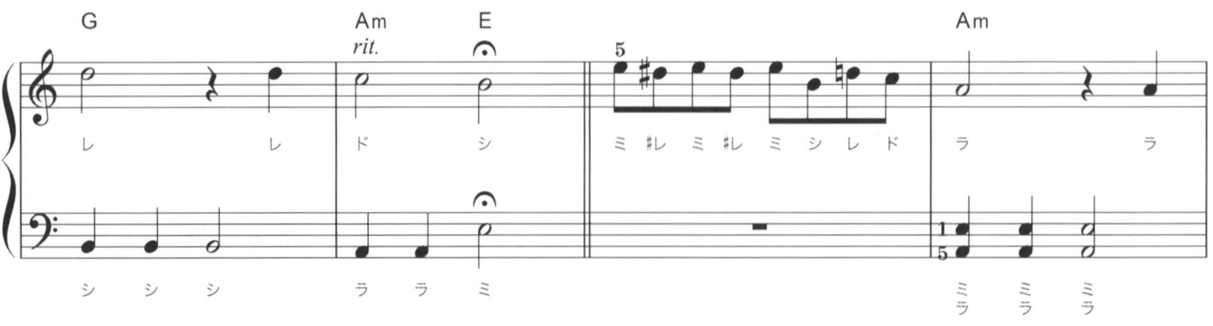

注：8va- - -| は、右手のみ1オクターブ上の音を弾きます。

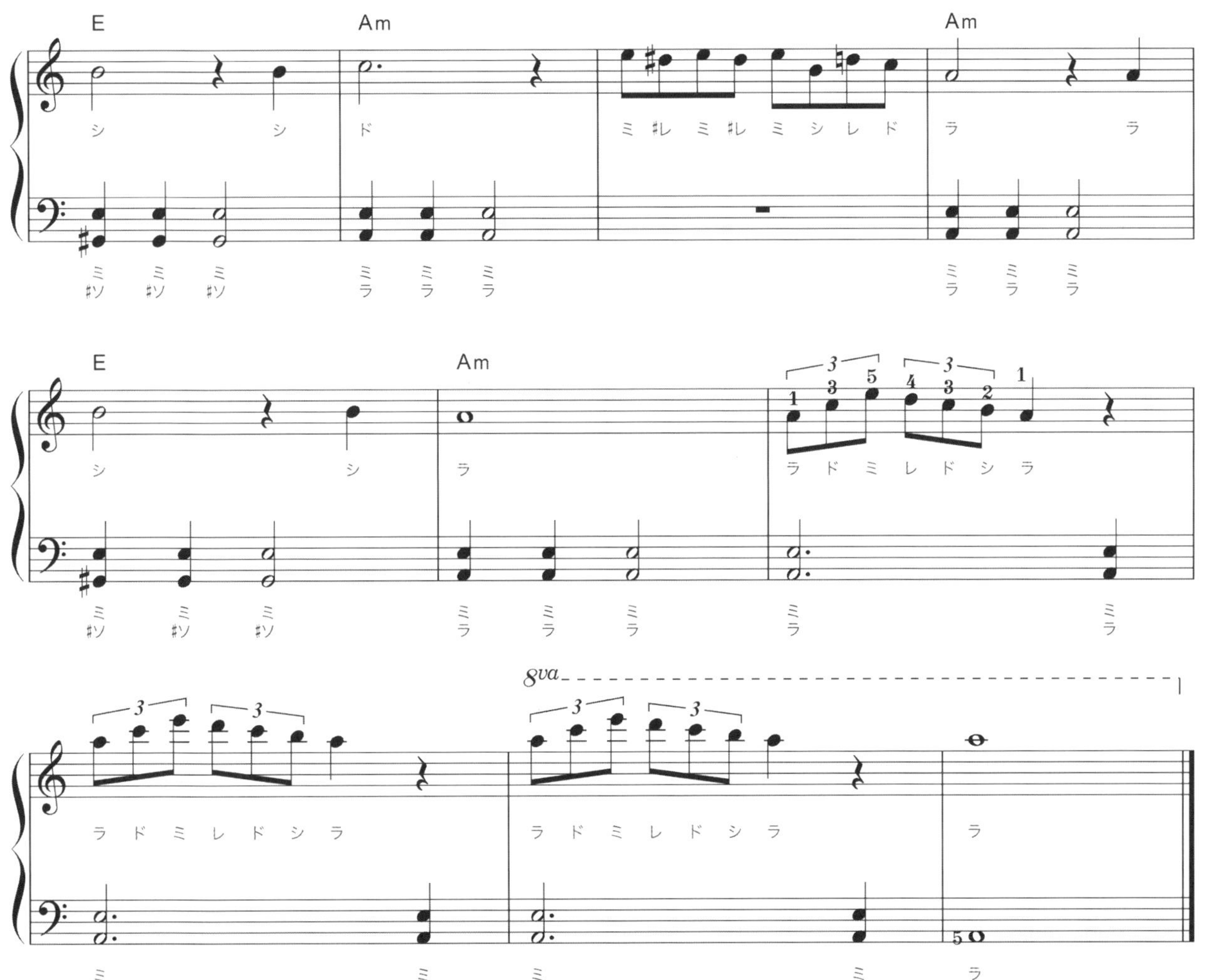

POINT

曲を知ろう

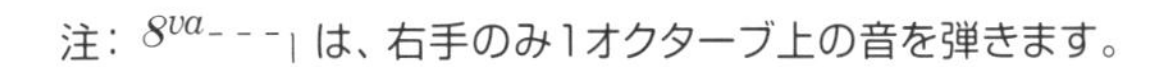

● 1810年にルートヴィヒ・ヴァン・ベートーベンが作曲した曲ですが、ベートーベンの死後1867年に、ベートーベンの研究者ルートヴィッヒ・ノールがこの曲を発見し、出版して世に広めたといわれています。「エリーゼ」が誰だったのかは、さまざまな説があり、ひとつに絞ることはできません。

発達との関わり　歌詞が理解しやすい

春がきた

はじめの指の位置

文部省唱歌　作詞：高野辰之　作曲：岡野貞一　編曲：長尾淳子

弾くときのアドバイス

左手が単音で「ドソミソ」を中心とした、シンプルで弾きやすいアレンジです。2段目は、*mp*（メゾピアノ）、3段目は*mf*（メゾフォルテ）で弾いてみましょう。

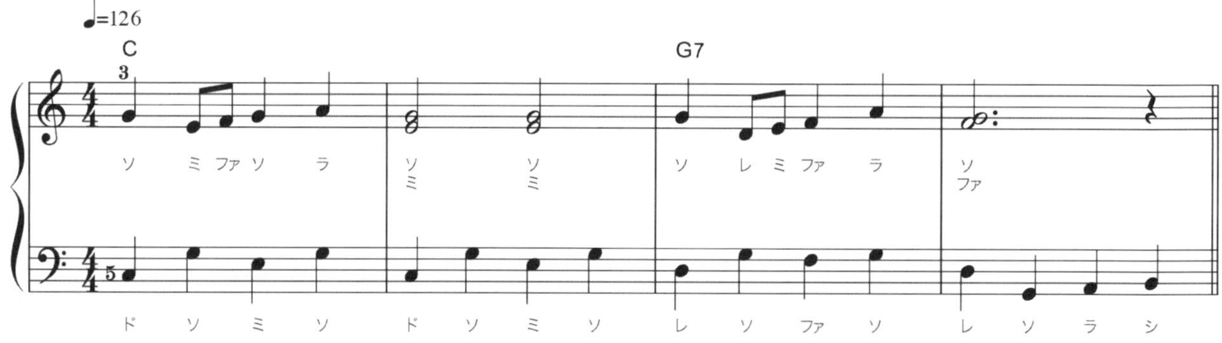

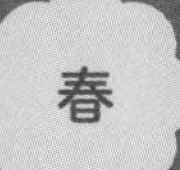

発達との関わり　言葉の繰り返しが楽しい

春　たんたんたんぽぽ

はじめの指の位置

作詞：佐倉智子　作曲：おざわたつゆき　編曲：金子みどり

弾くときのアドバイス

8小節目の「たんぽぽ」の付点と12小節目の「ひらいた」のシンコペーションに注意。「たん」は拍手、「ぽぽ」は両手で花の形をつくりながら歌っても楽しいでしょう。

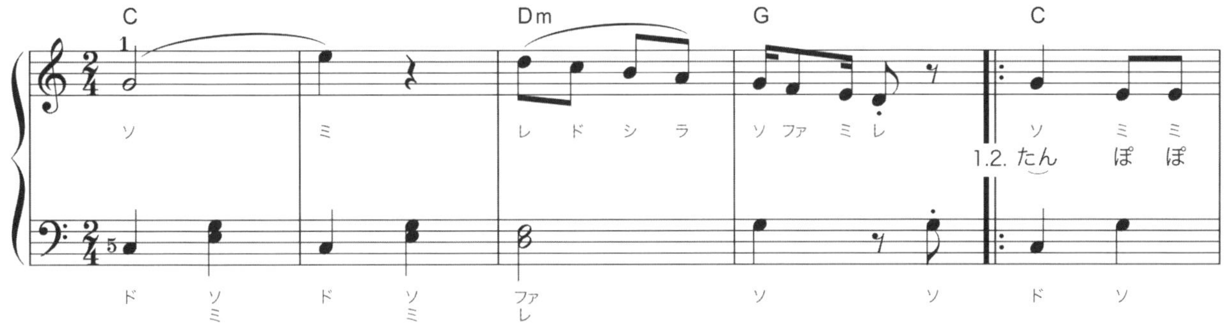

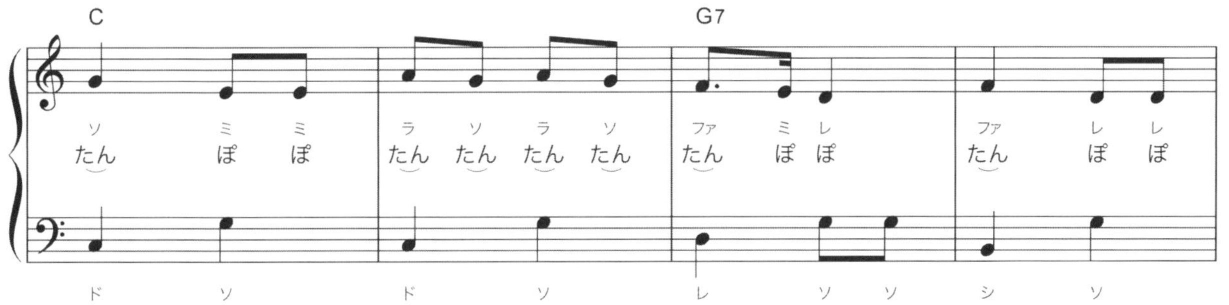

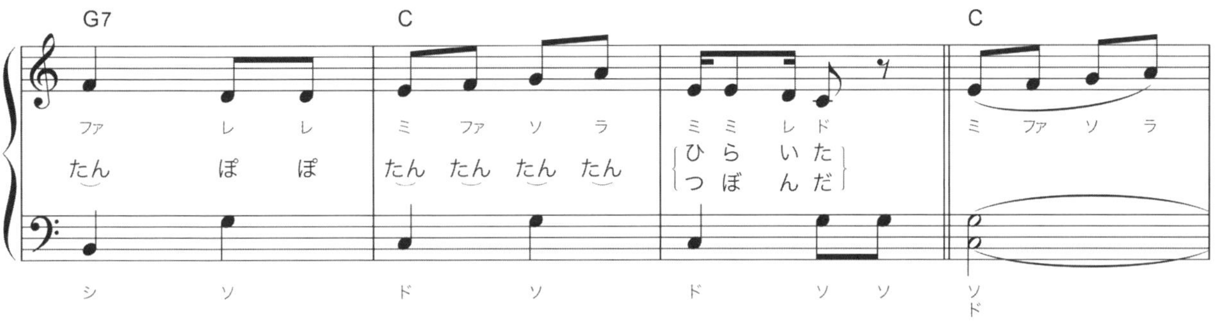

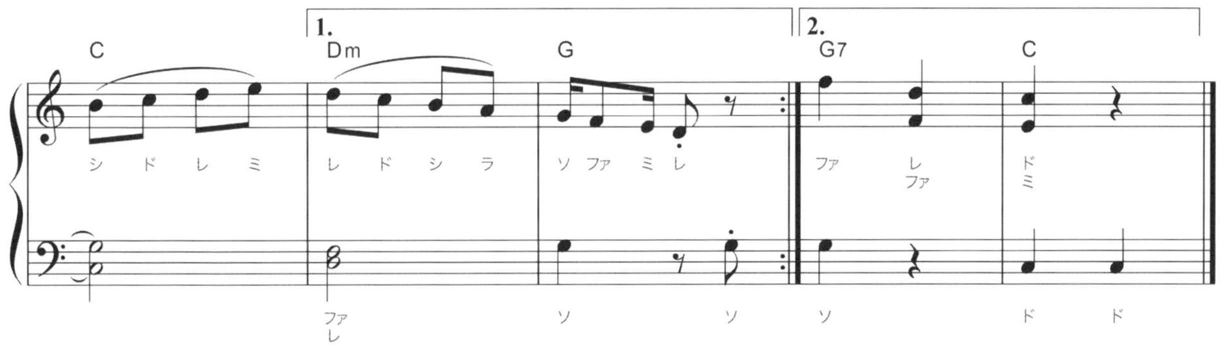

夏　アイ・アイ

はじめの指の位置

作詞：相田裕美　作曲：宇野誠一郎　編曲：長尾淳子

左手は単音で進行するやさしい伴奏です。「アイ・アイ」の部分は、保育者と子どもが掛け合いで歌います。前奏をつけたい場合には、最後の2小節を使います。

♩=114

C　G　C　G

ソ ミ ソ ミ　ファ レ ファ レ　ソ ソ ラ ソ ミ ド ミ　ソ

1.2.アーイ アイ（アーイ アイ）アーイ アイ（アーイ アイ）{おさ るさーんだ よ / おさ るさーんだ ね}

ド ソ　レ ソ　ド ソ　レ ソ

C　F　G7　C

ソ ミ ソ ミ　ド ラ ド ラ　ソ ソ ラ シ ソ ラ シ　ド

アーイ アイ（アーイ アイ）アーイ アイ（アーイ アイ）{みな みのしまー の / この はのおうー ち}

ド ド　ファ ファ　ソ ソ　ド ド

F　C　D　G

ド ド ド ド　ソ ソ ソ ソ　ラ ラ ラ ラ シ ド　レ

アイ アイ（アイアイ）アイ アイ（アイアイ）{し っぽのな が い / お めめのま る い}

ファ　ミ　レ　ソ ソ

C　G　C

ソ ミ ソ ミ　ファ レ ファ レ　ソ ソ ラ シ ソ ソ　ド

アーイ アイ（アーイ アイ）アーイ アイ（アーイ アイ）{おさ るさ んだ よ / おさ るさ んだ ね}

ド ソ　レ ソ　レ ソ　ミド ミド ミド

発達との関わり　ストーリー性のある歌詞を楽しむ

夏　あめふりくまのこ

はじめの指の位置

シ ド レ ミ ファ ソ ラ シ ド レ ミ ファ ソ ラ シ ド レ ミ ファ ソ ラ

作詞：鶴見正夫　作曲：湯山 昭　編曲：長尾淳子

前奏についている♩（スタッカート）や、曲全体に出てくる付点音符は、雨音を表現しています。鍵盤を強くたたきすぎたり、跳ねすぎたりしないように。

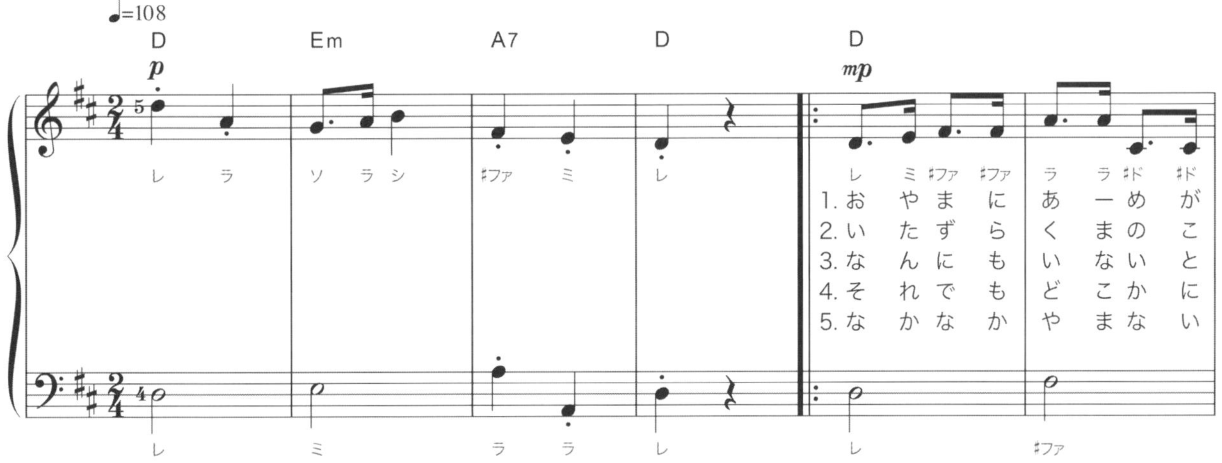

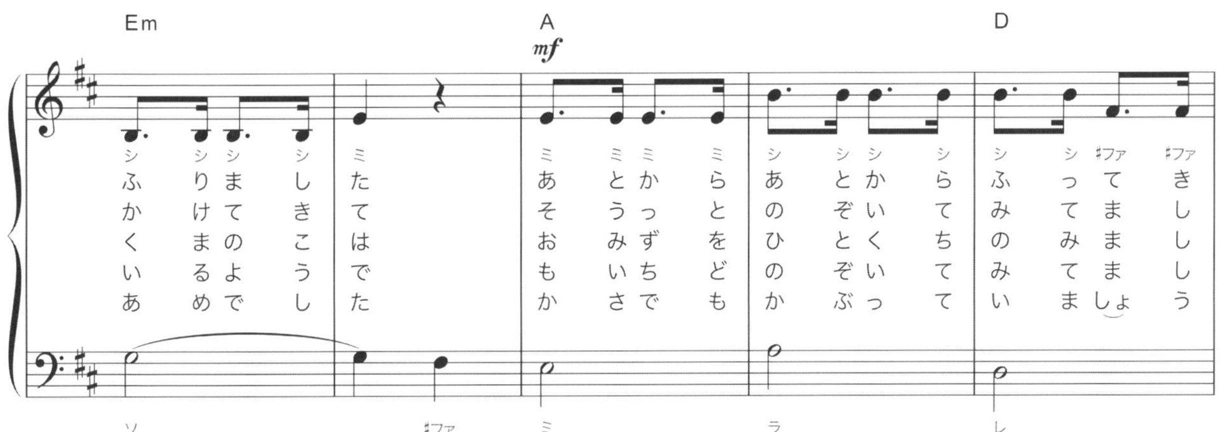

はじめの指の位置

シ ド レ ミ ファ ソ ラ シ ド レ ミ ファ ソ ラ シ ド レ ミ ファ ソ ラ

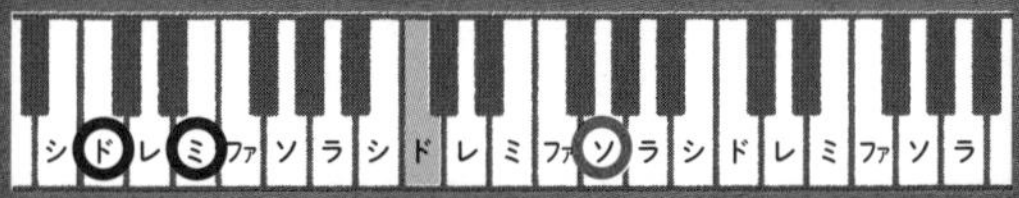

秋 虫のこえ

文部省唱歌　編曲：長尾淳子

1910年につくられたとき2番の「こおろぎ」は、「きりぎりす」と歌われていましたが、その後改定。「きりぎりす」は「こおろぎ」の古語。左手は2和音（重音）で弾きやすい編曲です。

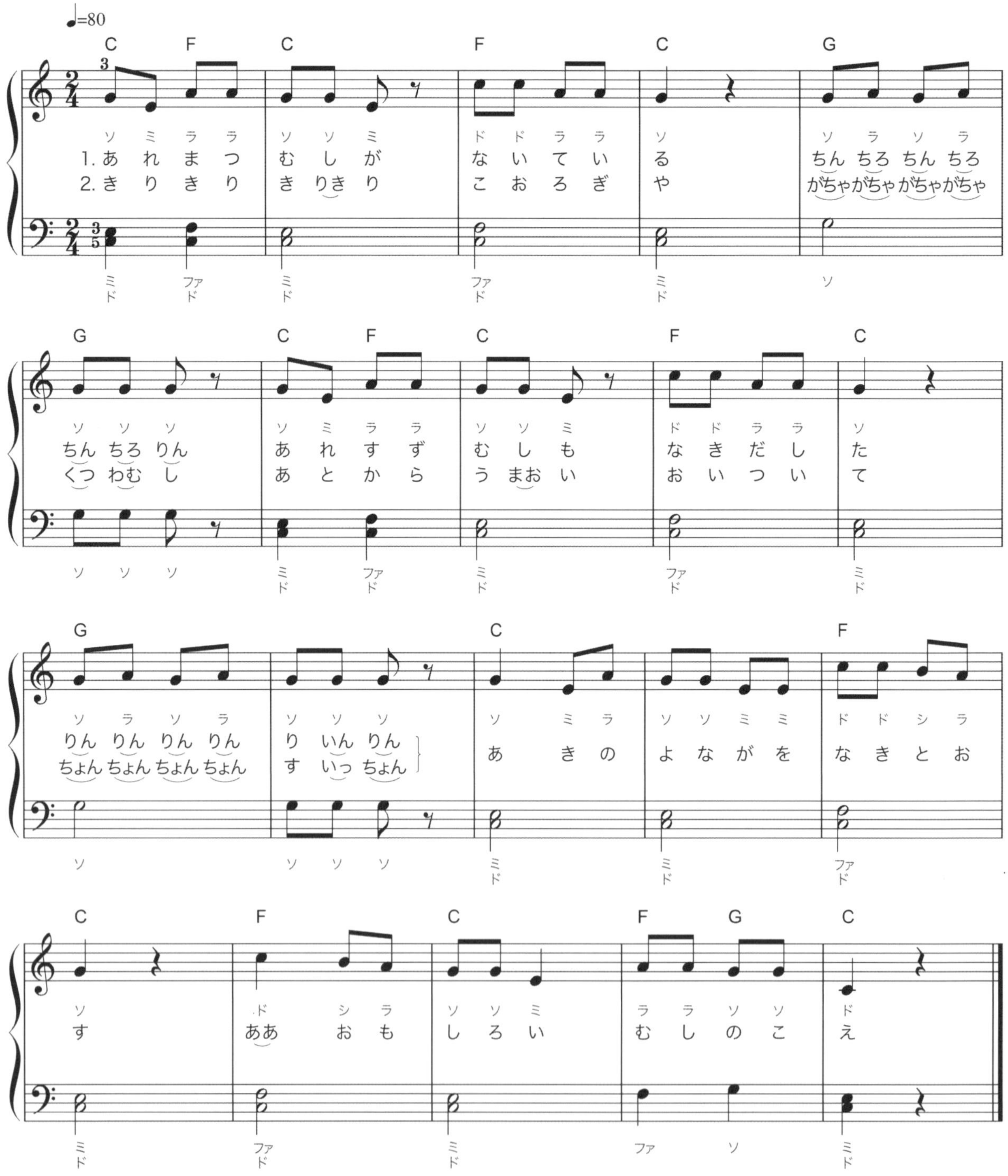

♩=80

C F C F C G

1. あ れ ま つ む し が な い て い る ちん ちろ ちん ちろ
2. き り き り き り き り こ お ろ ぎ や がちゃがちゃ がちゃがちゃ

G C F C F C

ちん ちろ りん あ れ す ず む し も な き だ し た
くつ わむ し あ と か ら う まお い お い つ い て

G C F

りん りん りん りん り いん りん
ちょん ちょん ちょん ちょん す いっ ちょん
あ き の よ な が を な き と お

C F C F G C

す ああ お も し ろ い む し の こ え

発達との関わり　りすの情景がイメージしやすい

秋　りすりすこりす

作詞：北原白秋　作曲：成田為三　編曲：金子みどり

はじめの指の位置

シ ド レ ミ ファ ソ ラ シ ド レ ミ ファ ソ ラ シ ド レ ミ ファ ソ ラ

弾くときのアドバイス

7・8小節と11・12小節の左手はタイでつながっています。この部分を軽くペダルを踏み、小節が変わったところで離すと曲に余韻がでます。

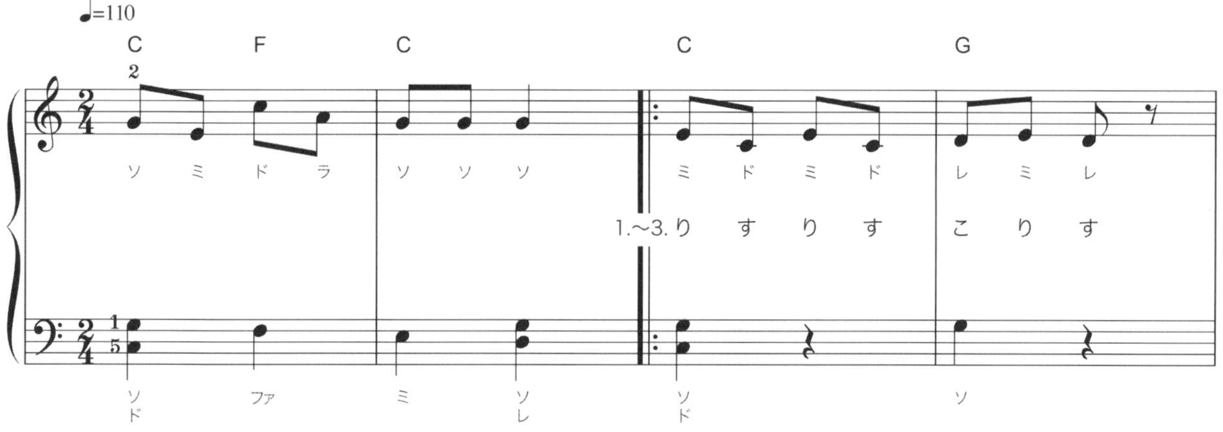

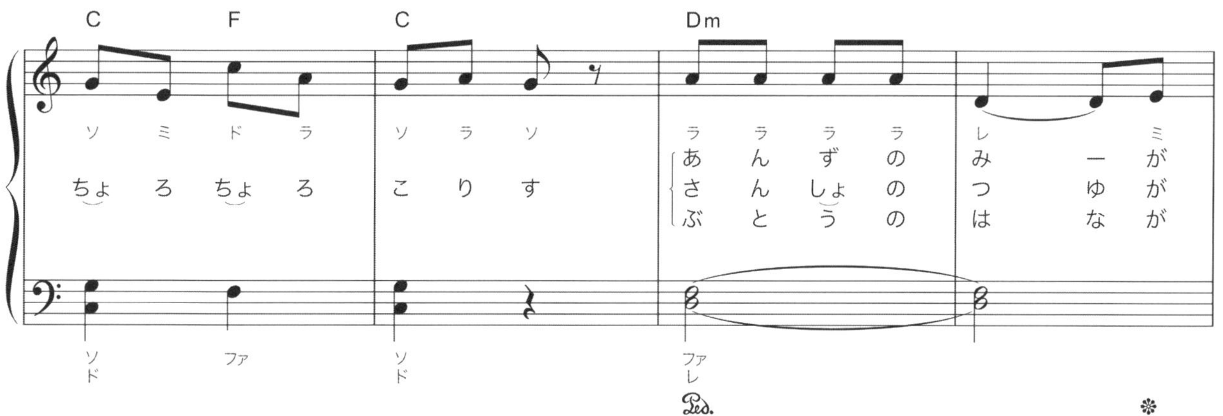

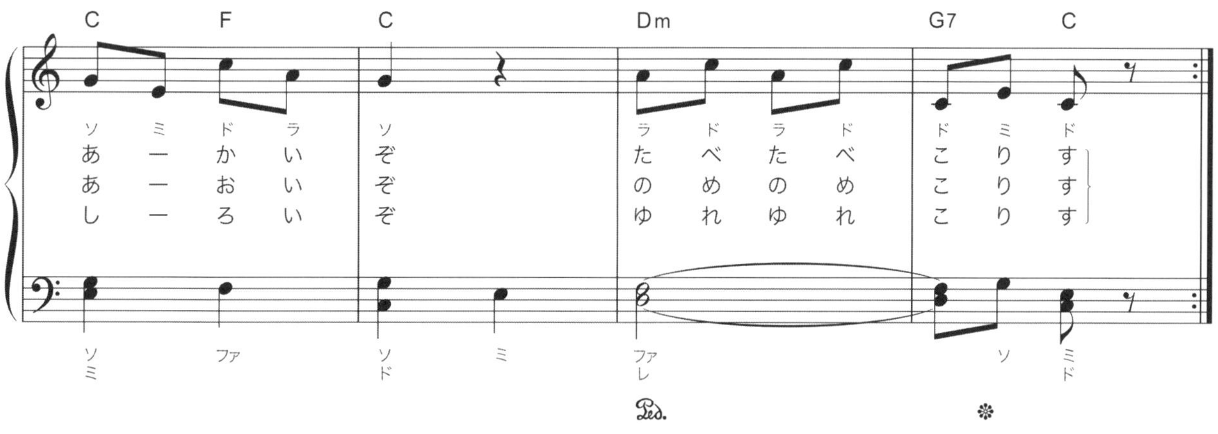

発達との関わり　メロディが覚えやすい

雪のこぼうず

はじめの指の位置

訳詞：村山寿子　デンマーク民謡　編曲：金子みどり

手あそびの「糸まき」と同じメロディです。「糸まき」のあそびかたは、テンポを次第に速くしていきますが、この曲は詞が分かるようにゆっくりと弾きます。

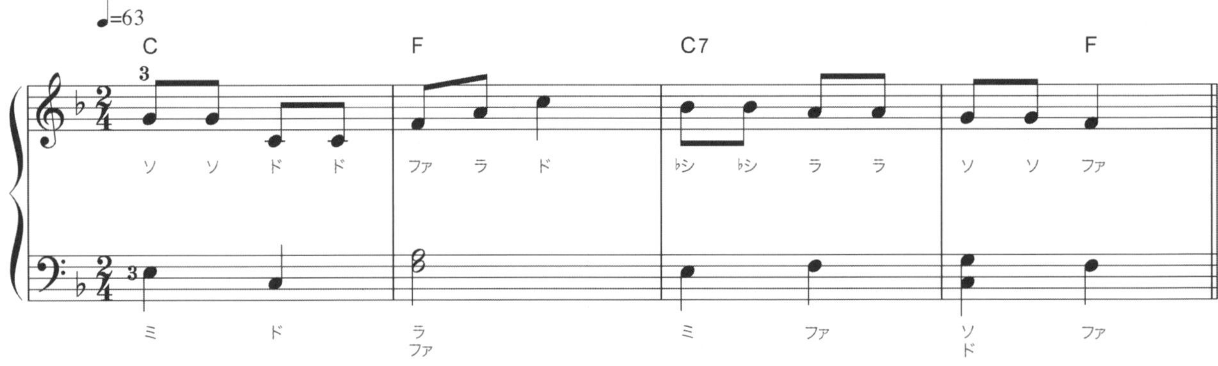

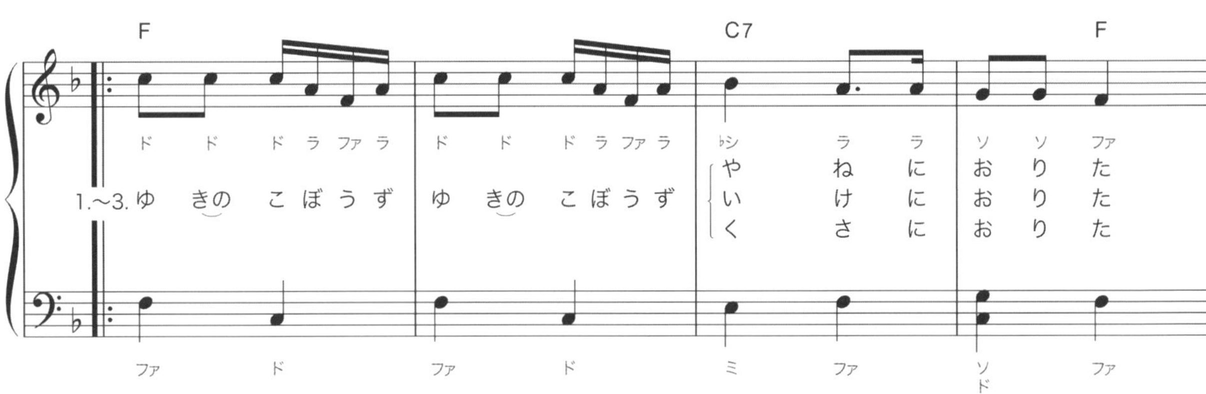

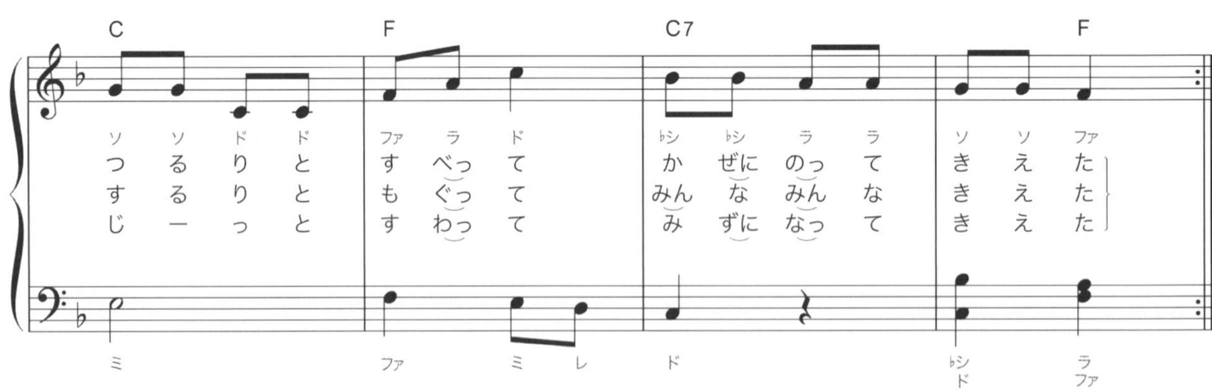

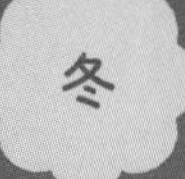

発達との関わり　ユーモラスな歌詞を楽しむ

冬　こんこんクシャンのうた

右手
1小節2拍目
はじめの指の位置
シ ド レ ミ ファ ソ ラ シ ド レ ミ ファ ソ ラ シ ド レ ミ ファ ソ ラ

作詞：香山美子　作曲：湯山 昭　編曲：長尾淳子

弾くときのアドバイス　5匹の動物が出てきます。曲が単調にならないように、リスは小さく、ゾウは大きくゆっくり弾くなど、音に変化をつけて弾きましょう。

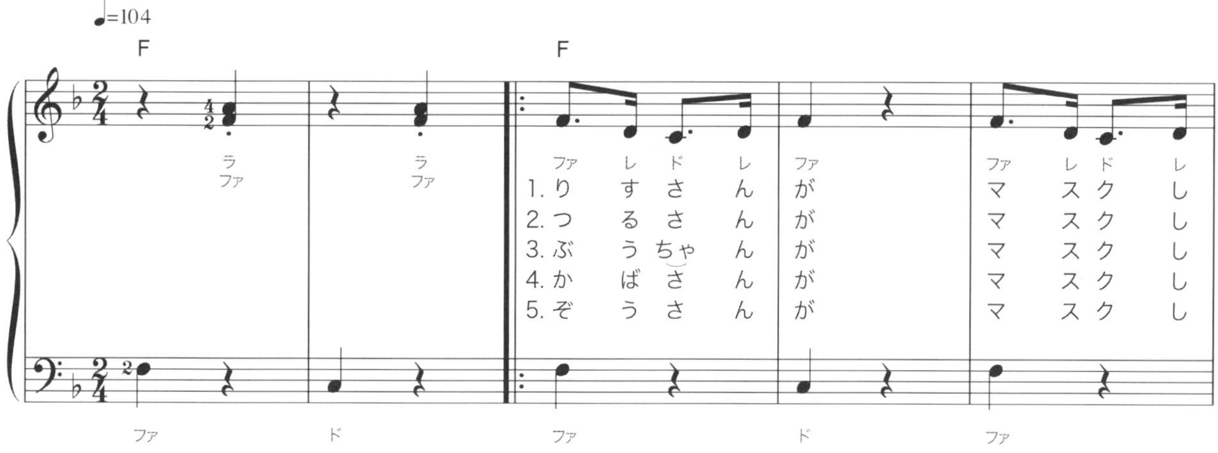

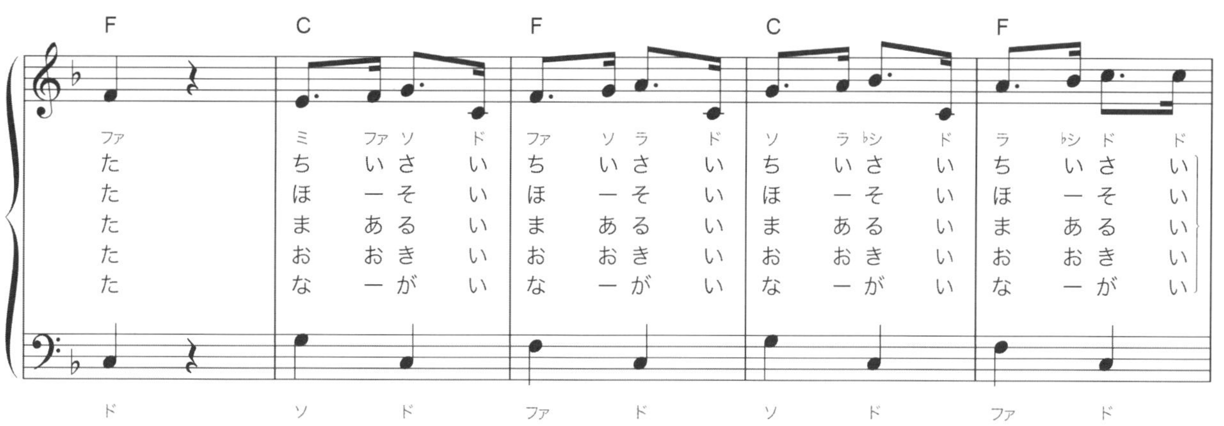

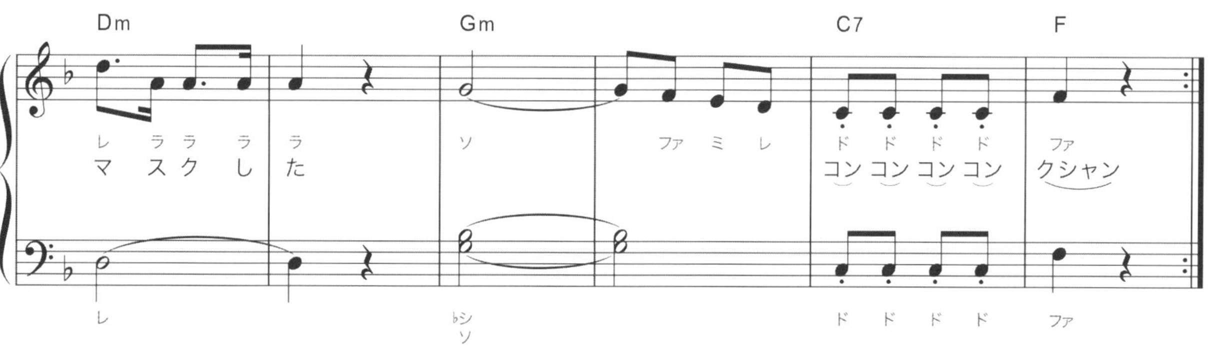

発達との関わり　リズミカルで歌いやすい

はじめの指の位置

シ ド レ ミ ファ ソ ラ シ ド レ ミ ファ ソ ラ シ ド レ ミ ファ ソ ラ

犬のおまわりさん

作詞：佐藤義美　作曲：大中 恩　編曲：長尾淳子

とても印象的な前奏です。前奏、後奏の「ソ」のスラーは、音をつなげなめらかに、「ミ」の♩(スタッカート)は音を切って弾きます。16小節目の右手の記号♯に注意。

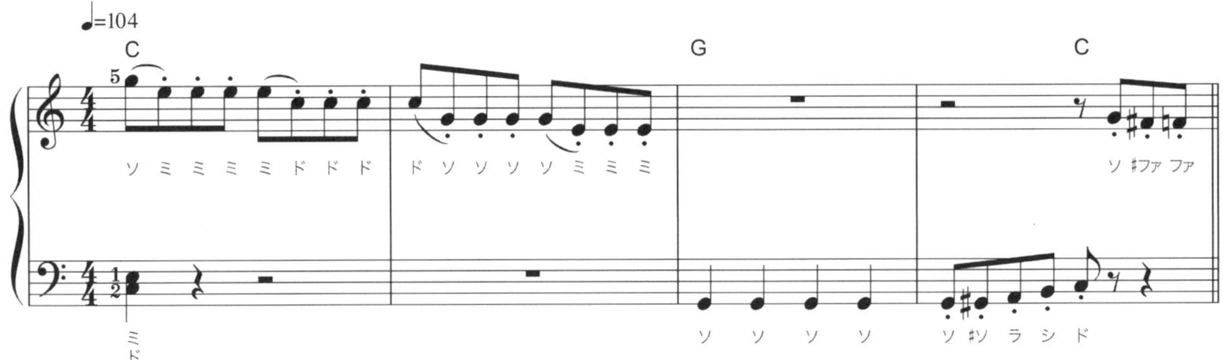

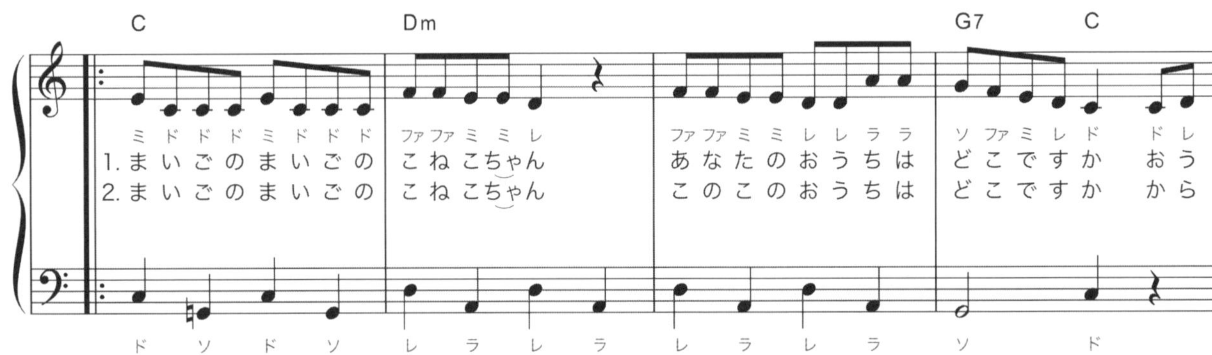

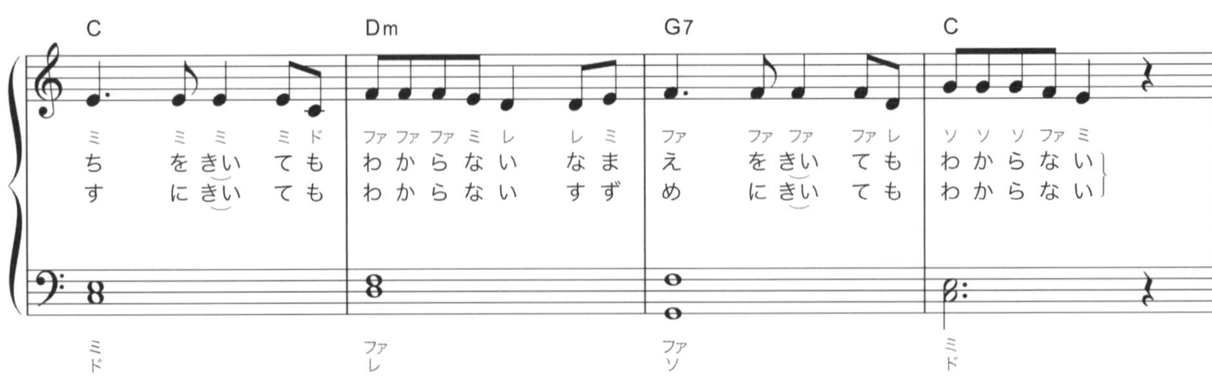

0歳児手あそび　1歳児手あそび　2歳児手あそび　0歳児ピアノ伴奏　1歳児ピアノ伴奏　2歳児ピアノ伴奏　親子で歌おう

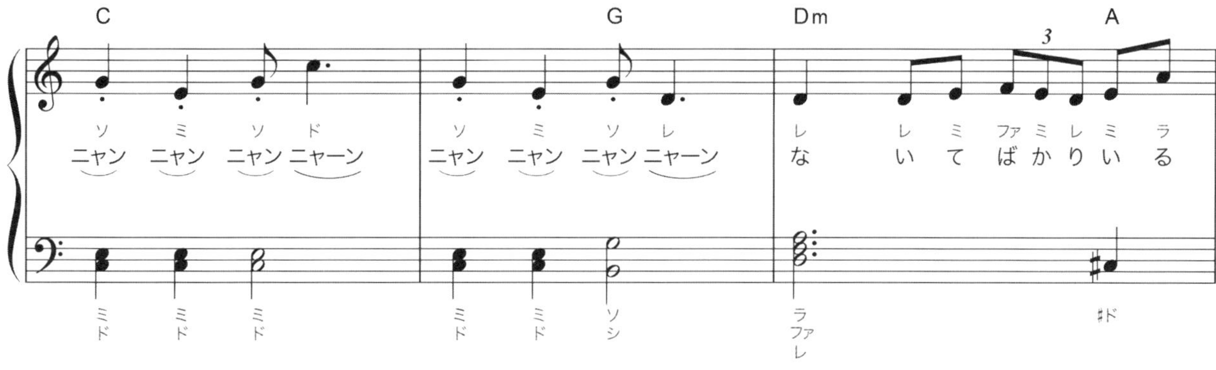

C G Dm A
ソ ミ ソ ド ソ ミ ソ レ レ レ ミ ファ ミ レ ミ ラ
ニャン ニャン ニャン ニャーン ニャン ニャン ニャン ニャーン な い て ば か り い る
ミ ド ミ ド ミ ド ミ ド ミ ド ソ シ ラ ファ レ ♯ド

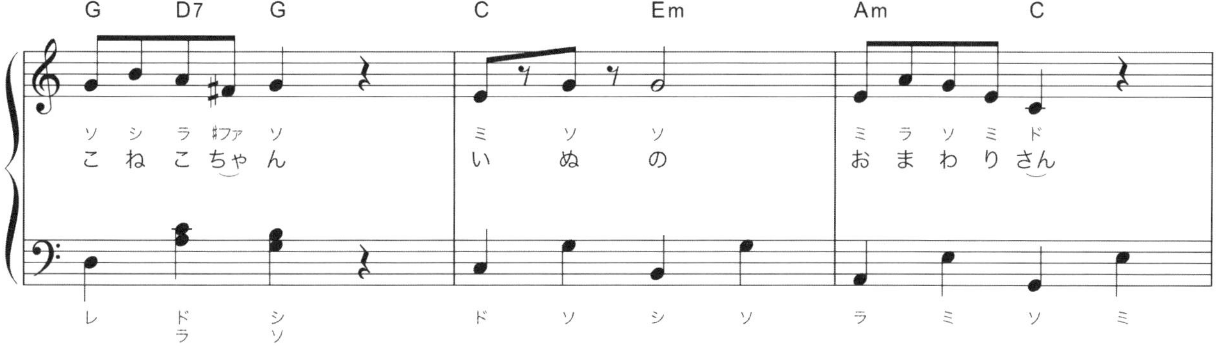

G D7 G C Em Am C
ソ シ ラ ♯ファ ソ ミ ソ ソ ミ ラ ソ ミ ド
こ ね こ ちゃ ん い ぬ の お ま わ り さん
レ ド ラ シ ソ ド ソ シ ソ ラ ミ ソ ミ

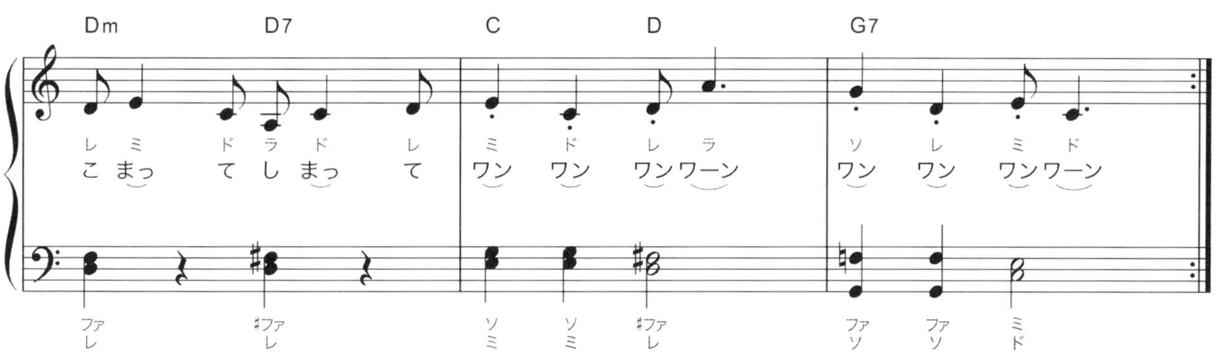

Dm D7 C D G7
レ ミ ド ラ ド レ ミ ド レ ラ ソ レ ミ ド
こ まっ て し まっ て ワン ワン ワン ワーン ワン ワン ワン ワーン
ファ レ ♯ファ レ ソ ミ ソ ミ ♯ファ レ ファ ソ ファ ソ ミ ド

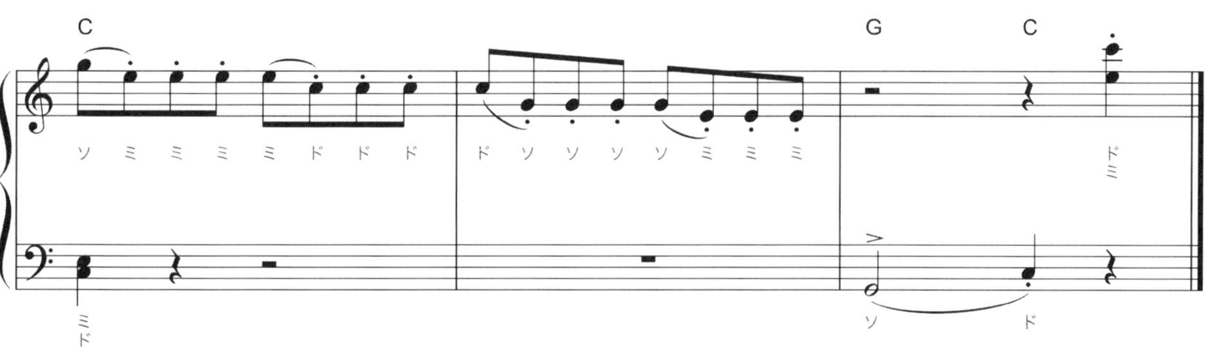

C G C
ソ ミ ミ ミ ミ ド ド ド ド ソ ソ ソ ソ ミ ミ ミ ド ミ
ミ ド ソ ド

右手 2小節目　はじめの指の位置

通年 ぞうさんとくものす

作詞・作曲不詳　編曲：長尾淳子

弾くときのアドバイス

ゾウの数が増えるにしたがって、重そうに弾きます。3段の4小節目、右手は（トレモロ）。「シ#レ　シ#レ…」をすばやく繰り返して弾きます(24ページ参照)。

1.ひとりの ぞうさん くものすに かかって あそんで おりました あんまり ゆかいに なったので もうひとり おいでと よびました

2.ふたりの ぞうさん くものすに かかって あそんで おりました あんまり ゆかいに なったので もうひとり おいでと よびました

…

10.じゅうにんの ぞうさん くものすに かかって あそんで あんまり おもたく なったので プツンと いーとが きれました「ソレ」

あそびのアイデア

● 9人の子どもはイスに座り輪になります。オニは輪の中に立ちます。歌いながらあそびましょう。

1 オニは歌いながら、輪の中を歩きます。

2 「よびました」でイスに座っている子をひとり指さします。

3 指名された子がオニの前に立ちます。うしろの子は肩につかまり2人で歩きます。

4 1、2を繰り返します。

5 4～5人の列になったら「きれました　ソレ」と歌い、手を離して空いているイスに座ります。残った子がオニです。

発達との関わり　擬音の「ぎゅっ」が楽しくなる

はじめの指の位置

シ ド レ ミ ファ ソ ラ シ ド レ ミ ファ ソ ラ シ ド レ ミ ファ ソ ラ

行事　かしわもちギュッギュッ

作詞：佐倉智子　作曲：おざわたつゆき　編曲：金子みどり

弾くときのアドバイス

左手は𝅗𝅥.（付点二分音符）で伸ばしたあと、♩（四分音符）が１回入る構成になっています。この１拍が打楽器のような効果音をうみ、リズムがとりやすくなります。

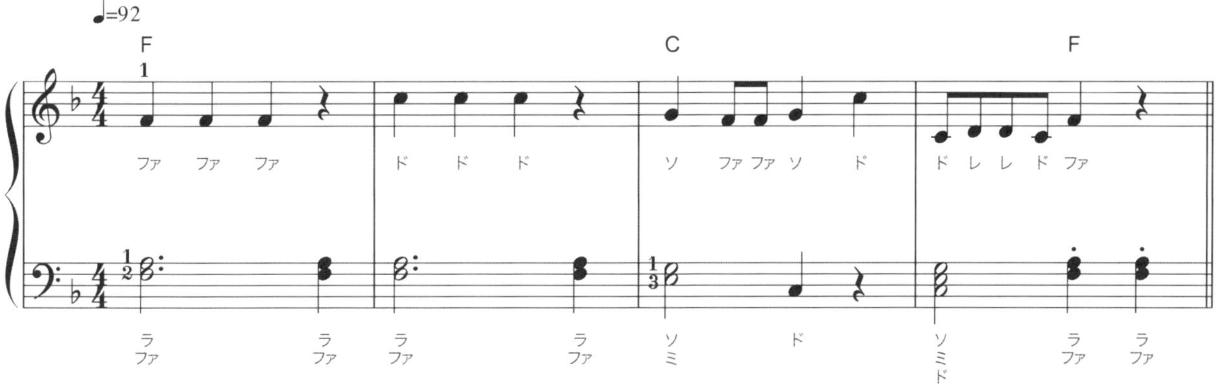

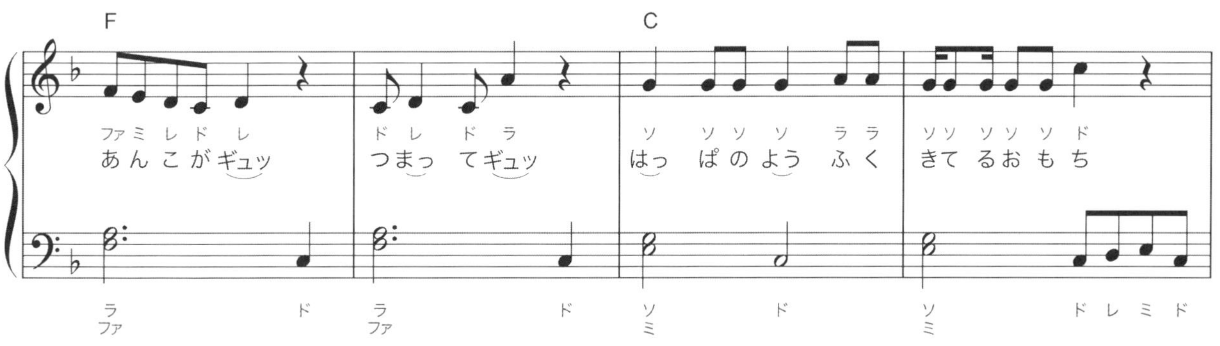

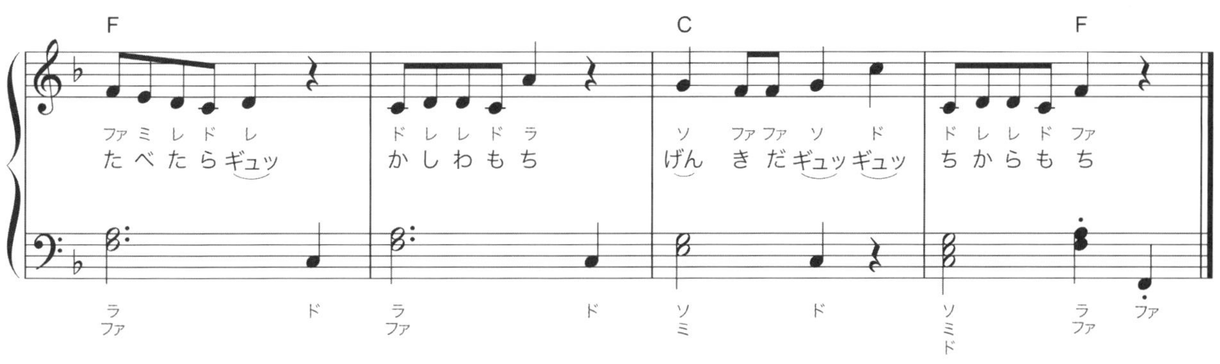

はじめの指の位置

シ ド レ ミ ファ ソ ラ シ ド レ ミ ファ ソ ラ シ ド レ ミ ファ ソ ラ

行事 たなばたさま

文部省唱歌　作詞：権藤はなよ　補作詞：林 柳波　作曲：下総皖一　編曲：長尾淳子

4小節をひとつのフレーズとして捉えると、優美に聞こえます。「軒端(のきば)」は、屋根の軒の端っこ、「金銀砂子(すなご)」は、細かな金銀の星が光っているという意味です。

♩=108

	F	B♭	C7	F	F
右手	ド ド	ファ ソ	ラ ソ	ファ	ド ド
1.					さ さ
2.					ご し
左手	ファ	ラ ♭シ	ド	ラ/ファ	ラ/ファ

	F				
右手	ファ ソ	ラ ラ ラ	ラ	ラ ド	ド ラ
1.	の は	さ ら さ	ら	の き	ば に
2.	き の	た ん ざ	く	わ た	し が
左手	ド	ラ/ファ	ド	ラ/ファ	ド

	Dm	C	F	F7	B♭
右手	ファ ラ	ソ	ラ ラ ラ	ド ラ	ソ ファ ファ
1.	ゆ れ	る	お ほ し	さ ま	き ら き
2.	か い	た	お ほ し	さ ま	き ら き
左手	ラ/レ	ド ミ	ラ/ファ	♭ミ	ファ/レ

	B♭	F		C7	F
右手	レ	ファ レ	ド ファ	ソ ラ	ファ
1.	ら	き ん	ぎ ん	す な	ご
2.	ら	そ ら	か ら	み て	る
左手	♭シ シ	ド	ド	♭シ/ド	ラ/ファ

0歳児手あそび
1歳児手あそび
2歳児手あそび
0歳児ピアノ伴奏
1歳児ピアノ伴奏
2歳児ピアノ伴奏
親子で歌おう

リズミカルな音を楽しむ

行事 みんなでいっとうしょう

左手 1小節半拍目

はじめの指の位置

ファ ソ ラ シ ド レ ミ ファ ソ ラ シ ド レ ミ ファ ソ ラ シ ド レ ミ ファ ソ ラ

作詞・作曲：阿部直美　編曲：平沼みゆう

左手の2和音（重音）は、ウサギの足音のように軽快に。3段目の2小節目の左手「♭シレ」の和音に注意。この音を響かせると印象的になります。

♩=110

G　C　Dm

ソシ ソシ ソシ ソシ　ソ ラ シ ド レ　ミ ミ ファ ソ ソ ファ ミ　ファ レ ラ

1. うさ ぎぐみさん
2. こぶ たぐみさん　ヨー イドン

左手：ソ ソ ソ ソ　ソ ソ　ミド ミド ミド ミド　ファレ ファレ ファレ ファレ

G7　C　F　C

シ シ シ ラ ソ ソ　ソ　ラ ファ ラ ファ　ソ ミ ソ ミ

かけっこして　る　ピョン ピョン ピョン ピョン／トン トン トン トン　おやおやー

左手：ファソ ファソ ファソ ファソ　ミド ド レ ミ　ラファ ラファ ラファ ラファ　ソミ ソミ ソド ソド

Dm　C　B♭　C　F　C

レ レ レ レ ミ ミ ミ　ファ ファ ファ ファ ソ ソ ソ　ラ ファ ラ ファ　ソ ソ ラ ソ ソ ソ ソ

みんなでてとて　つないではしる　ピョン ピョン ピョン ピョン／トン トン トン トン　びっくり だって

左手：ファレ ミド　レ♭シ ミド　ラファ ラファ ラファ ラファ　ソミ ソミ ソド ソド

Em　A7　Dm　G7　C　G7　C

シ シ シ ラ ソ ソ ソ　ラ ラ シ シ ド

そろってみ んな　いっとうしょう／ころがった　「ゴールイン」／「なかないぞ」　「ワーイ」／「ワーイ」

左手：ソミ ソラ　ファレ ファソ ミド　ファソ　ミド ド

発達との関わり　歌詞が理解しやすい

はじめの指の位置

シ ド レ ミ ファ ソ ラ シ ド レ ミ ファ ソ ラ シ ド レ ミ ファ ソ ラ

行事　サンタクロース

作詞：水田詩仙　フランス民謡　編曲：金子みどり

クリスマスの鐘の音を表現するために、ペダルを使います。𝒫𝑒𝒹.（ペダーレ）はペダルを踏む、✽（センツァ）は足を離す記号。ピアノのダンパーペダルを踏みます（24ページ参照）。

発達との関わり　季節行事への期待感を広げる

行事 お正月

はじめの指の位置

シ ド レ ミ ファ ソ ラ シ ド レ ミ ファ ソ ラ シ ド レ ミ ファ ソ ラ

作詞：東くめ　作曲：滝廉太郎　編曲：長尾淳子

右手のメロディに集中できるよう、左手は主に♩（二分音符）で構成し、のどかな感じを表現しています。急がず子どもの歌声に寄り添うように弾きましょう。

♩=112

F　Gm　C7　F

ファ ソ ファ ソ | ラ ド ラ | ソ ソ ラ ソ | ファ

ファ ミ | レ ド | ♭シ ド | ファ ド ファ

F　Gm　F

ファ ソ ファ ソ | ラ ド ラ | ソ ソ ファ ソ | ラ

1.2. もう いくつ ねると おしょうがつ

ラ ファ | ラ ファ | ♭シ ソ | ラ ファ

B♭　F　B♭　F　Dm　G7　C

ファ ファ レ レ ド ド ド | ファ ファ ソ ソ ラ | ラ ラ ソ ソ ファ ファ ファ ファ | ソ ソ ラ ラ ド

おしょうがつには たこあげて こまをーまわして あそびましょう

おしょうがつには まりついて おいばねついてー あそびましょう

♭シ レ | ラ ド | ♭シ レ | ラ ド | ラ ファ | ラ レ | シ ファ | ド ミ

F　Gm　C7　F

ファ ソ ファ ソ | ラ ド ラ ラ | ソ ソ ラ ソ | ファ

はやくー こいこい おしょうがつ

ラ ファ | ラ ファ | ♭シ ソ | ♭シ ド | ラ ファ ド ファ

行事 ハンカチもちつき

右手　1小節4拍目　はじめの指の位置

ファ ソ ラ シ ド レ ミ ファ ソ ラ シ ド レ ミ ファ ソ ラ シ ド レ ミ ファ ソ ラ

作詞・作曲・振付：阿部直美　編曲：平沼みゆう

弾くときのアドバイス　慣れるまで曲の1拍目と3拍目で手拍子を入れながら歌うと、「もちつき」のリズムがとれるようになります。テンポが崩れないように弾きましょう。

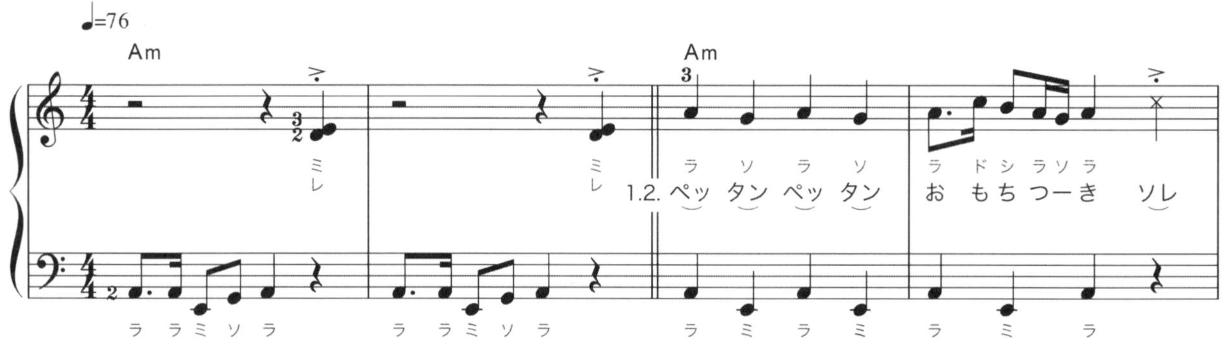

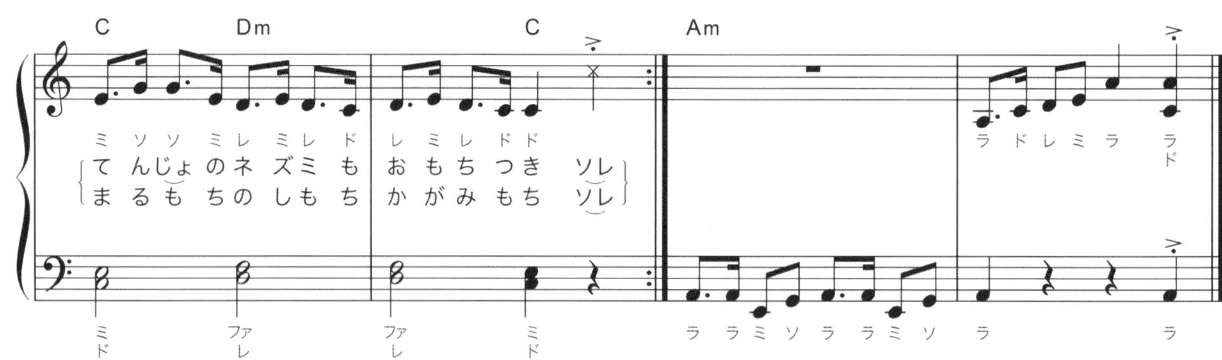

● 2人組で向かい合います。つき手Aと合いの手Bの役を決めます。
ハンカチは手のひらサイズにたたみます。

あそびのアイデア

1 ペッタンペッタン おもちつき

Aは左手にハンカチをのせます。最初の「ペッ」は右手でハンカチをたたきます。「タン」で手を上げます。Bは、Aの手が上がっている間に、ハンカチをたたきます。ABこれを繰り返します。

2 ソレ

Bは、Aの手が上がっている間に、ハンカチをすばやく裏返します。

3 てんじょのネズミも おもちつき ソレ

1、2と同様に。
2番は役を交替します。

発達との関わり　リズミカルなメロディを楽しむ

行事　まめまき

はじめの指の位置

シ ド レ ミ ファ ソ ラ シ ド レ ミ ファ ソ ラ シ ド レ ミ ファ ソ ラ

絵本唱歌　編曲：金子みどり

弾くときのアドバイス　左手の♩(スタッカート)は、豆の音のように軽く跳ねるように弾きます。11小節目の左手「♯ファ」は丁寧に。音色が変わる印象的なポイントです。

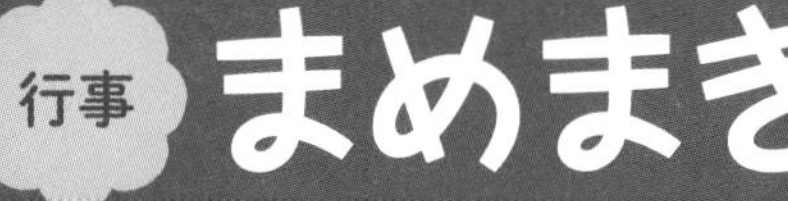

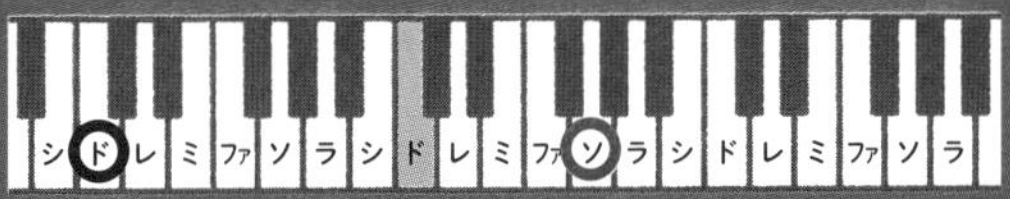

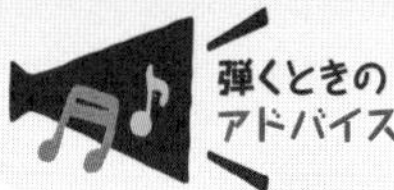

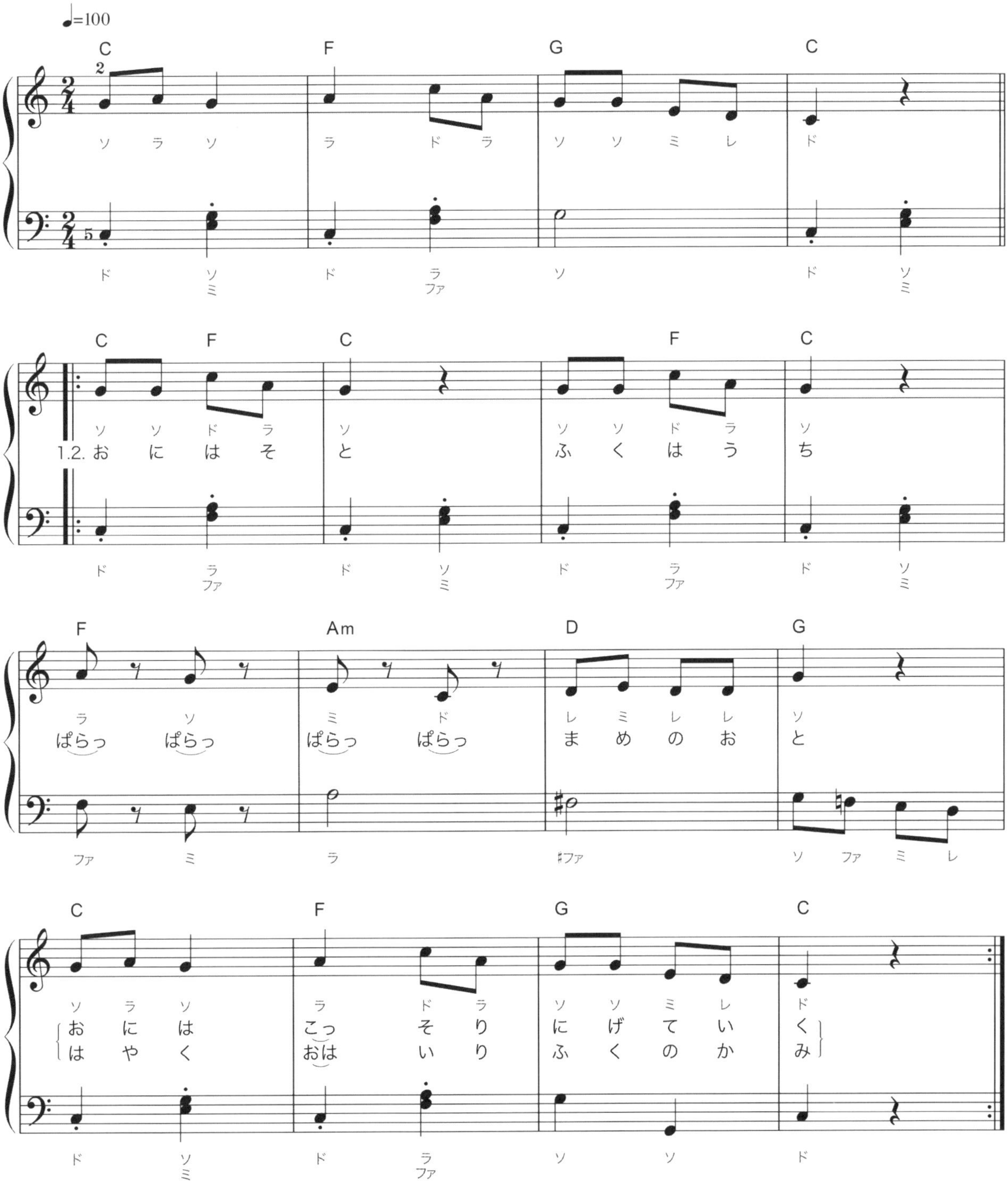

♩=100
C F G C
ソ ラ ソ ラ ド ラ ソ ソ ミ レ ド
ド ソ ミ ド ラ ファ ソ ド ソ ミ
C F C F C
ソ ソ ド ラ ソ ソ ソ ド ラ ソ
1.2. お に は そ と ふ く は う ち
ド ラ ファ ド ソ ミ ド ラ ファ ド ソ ミ
F Am D G
ラ ソ ミ ド レ ミ レ レ ソ
ぱらっ ぱらっ ぱらっ ぱらっ ま め の お と
ファ ミ ラ ♯ファ ソ ファ ミ レ
C F G C
ソ ラ ソ ラ ド ラ ソ ソ ミ レ ド
お に は こっ そ り に げ て い く
は や く おは い り ふ く の か み
ド ソ ミ ド ラ ファ ソ ソ ド

行事 おひなさま

絵本唱歌　編曲：長尾淳子

はじめの指の位置

シ ド レ ミ ファ ソ ラ シ ド レ ミ ファ ソ ラ シ ド レ ミ ファ ソ ラ

弾くときのアドバイス

左手をあまり動かさないで演奏できるようにアレンジしていますが、4・8・12・16小節は音が動きます。この左手は音とリズムをはっきり弾きます。

♩=92

F　Gm　F　C7

ファ ファ ファ　ソ ソ ファ ソ　ラ ソ ファ　ソ

だいり　さまやら　かんじょや　ら

右手：ファ／ラ　ｂシ／ソ　ド／ラ　ｂシ／ソ　ド

F　B♭　F

ラ ラ ファ　レ レ ファ ファ　ド ド ファ ソ　ラ

ごにん　ばやしも　にぎやか　に

ラ／ファ　ｂシ／ファ　ラ／ファ　ド ｂシ ラ ソ

F　B♭　F　C7

ド ド ド　レ レ ド ド　ラ ラ ソ ファ　ソ

あられ　ひしもち　もものは　な

ラ／ファ　ｂシ／ファ　ラ／ファ　ド／ファ　ド レ ミ ド

F　Dm　Gm　C7　F

ラ ド ド　ラ ソ ファ　ソ ソ ラ ソ　ファ

ぼんぼり　つけて　ひなまつ　り

ラ／ファ　ラ／レ　ｂシ／ソ　ｂシ／ド　ラ／ファ　ファ

0歳児手あそび
1歳児手あそび
2歳児手あそび
0歳児ピアノ伴奏
1歳児ピアノ伴奏
2歳児ピアノ伴奏
親子で歌おう

たんじょうび

はじめの指の位置

シ ド レ ミ ファ ソ ラ シ ド レ ミ ファ ソ ラ シ ド レ ミ ファ ソ ラ

作詞：与田準一　作曲：酒田富治　編曲：長尾淳子

弾くときのアドバイス

「わたしの」ではなく「あたしの」と歌います。最後の「らん」の右手は「ソ」で半終止になっている点に注意。

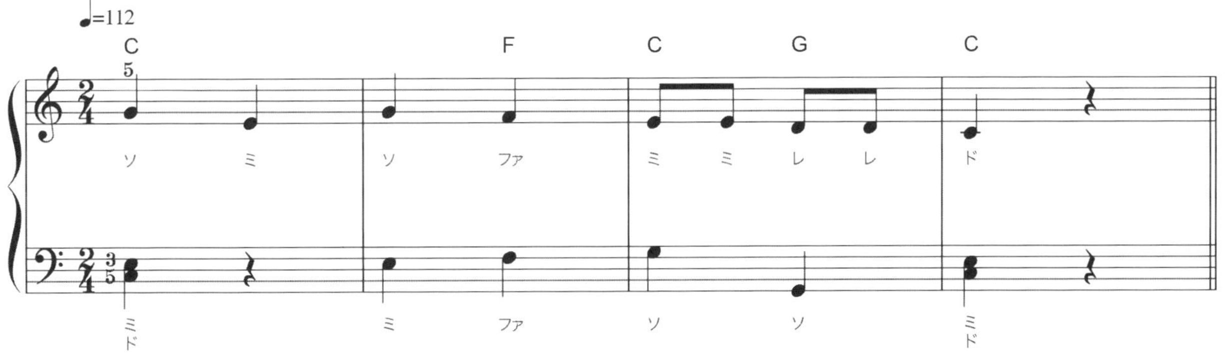

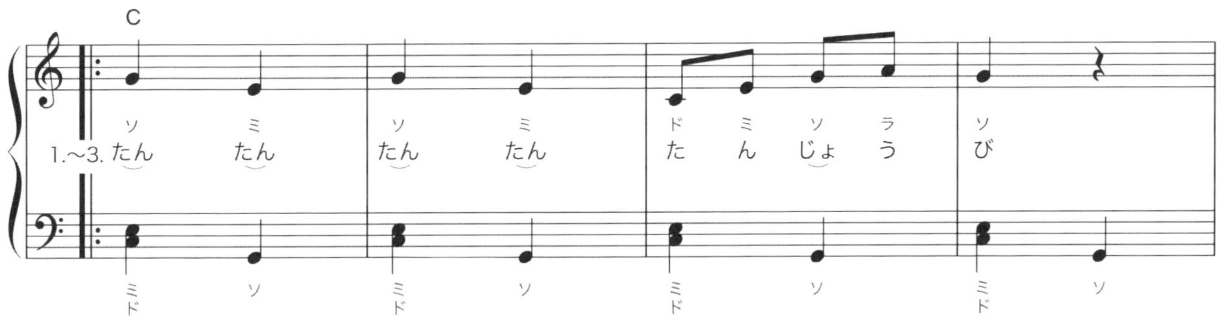

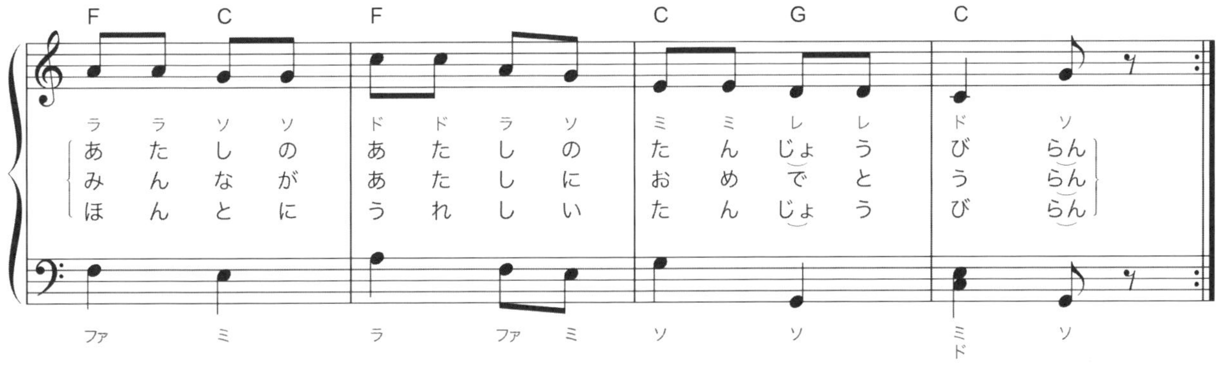

行事　たのしいつどい

はじめの指の位置

シ ド レ ミ ファ ソ ラ シ ド レ ミ ファ ソ ラ シ ド レ ミ ファ ソ ラ

作詞・作曲：阿部直美　編曲：平沼みゆう

クレッシェンド、デクレッシェンドに注意。歌詞の最後は「たんじょうかい」となっていますが、「はっぴょうかい」など行事に合わせた歌詞に替えてもよいでしょう。

♩=112

C　F　G7　C

ド レ ミ ミ　ファ ソ ラ ド　シ ソ ラ シ　ド

「さあ　○○会が　はじまりますよ」

C　Dm　G7　C

1. ことりも　うたうよ　おはなも　わらうよ
2. そよかぜ　うたうよ　おひさま　わらうよ
3. みんなが　うたうよ　みんなが　わらうよ

C　F　G7　C

えがおも　いーっぱい　たんじょう　かい
ともだち　いーっぱい　たんじょう　かい
なかよし　いーっぱい　たんじょう　かい

発達との関わり　高揚感を感じる

はじめの指の位置

BGM よろこびのうた

作曲：ルートヴィヒ・ヴァン・ベートーベン　編曲：金子みどり

ベートーベンの交響曲第9番の第4楽章で歌われる「歓喜の歌」です。園の式典や誕生会での贈り物などを渡す際のBGMとして弾いてみましょう。

自由な速さで

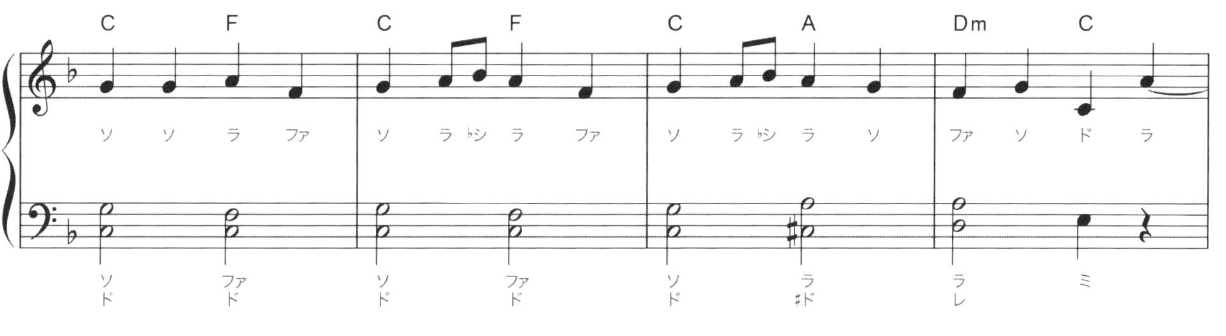

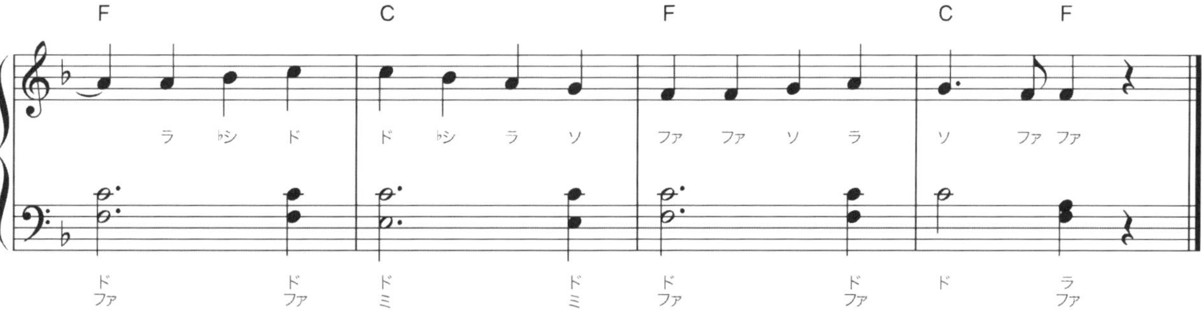

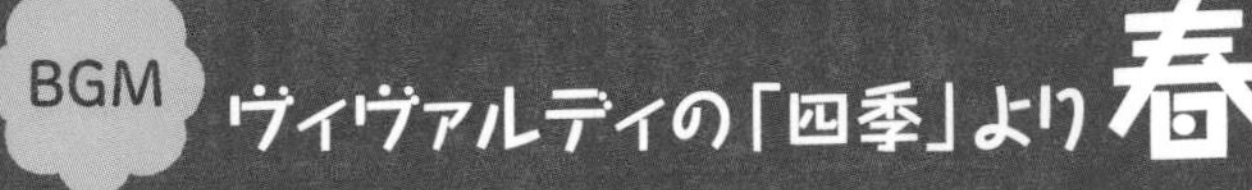

BGM ヴィヴァルディの「四季」より春

作曲：アントニオ・ヴィヴァルディ　編曲：金子みどり

右手の最初の「ド」のように楽曲が、１拍目以外からはじまることを「弱起(アウフタクト)」といいます。また１小節目の「ソファ」のように、前の小節の途中から開始するのも弱起です。この部分は強く弾かないように注意しましょう。

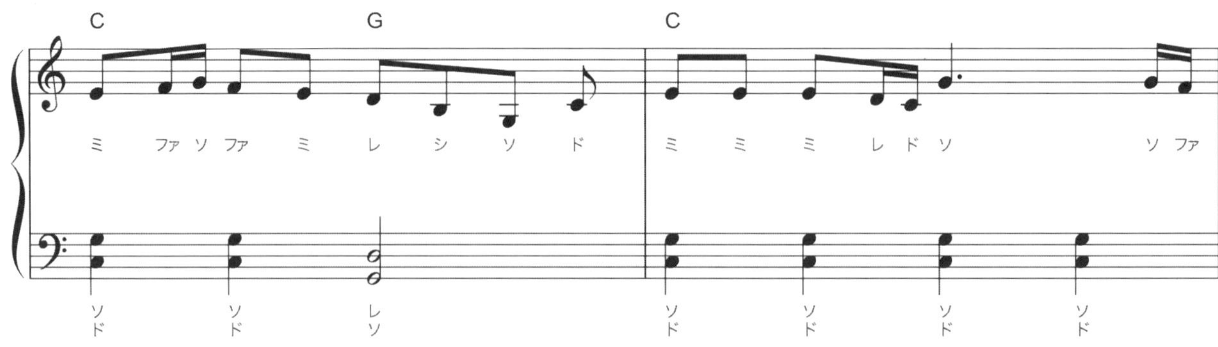

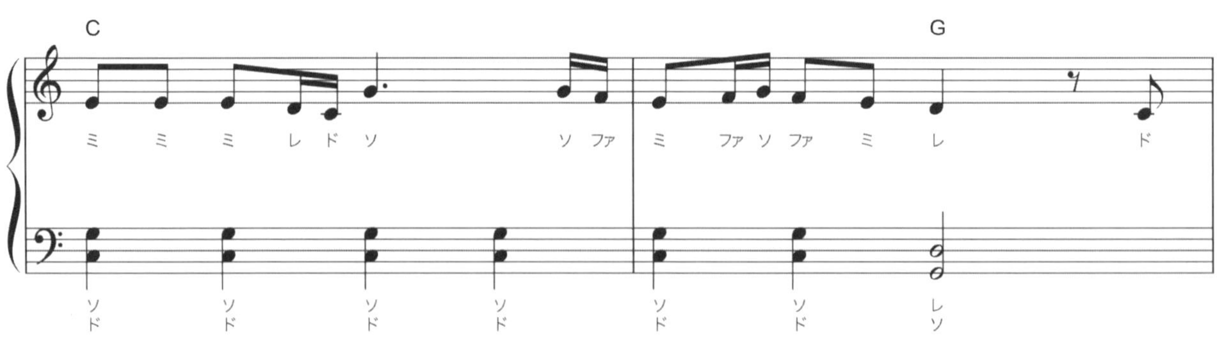

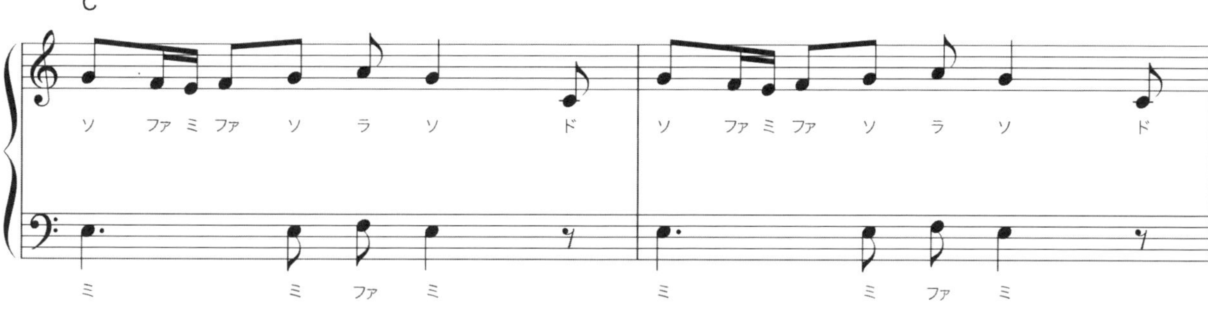
C
ソ ファ ミ ファ ソ ラ ソ ド
ソ ファ ミ ファ ソ ラ ソ ド
ミ ミ ファ ミ
ミ ミ ファ ミ

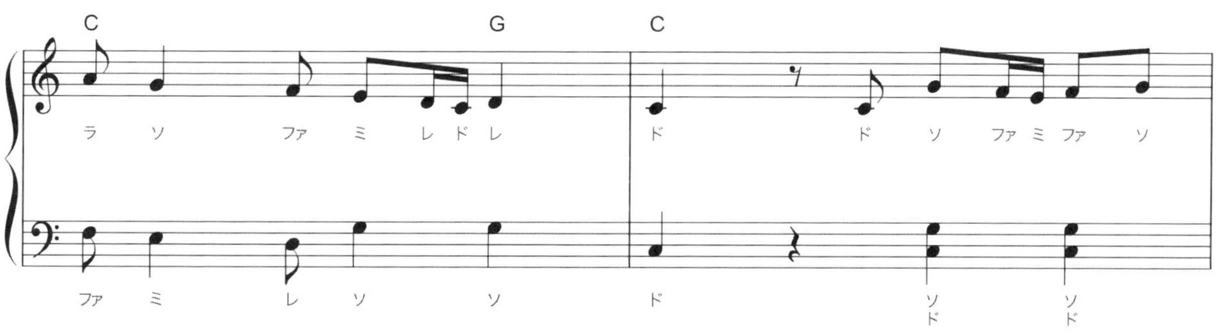
C
G
C
ラ ソ ファ ミ レ ド レ
ド ド ソ ファ ミ ファ ソ
ファ ミ レ ソ ソ
ド ソ ド ソ ド

C
G
C
ラ ソ ド ソ ファ ミ ファ ソ
ラ ソ ド ラ ソ ファ
ミ レ ド レ ド
ファ ミ ソ ド ソ ド
ファ ミ ファ ミ レ
ソ ソ ド

発達との関わり　親子で歌いやすい

はじめの指の位置

さんぽ

作詞：中川季枝子　作曲：久石譲　編曲：長尾淳子

弾くときのアドバイス

映画「となりのトトロ」のオープニング主題歌。177ページの１段目２番の歌詞「はなばたけ」の「け」、３番の歌詞「でておいで」の「で」は、ミの音が前の小節に入っています。歌も伴奏もリズムに気をつけましょう。

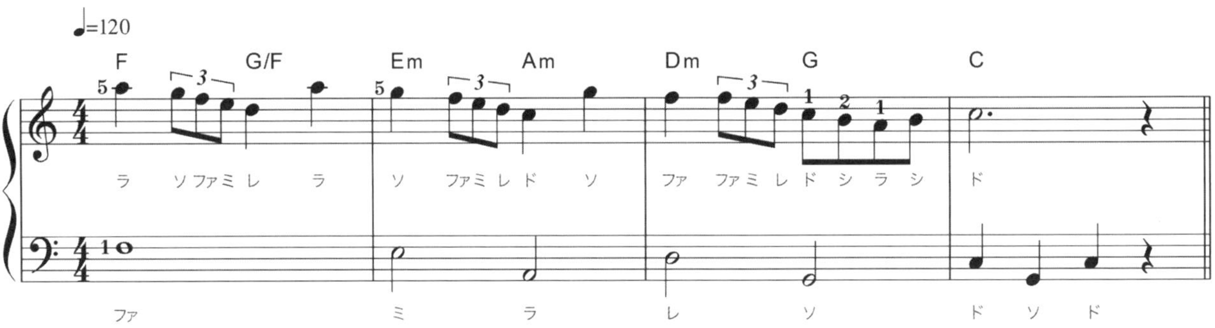

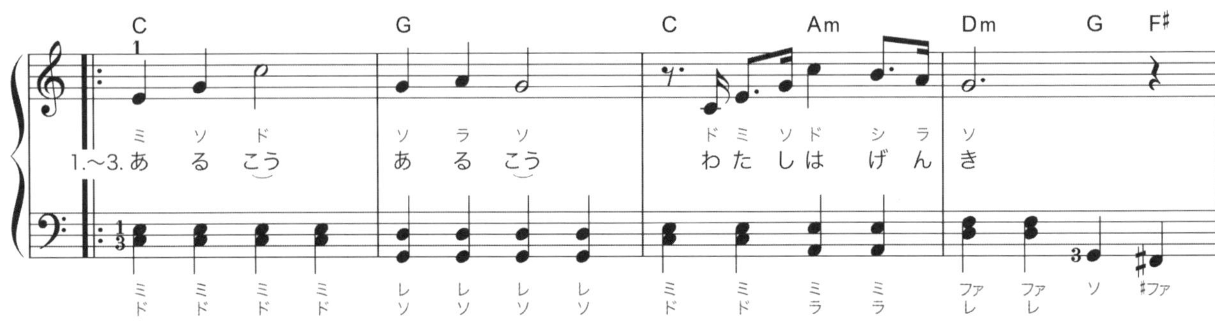

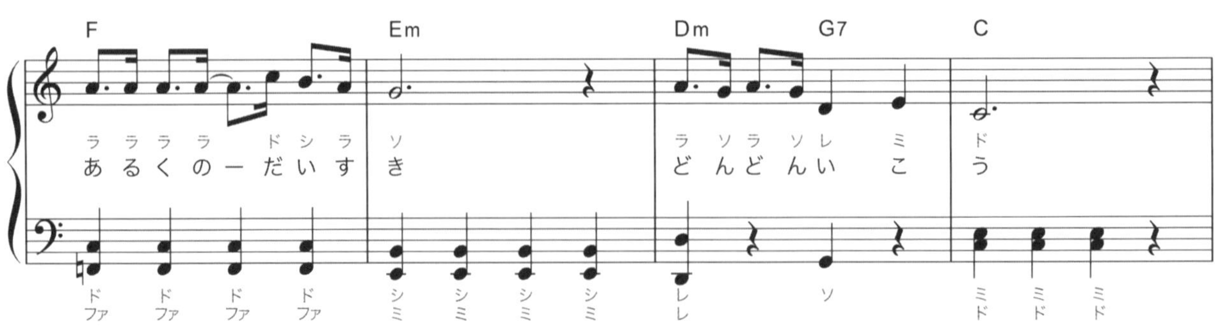

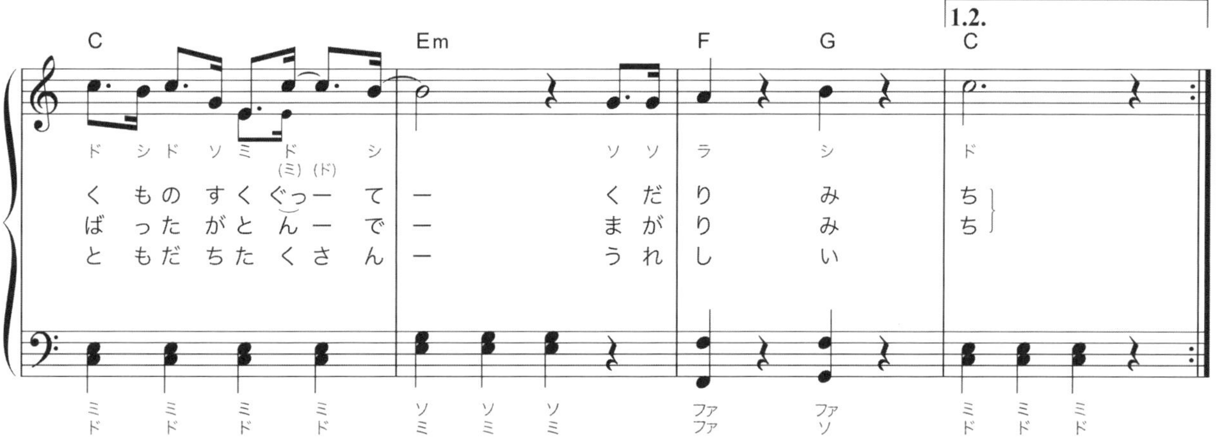

0歳児手あそび
1歳児手あそび
2歳児手あそび
0歳児ピアノ伴奏
1歳児ピアノ伴奏
2歳児ピアノ伴奏
親子で歌おう

発達との関わり　行進しやすいリズム

はじめの指の位置

ミッキーマウス・マーチ

作詞・作曲：ジミー・ドット　訳詞：漣 健児　編曲：長尾淳子

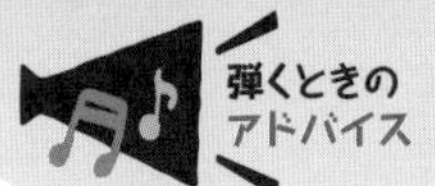

左手の2和音（重音）は重くならないように弾きます。179ページの1段目と4段目についているリピートは、この部分を省略せずに繰り返します。

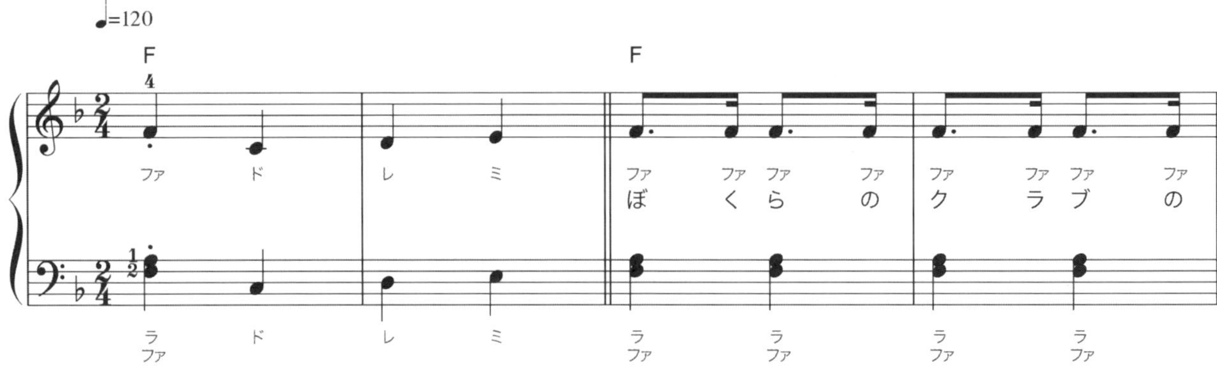

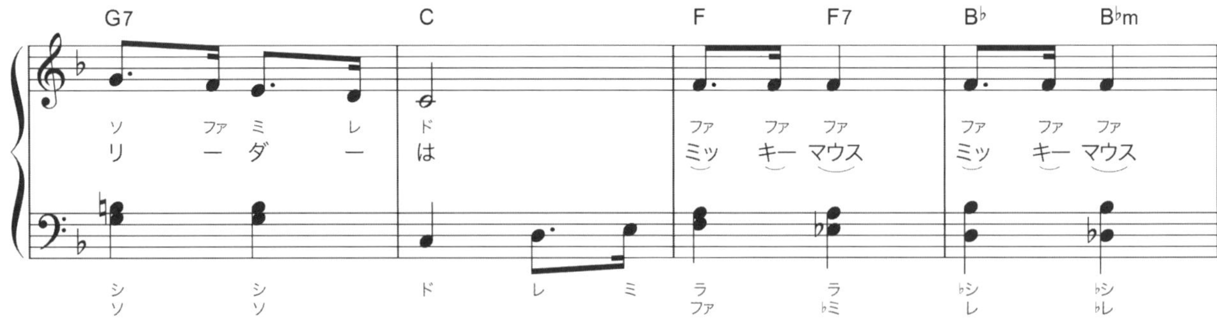

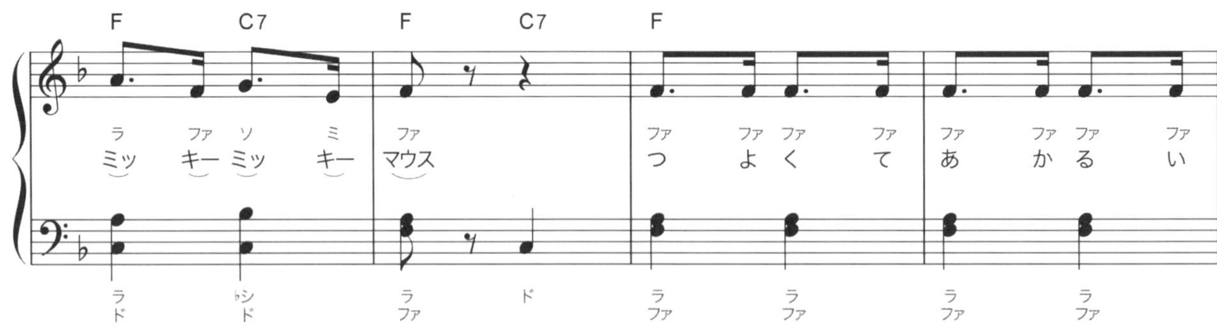

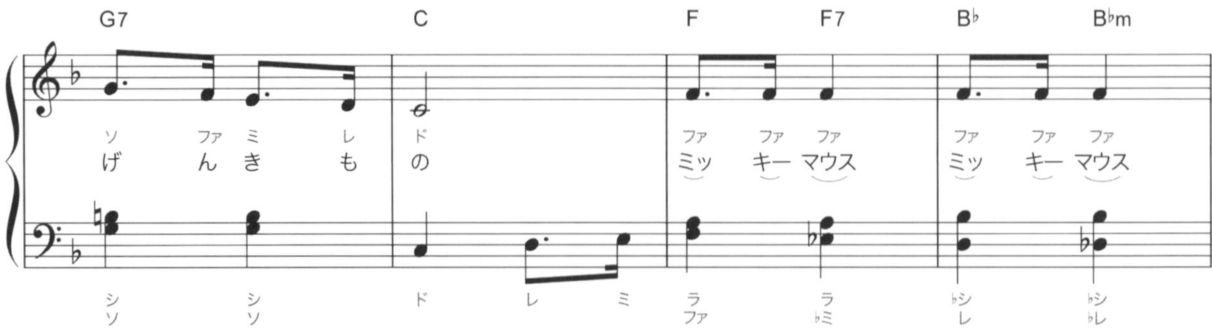

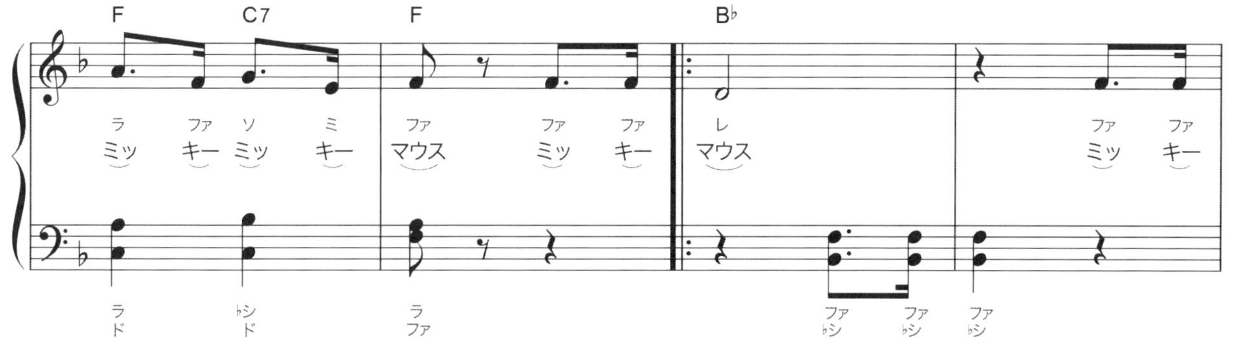
F C7 F B♭
ラ ファ ソ ミ ファ ファ ファ レ ファ ファ
ミッ キー ミッ キー マウス ミッ キー マウス ミッ キー
ラ ド ♭シ ド ラ ファ ファ ♭シ ファ ♭シ ファ ♭シ

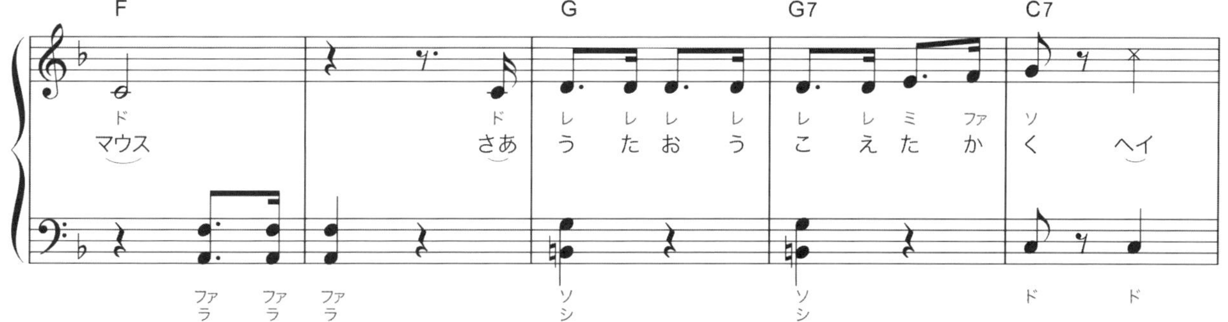
F G G7 C7
ド ド レ レ レ レ レ レ ミ ファ ソ
マウス さあ う た お う こ え た か く ヘイ
ファ ラ ファ ラ ファ ラ ソ シ ソ シ ド ド

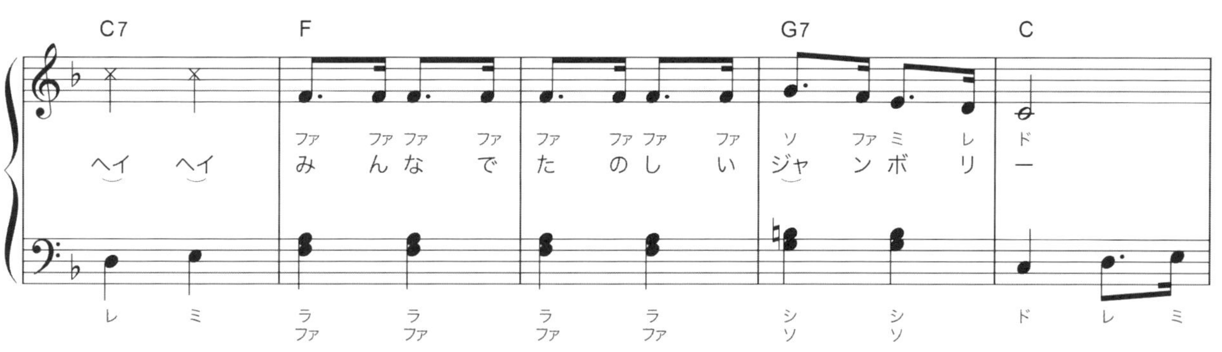
C7 F G7 C
ファ ファ ファ ファ ファ ファ ファ ファ ソ ファ ミ レ ド
ヘイ ヘイ み ん な で た の し い ジャ ン ボ リ ー
レ ミ ラ ファ ラ ファ ラ ファ ラ ファ シ ソ シ ソ ド レ ミ

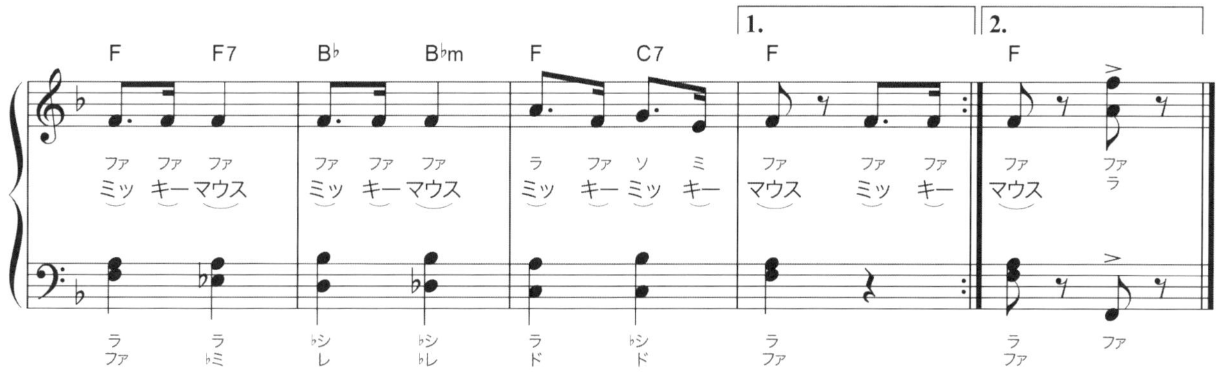
1. 2.
F F7 B♭ B♭m F C7 F F
ファ ファ ファ ファ ファ ファ ラ ファ ソ ミ ファ ファ ファ ファ ファ ラ
ミッ キー マウス ミッ キー マウス ミッ キー ミッ キー マウス ミッ キー マウス
ラ ファ ラ ♭ミ ♭シ レ ♭シ ♭レ ラ ド ♭シ ド ラ ファ ラ ファ ファ

左手
8分休符プラス1小節目
はじめの指の位置

パプリカ

作詞・作曲：米津玄師　編曲：平沼みゆう

大人から子どもまで広く歌われている人気の曲です。181ページ1段目の転調したあとは、♯が多いので気をつけて。「ミの♯」は「ファ」を弾きます。

F E A D E F♯m7
ファ ミ レ ミ ラ ♯ソ ♯ファ ♯ソ ラ ♯ファ ラ シ ♯ド シ ラ シ ♯ド シ ラ ♯ソ ♯ファ ミ ミ
あしたもはれるか な パプ リーーカ はながさ い たーら
もいでのかげぼう し
ファ ファ ミ ミ ラ ラ シ ♯ド ラ ラ ♯ソ ♯ソ シ シ ♯ファ ミ
レ レ ミ ミ ミ ミ

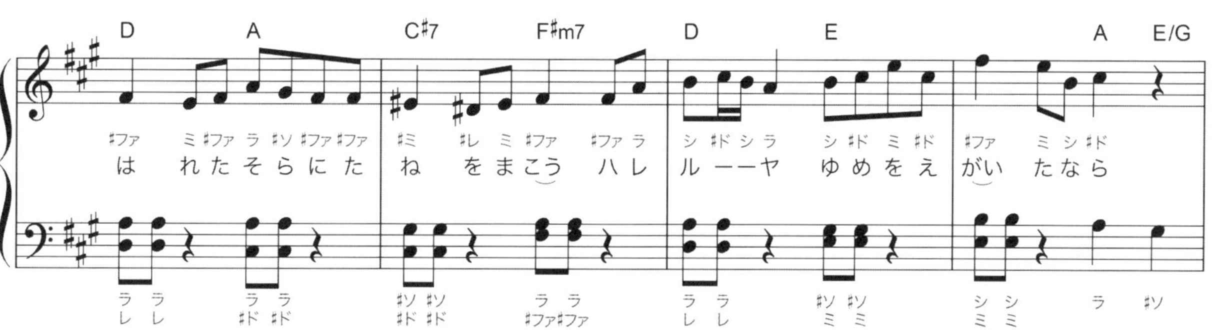
D A C♯7 F♯m7 D E A E/G
♯ファ ミ ♯ファ ラ ♯ソ ♯ファ ♯ファ ♯ミ ♯レ ミ ♯ファ ♯ファ ラ シ ♯ド シ ラ シ ♯ド ミ ♯ド ♯ファ ミ シ ♯ド
は れたそらにた ね をまこう ハレ ルーーヤ ゆめをえ がい たなら
ラ ラ ラ ラ ♯ソ ♯ソ ラ ラ ラ ラ ♯ソ ♯ソ シ シ ラ ♯ソ
レ レ ♯ド ♯ド ♯ド ♯ド ♯ファ♯ファ レ レ ミ ミ ミ ミ

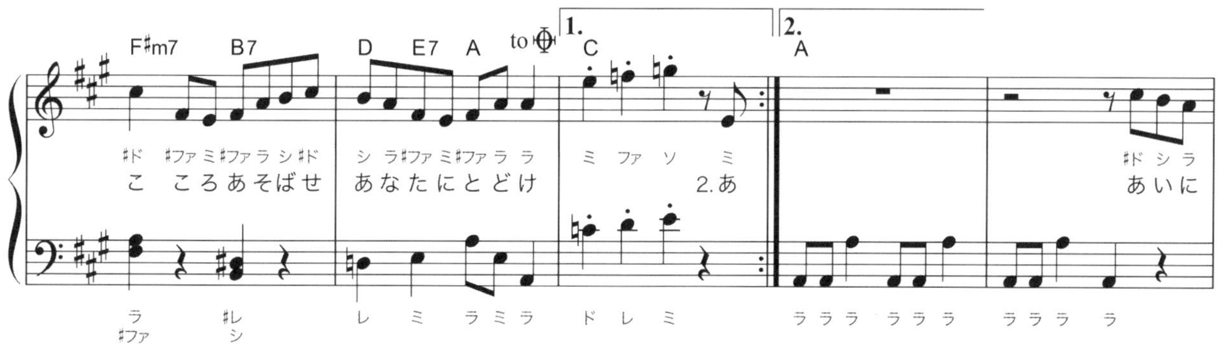
F♯m7 B7 D E7 A to Φ 1. C 2. A
♯ド ♯ファ ミ ♯ファ ラ シ ♯ド シ ラ ♯ファ ミ ♯ファ ラ ラ ミ ファ ソ ミ ♯ド シ ラ
こ ころあそばせ あなたにとどけ 2.あ あいに
ラ ♯レ レ ミ ラ ミ ラ ド レ ミ ラ ラ ラ ラ ラ ラ ラ ラ ラ ラ
♯ファ シ

D E F♯m D E F♯m
♯ファ ラ シ ♯ド シ ♯ド シ ラ ♯ソ ♯ファ ♯ファ ラ ミ ミ ♯ファ ♯ド ♯ド シ ラ
ゆ く よ な み きをぬ け て う た を う たっ て て に は
ラ レ ♯ソ ミ ♯ソ ミ ラ ♯ファ ラ レ ♯ソ ミ ラ ♯ファ

1.
D E F♯m D E A
♯ファ ラ シ ♯ド シ ♯ド シ ラ ♯ソ ラ ラ ♯ソ ラ シ ラ ♯ド シ ラ
いっ ぱい の は な をかか え て ら る ら り ら あ い に
ラ レ ♯ソ ミ ♯ソ ミ ラ ♯ファ ラ レ ♯ソ ミ ラ ミ ラ

2.
A
ラ ♯ファ ラ
ら パ プ
ラ ミ ラ
D.S.

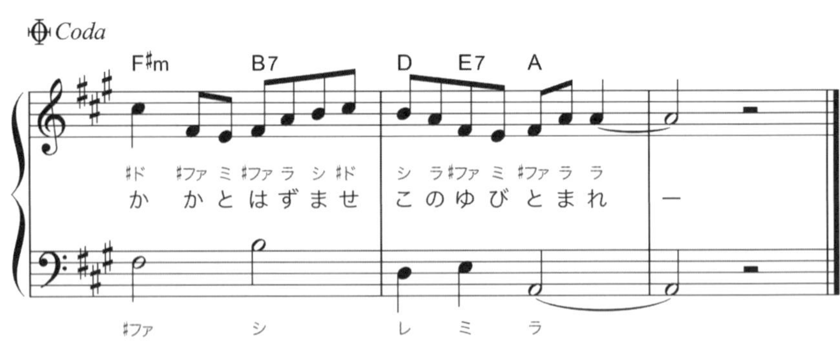
Coda
F♯m B7 D E7 A
♯ド ♯ファ ミ ♯ファ ラ シ ♯ド シ ラ ♯ファ ミ ♯ファ ラ ラ
か かとはずませ このゆびとまれ ー
♯ファ シ レ ミ ラ

となりのトトロ

作詞：宮崎 駿　作曲：久石 譲　編曲：長尾淳子

はじめの指の位置

シ ド レ ミ ファ ソ ラ シ ド レ ミ ファ ソ ラ シ ド レ ミ ファ ソ ラ

映画「となりのトトロ」のテーマ曲。強い拍と弱い拍の通常位置を変えて、リズムに変化を与える技法をシンコペーションといいます。この曲はそれが多く出てくるので注意します。

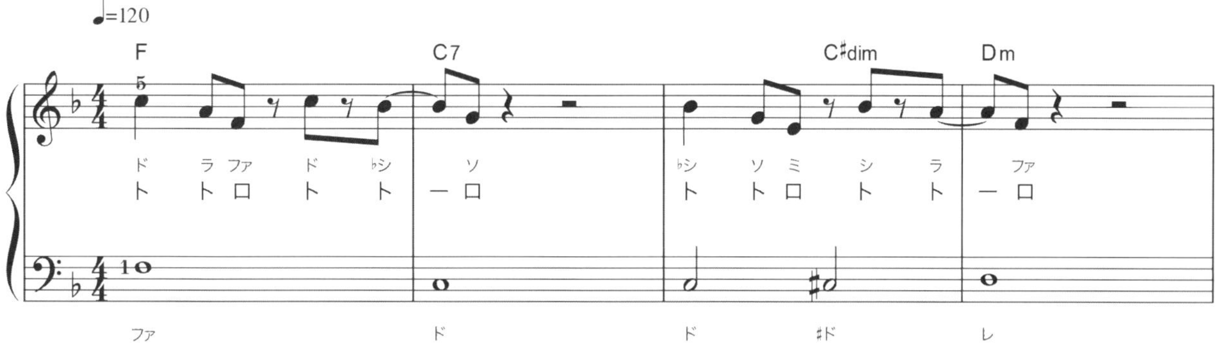

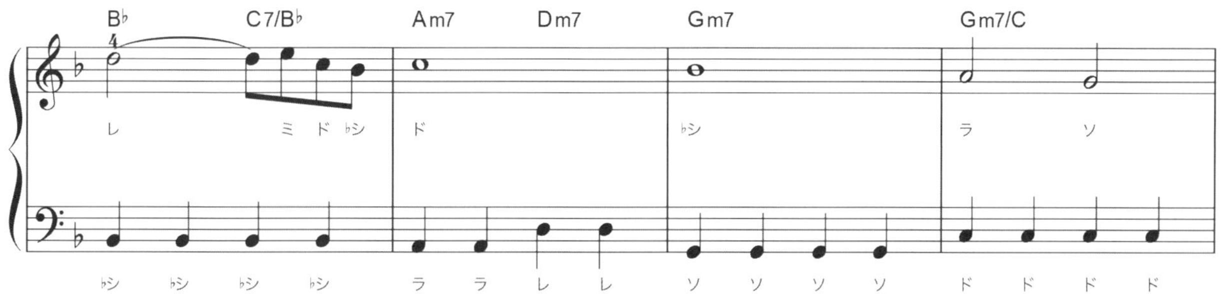

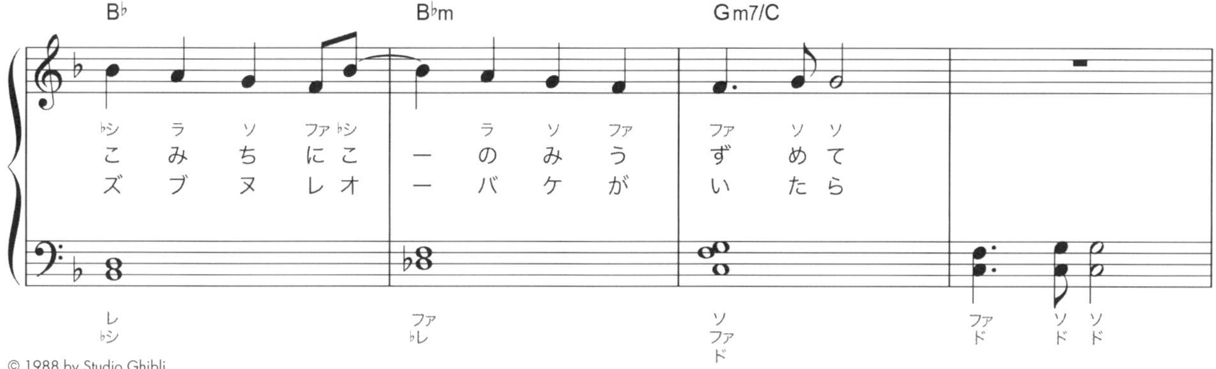

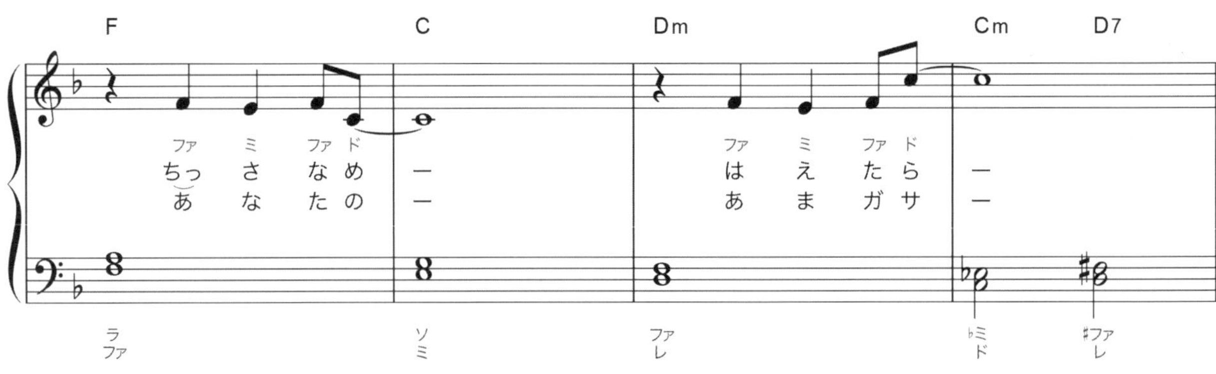
F C Dm Cm D7
ファ ミ ファ ド ファ ミ ファ ド
ちっさなめ ー はえたら ー
あなたの ー あまガサ ー
ラ ファ ソ ミ ファ レ ♭ミ ド ♯ファ レ

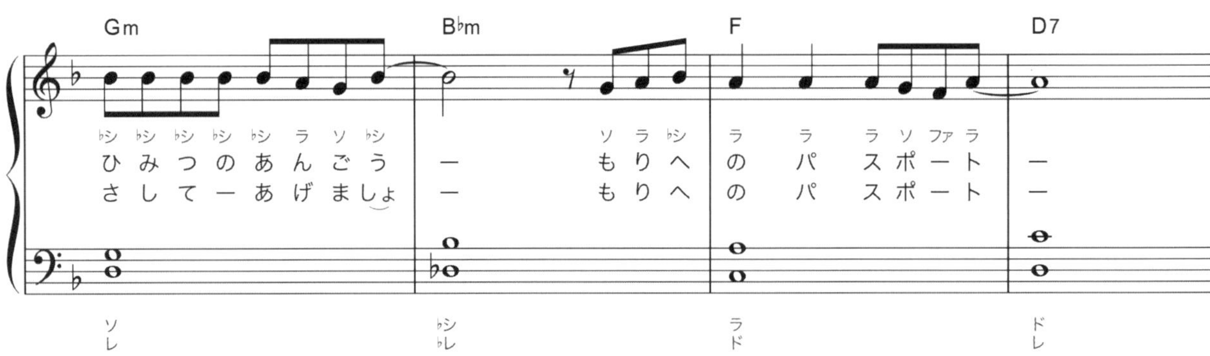
Gm B♭m F D7
♭シ ♭シ ♭シ ♭シ ♭シ ラ ソ ♭シ ソ ラ ♭シ ラ ラ ラ ソ ファ ラ
ひみつのあんごう ー もりへ のパスポート ー
さしてーあげましょ ー もりへ のパスポート ー
ソ レ ♭シ ♭レ ラ ド ド レ

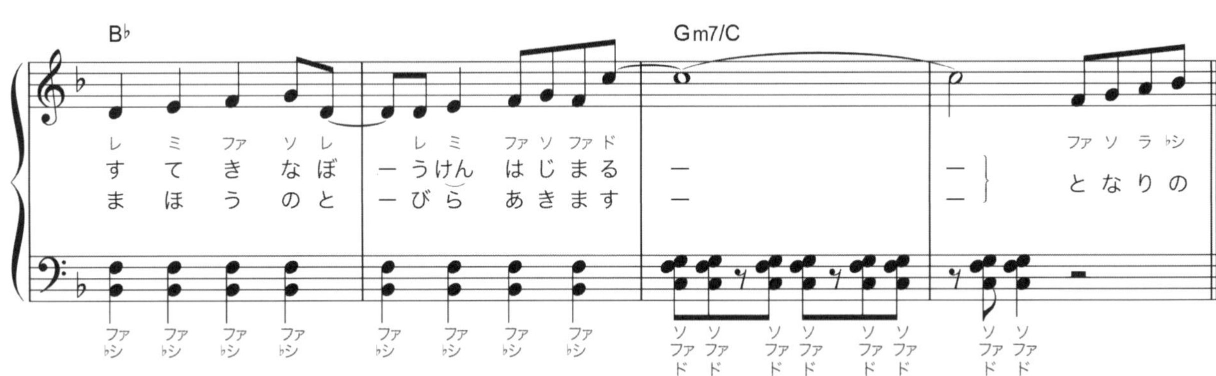
B♭ Gm7/C
レ ミ ファ ソ レ レ ミ ファ ソ ファ ド ファ ソ ラ ♭シ
すてきなぼ ーうけん はじまる ー ー となりの
まほうのと ーびら あきます ー ー
ファ ♭シ ファ ♭シ ファ ♭シ ファ ♭シ ファ ♭シ ファ ♭シ ファ ♭シ ファ ♭シ
ソ ファ ド ソ ファ ド ソ ファ ド ソ ファ ド ソ ファ ド ソ ファ ド ソ ファ ド ソ ファ ド

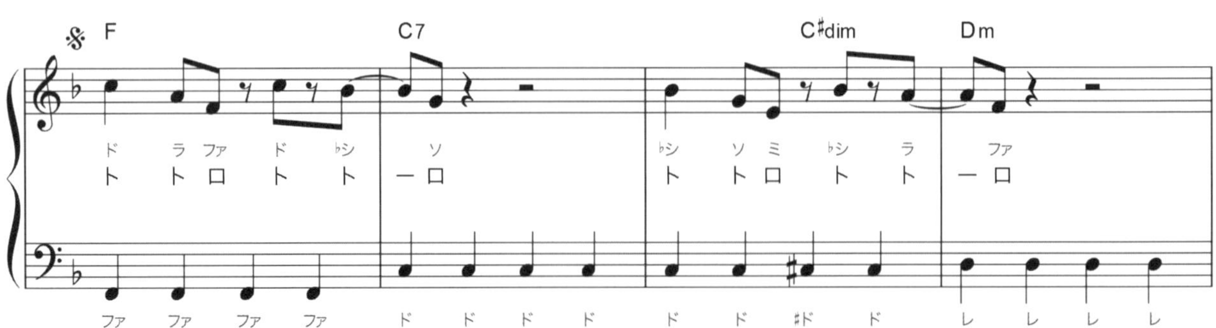
F C7 C♯dim Dm
ド ラ ファ ド ♭シ ソ ♭シ ソ ミ ♭シ ラ ファ
トトロトト ーロ トトロトト ーロ
ファ ファ ファ ファ ド ド ド ド ド ド ♯ド ド レ レ レ レ

B♭m Am7 Dm Gm7 Gm7/C
♭レ ファ ♭シ ラ(♭シ) ド ファ ラ ♭シ ラ ♭シ ラ ♭シ ラ ファ ソ ファ ソ ラ ♭シ
もりの なかにー む かしからすんでる ー
つきよ のばんにー オ カリナふーいてる ー となりの
もりの なかにー む かしからすんでる ー
♭シ ♭シ ♭シ ♭シ ラ ラ レ レ ソ ソ ソ ソ ド ド ド ド

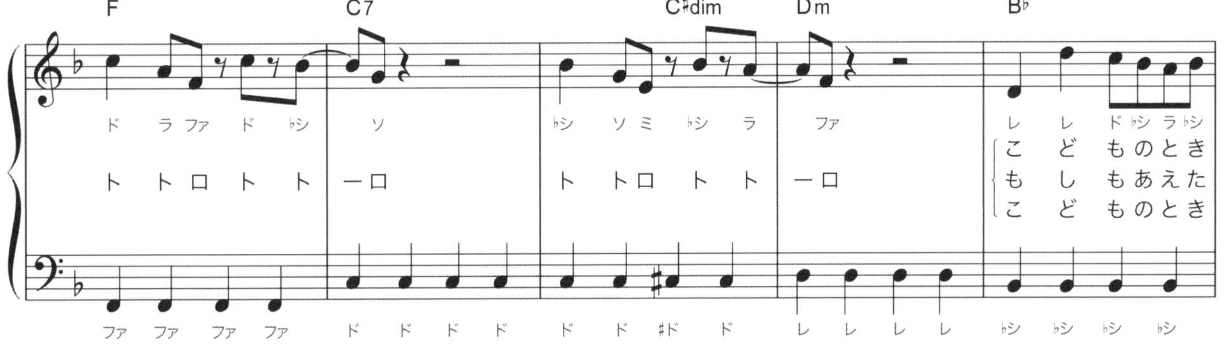
F C7 C♯dim Dm B♭
ド ラ ファ ド ♭シ ソ ♭シ ソ ミ ♭シ ラ ファ レ レ ド ♭シ ラ ♭シ
トトロトト ーロ トトロトト ーロ
こどものとき
もしもあえた
こどものとき
ファ ファ ファ ファ ド ド ド ド ド ド ♯ド ド レ レ レ レ ♭シ ♭シ ♭シ ♭シ

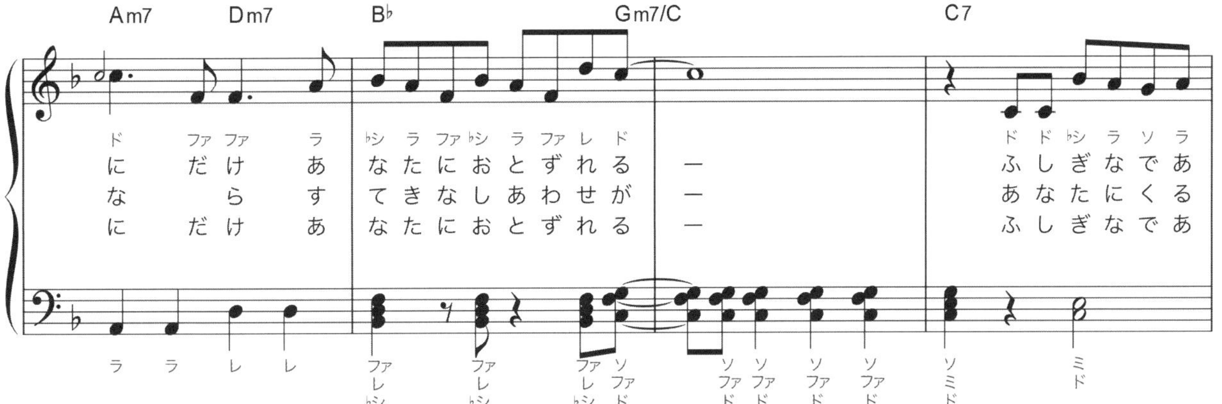
Am7 Dm7 B♭ Gm7/C C7
ド ファ ファ ラ ♭シ ラ ファ ♭シ ラ ファ レ ド ド ド ♭シ ラ ソ ラ
にだけあ なたにおとずれる ー ふしぎなであ
ならす てきなしあわせが ー あなたにくる
にだけあ なたにおとずれる ー ふしぎなであ
ラ ラ レ レ

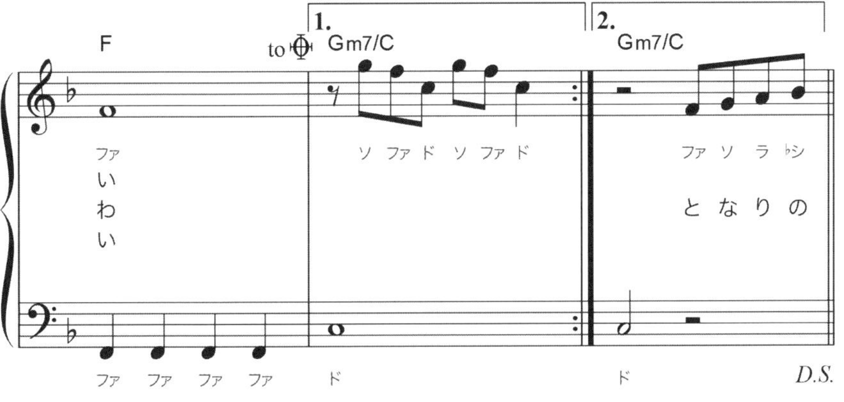
F to Coda 1. Gm7/C 2. Gm7/C
ファ ソ ファ ド ソ ファ ド ファ ソ ラ ♭シ
いわい となりの
ファ ファ ファ ファ ド ド
D.S.

Coda
F
ファ
ラ
ファ ファ

勇気りんりん

作詞：やなせたかし　作曲：三木たかし　編曲：長尾淳子

はじめの指の位置

シ ド レ ミ ファ ソ ラ シ ド レ ミ ファ ソ ラ シ ド レ ミ ファ ソ ラ

アニメ「それゆけ！　アンパンマン」のエンディング曲。1番を歌ったら、リピートして曲のはじめに戻り2番を歌います。2番が終わったら、*D.S.*（ダル・セーニョ）に戻り3番を歌います。

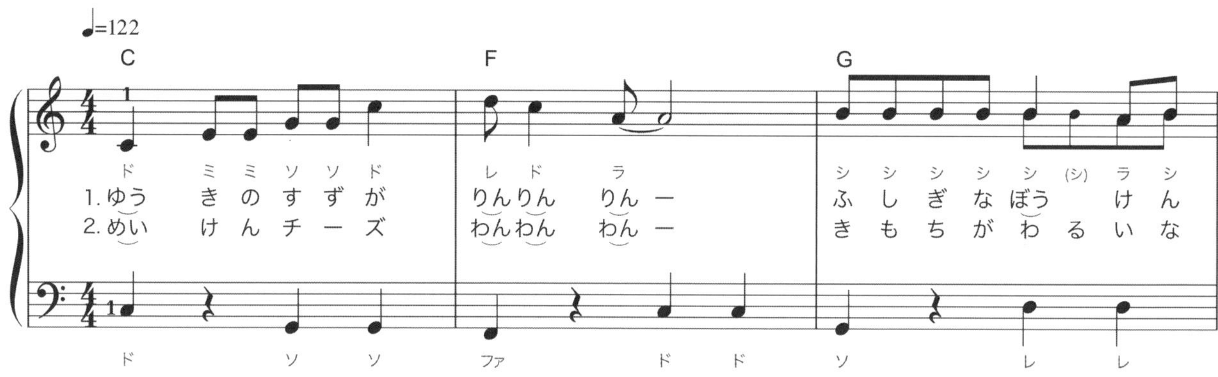

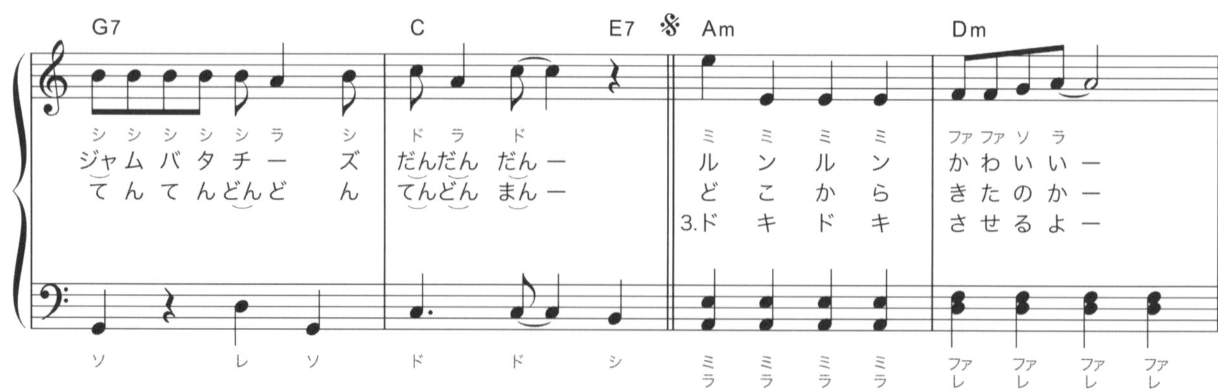

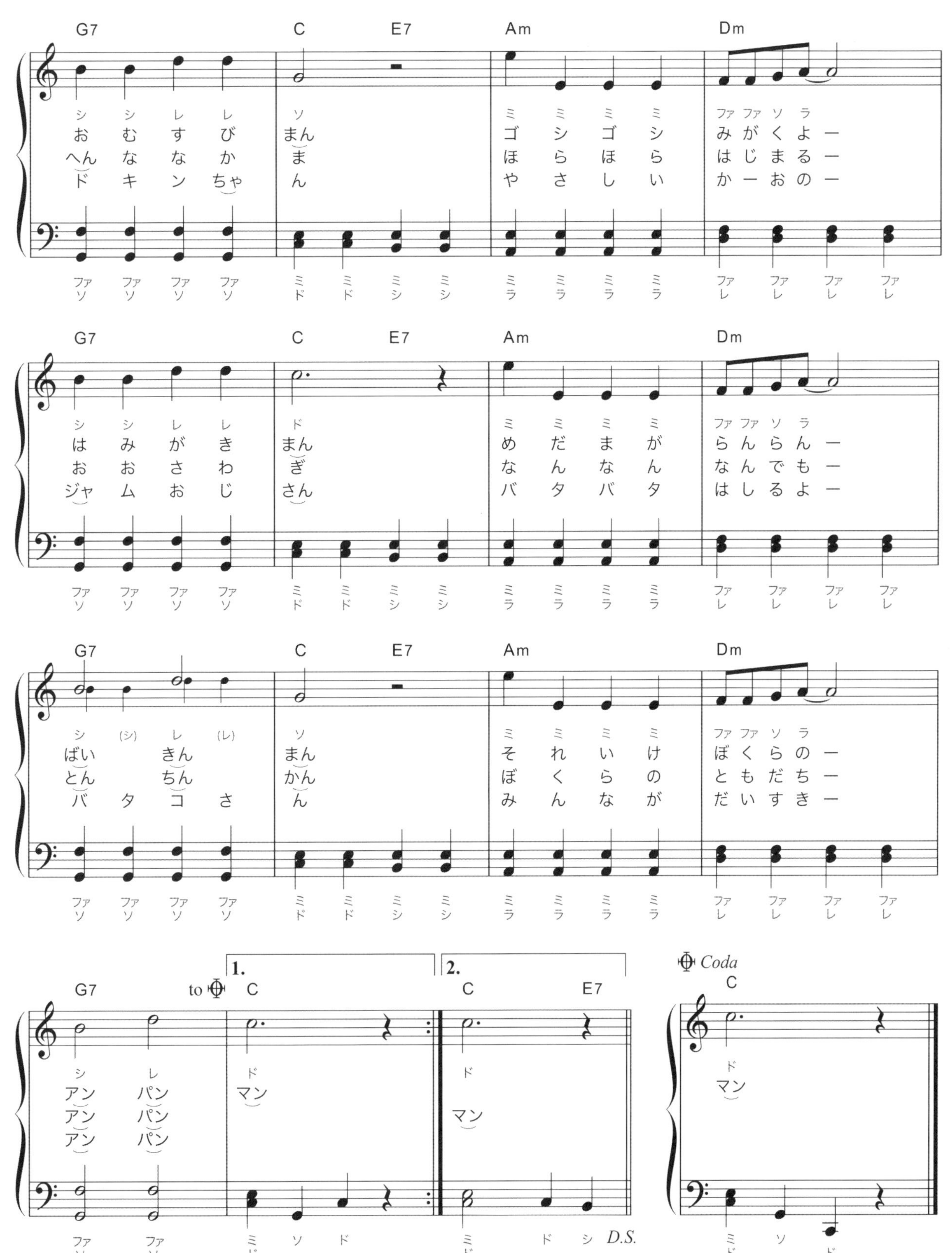
G7 C E7 Am Dm
シ シ レ レ ソ ミ ミ ミ ミ ファ ファ ソ ラ
おむすびまん ゴシゴシ みがくよー
へんなかまん ほらほら はじまるー
ドキンちゃん やさしい かーおのー
ファ ソ ファ ソ ファ ソ ファ ソ ミ ド ミ ド ミ シ ミ シ ミ ラ ミ ラ ミ ラ ミ ラ ファ レ ファ レ ファ レ ファ レ
G7 C E7 Am Dm
シ シ レ レ ド ミ ミ ミ ミ ファ ファ ソ ラ
はみがきまん めだまがらんらんー
おおさわぎ なんなんなんでもー
ジャムおじさん バタバタ はしるよー
ファ ソ ファ ソ ファ ソ ファ ソ ミ ド ミ ド ミ シ ミ シ ミ ラ ミ ラ ミ ラ ミ ラ ファ レ ファ レ ファ レ ファ レ
G7 C E7 Am Dm
シ (シ) レ (レ) ソ ミ ミ ミ ミ ファ ファ ソ ラ
ばいきんまん それいけ ぼくらのー
とんちんかん ぼくらの ともだちー
バタコさん みんなが だいすきー
ファ ソ ファ ソ ファ ソ ファ ソ ミ ド ミ ド ミ シ ミ シ ミ ラ ミ ラ ミ ラ ミ ラ ファ レ ファ レ ファ レ ファ レ
G7 to Coda 1. C 2. C E7
シ レ ド ド
アンパンマン
アンパン マン
アンパン
ファ ソ ファ ソ ミ ド ソ ド ミ ド ド シ D.S.
Coda C
ド
マン
ミ ド ソ ド

親子で歌おう

はじめの指の位置

シ ド レ ミ ファ ソ ラ シ ド レ ミ ファ ソ ラ シ ド レ ミ ファ ソ ラ

おもちゃのチャチャチャ

作詞：野坂昭如　補作詞：吉岡 治　作曲：越部信義　編曲：長尾淳子

弾くときのアドバイス

D.S.（ダル・セーニョ）は、𝄋（セーニョ）のマークに戻ります。to ⊕（トゥ・コーダ）は ⊕ *Coda*（コーダ）に続けます。進行に注意して弾きましょう。「チャチャチャ」は親子で手拍子を打っても。

♩=126

C　G7　C

ド ド ド ミ ラ ラ ラ　レ レ レ ファ ソ ソ ソ　ソ ソ ♯ソ ラ ラ ラ ♯ソ　ソ シ ド

1.～3. おもちゃの チャチャチャ　おもちゃの チャチャチャ　チャチャチャ おもちゃの　チャ チャ チャ

𝄋 C　G7　G7　F　Em　Am

(ソ) ソ ソ ファ ミ ミ ミ ファ　ソ ソ ソ ソ ド　ファ ファ ミ レ レ レ レ　レ ラ ラ ♭ラ ソ　ラ ラ ラ シ ド ド ド　シ シ シ シ ラ

1. そらにキラキラ　おほしさま　みんなすやすや　ねむるころ　おもちゃは はこを　とびだして

2. なまりのへいたい　トテチテタ　ラッパならして　こんばんは　フランスにんぎょう　すてきでしょ

3. きょうはおもちゃの　おまつりだ　みんなたのしく　うたいましょ　こひつじメエメエ　こねこはニャー

4. そらにさよなら　おほしさま　まどにおひさま　こんにちは　おもちゃはかえる　おもちゃばこ

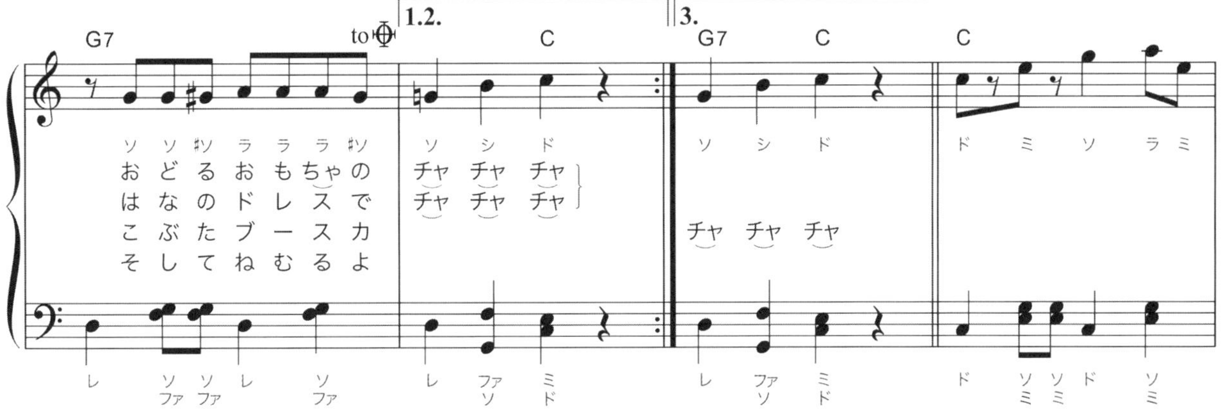
G7
to Φ
1.2.
C
3.
G7
C
C
ソ ソ ♯ソ ラ ラ ラ ♯ソ
おどるおもちゃの
はなのドレスで
こぶたブースカ
そしてねむるよ
ソ シ ド
チャ チャ チャ
チャ チャ チャ
ソ シ ド
チャ チャ チャ
ド ミ ソ ラ ミ
レ ソ ソ レ ソ
ファ ファ ファ
レ ファ ミ
ソ ド
レ ファ ミ
ソ ド
ド ソ ソ ド ソ
ミ ミ ミ

G7
ファ ソ ソ ソ
♯ファ ♯ファ ♯ファ
シ レ ファ ラ ♯ファ
ソ ソ ファ ミ レ
レ ソ ソ ソ
ファ ファ
レ ソ ソ レ ソ
ファ ファ ファ
レ ソ ソ ソ
ファ ファ
D.S.

Φ Coda
G7
C
C
G7
ソ シ ド
チャ チャ チャ
ド ド ド ミ ラ ラ ラ
おもちゃのチャチャチャ
レ レ レ ファ ソ ソ ソ
おもちゃのチャチャチャ
レ ファ ミ
ソ ド
ド ラ ラ ラ
ソ ソ ソ
レ ソ ソ ソ
ファ ファ ファ

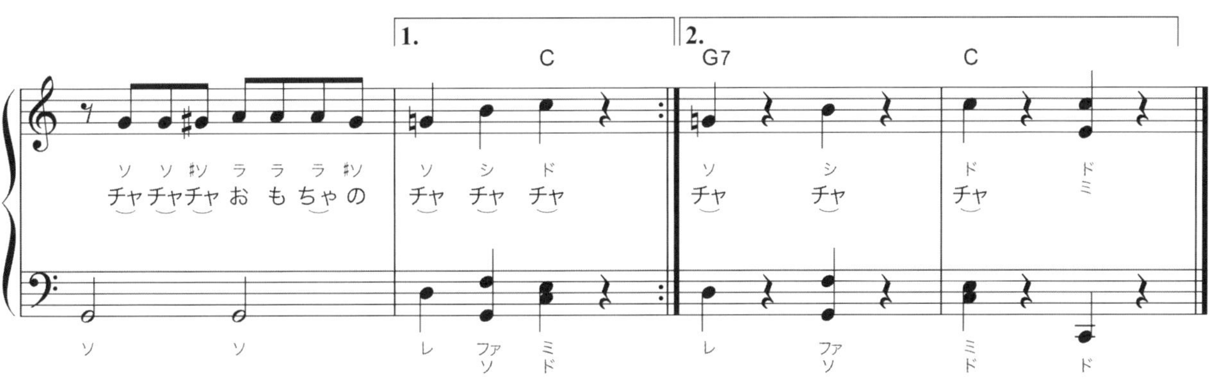
1.
C
2.
G7
C
ソ ソ ♯ソ ラ ラ ラ ♯ソ
チャチャチャおもちゃの
ソ シ ド
チャ チャ チャ
ソ シ
チャ チャ
ド ドミ
チャ
ソ ソ
レ ファ ミ
ソ ド
レ ファ
ソ
ミ ド
ド

発達との関わり　歌詞に合わせて自由に表現できる

ちびっこザウルス

はじめの指の位置

シ ド レ ミ ファ ソ ラ シ ド レ ミ ファ ソ ラ シ ド レ ミ ファ ソ ラ

作詞・作曲：阿部直美　編曲：長尾淳子

「わぁ〜きょうりゅうだ」などのセリフは、積極的にコールしてみましょう。「プルルン」などの擬音部分は、大人も一緒に自由に身体表現を楽しみましょう。

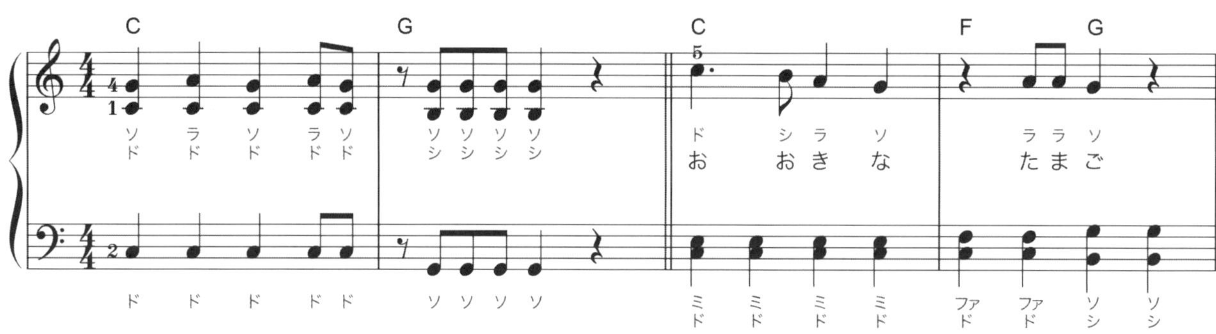

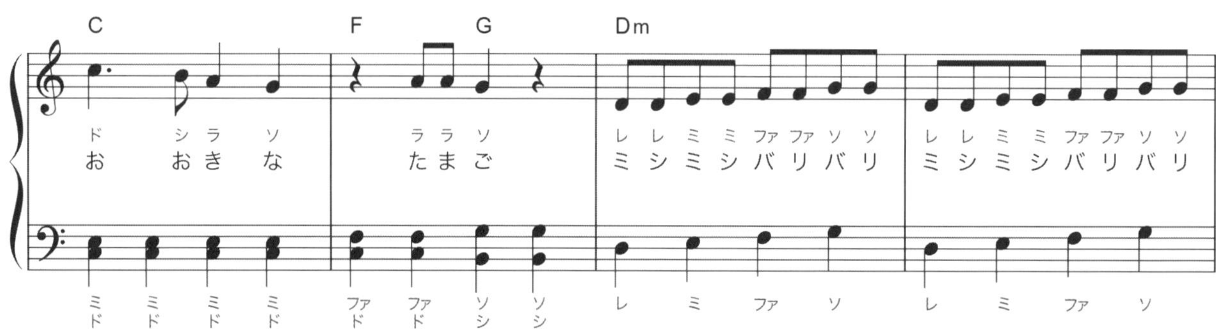

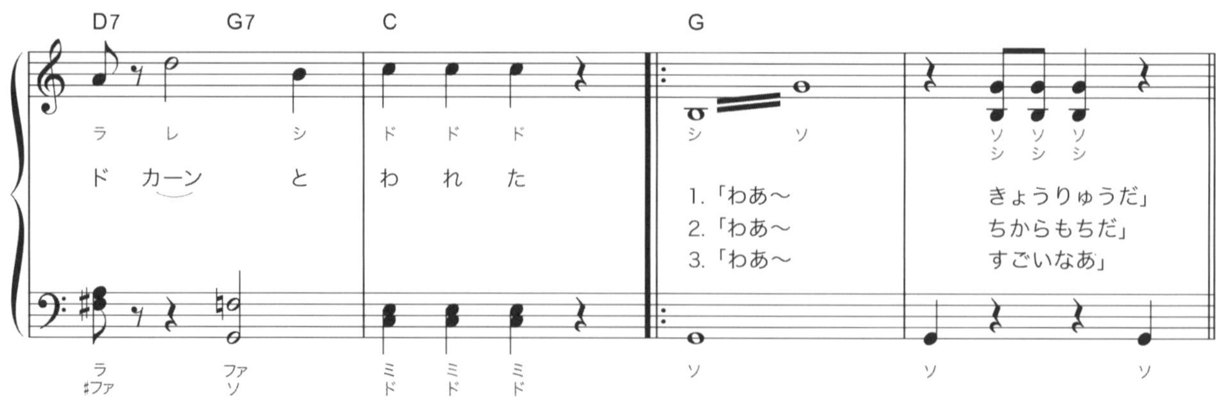

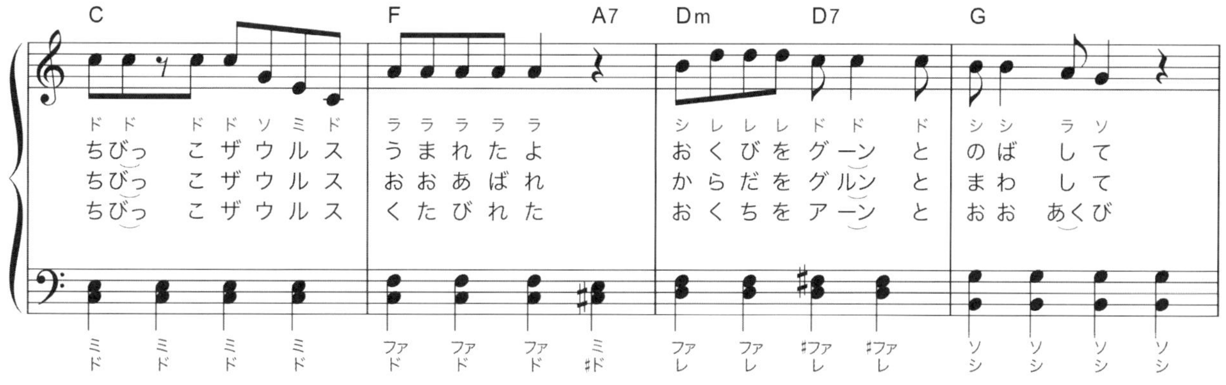
C F A7 Dm D7 G
ド ド ド ド ソ ミ ド ラ ラ ラ ラ ラ シ レ レ レ ド ド ド シ シ ラ ソ
ちびっ こ ザ ウ ル ス う ま れ た よ お く び を グーン と の ば し て
ちびっ こ ザ ウ ル ス お お あ ば れ か ら だ を グルン と ま わ し て
ちびっ こ ザ ウ ル ス く た び れ た お く ち を アーン と おお あくび
ミ ミ ミ ミ ファ ファ ファ ミ ファ ファ ♯ファ ♯ファ ソ ソ ソ ソ
ド ド ド ド ド ド ド ♯ド レ レ レ レ シ シ シ シ

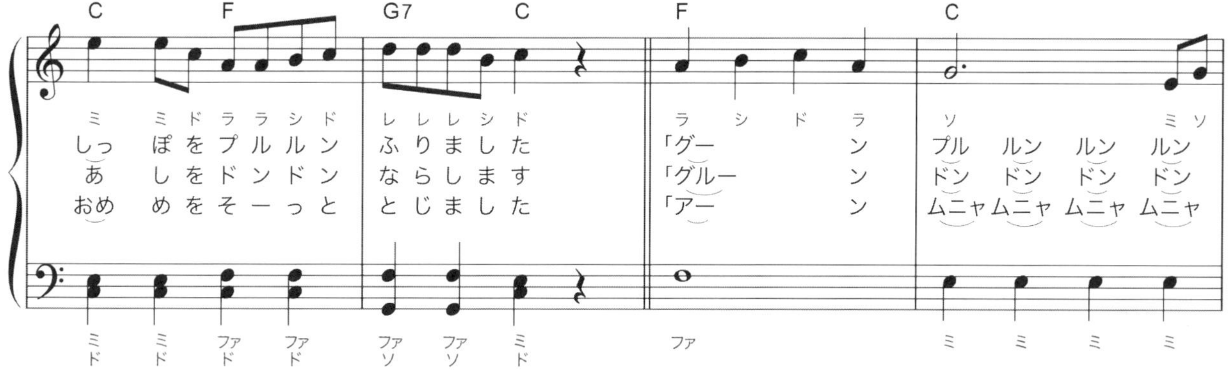
C F G7 C F C
ミ ミ ド ラ ラ シ ド レ レ レ シ ド ラ シ ド ラ ソ ミ ソ
しっ ぽ を プ ル ル ン ふ り ま し た 「グー ン プル ルン ルン ルン
あ し を ド ン ド ン な ら し ま す 「グルー ン ドン ドン ドン ドン
おめ め を そ ー っ と と じ ま し た 「アー ン ムニャ ムニャ ムニャ ムニャ
ミ ミ ファ ファ ファ ファ ミ ファ ミ ミ ミ ミ
ド ド ド ド ソ ソ ド

Dm C F E
ファ ラ ソ ファ ミ ファ ソ ラ シ ド ラ ♯ソ ♯ファ ♯ソ
グー ン プル ルン ルン ルン グー ン プル ルン ルン ルン」
グルー ン ドン ドン ドン ドン グルー ン ドン ドン ドン ドン」
アー ン ムニャ ムニャ ムニャ ムニャ アー ン ムニャ ムニャ ムニャ ムニャ」
レ ド レ ミ ド ファ ミ ミ ミ ミ

F D7 G C
ラ シ ド ラ レ ミ レ ド シ ラ ソ ド ド ド ド ソ ミ ド
ち びっ こ ザ ウ ル ス
ファ ♯ファ ソ ソ ミ ミ ミ ミ
ド ド ド ド

親子で歌おう

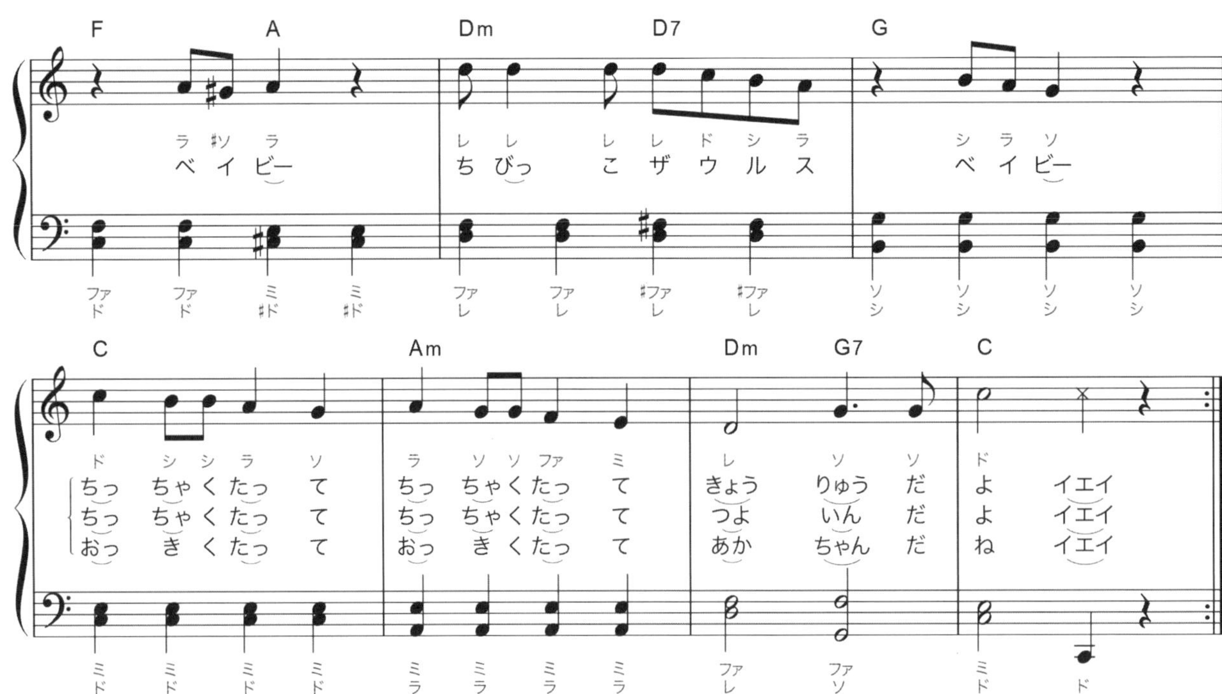

あそびのアイデア

● 子どもと向かい合って立ちます。親子参観などであそんでみましょう。

1番

1 おおきなたまご おおきなたまご

両手をつないで、大きい丸をつくり軽く左右に揺らします。

2 ミシミシバリバリ…われた「わぁ～きょうりゅうだ」

手をつないだまましゃがんでから、パッと立ち上がりセリフをいいます。

3 ちびっこザウルス…グーンとのばして

両手をつなぎ、その場で8回ジャンプします。

4 しっぽをプルルン ふりました

1と同様に。

5 グーン…プルルン ルンルン

両手を上げてきょうりゅうのまねをして自由に歩きます。

6 ちびっこザウルス…ベイビー

1と同様に。

7 ちっちゃくたって…きょうりゅうだよ イエイ

3と同様に。「イエイ」で5のポーズをします。

2番

8

1番と同様に。「グルーンドンドンドン…」は、力こぶのポーズをして、足を踏みならしながら歩きます。

3番

9

1番と同様に。「アーンムニャムニャムニャ…」は、両手をほおにつけ、目を閉じながら小さくなるしぐさをします。

ハッピーハロウィン

はじめの指の位置

シ ド レ ミ ファ ソ ラ シ ド レ ミ ファ ソ ラ シ ド レ ミ ファ ソ ラ

作詞・作曲：阿部直美　編曲：平沼みゆう

1・2段目の♩(二分音符)は、音量を少し抑え怖そうな感じで。3段目からは、明るく元気に演奏します。「ハロウィン」の部分は、掛け合いで歌っても楽しいでしょう。

♩=128

F　Gm　C7　Gm　C7

ファ ファ ファ ファ ファ ファ ソ ラ　♭シ レ レ レ レ　ミ ミ レ レ ド ド ド ド　レ レ レ レ ド

1. かぼちゃのおばけも　こうもりも　こわれたふるーい　おしろから
2. まほーうつかいも　ガイコツも　おおきなくものす　かきわけて

ラ ファ　ラ ファ　♭シ ソ　♭シ ソ　♭シ ド　♭シ ド　♭シ ソ　♭シ ド

F　Gm　C7　F

ファ ファ ファ ファ ファ ファ ソ ラ　♭シ ♭シ ♭シ ♭シ ♭シ　ミ ミ レ レ ド ド ド ド　レ ド レ ミ ファ

にこにこわらって　やってきた　こわくはないーぞ　ハロウィンウィン
いたずらするぞと　やってきた　おかしをあげよう　ハロウィンウィン

ラ ファ　ラ ファ　♭シ ソ　♭シ ソ　♭シ ド　♭シ ド　♭シ ド　ラ ファ

Gm　C7　F　Gm　C7　F

♭シ ♭シ ラ ソ　ラ　ソ ソ ファ ミ　ファ

ハッピー　ハロ　ウィン（ハロ　ウィン）　ハッピー　ハロ　ウィン（ハロ　ウィン）

ソ　ド　ファ　ド ラ　ド ラ　ソ　ド　ファ　ド ラ　ド ラ

Gm　F　C7　F

♭シ レ レ ♭シ　ラ ラ ラ ソ　ド ド レ ミ　ファ

こんやは　おばけと　ともだち　だ（ハロ　ウィン）
あさまで　おばけと　おどろう　よ（ハロ　ウィン）

♭シ ソ　ラ ファ　ソ　ド　ファ　ド　ファ

0歳児手あそび
1歳児手あそび
2歳児手あそび
0歳児ピアノ伴奏
1歳児ピアノ伴奏
2歳児ピアノ伴奏
親子で歌おう

左手
3小節目

はじめの指の位置

シ ド レ ミ ファ ソ ラ シ ド レ ミ ファ ソ ラ シ ド レ ミ ファ ソ ラ

ちいさい秋みつけた

作詞：サトウハチロー　作曲：中田喜直　編曲：長尾淳子

コーラスなどでよく歌われる人気曲。大人が歌い、しっとりとした情景を子どもに伝えます。前奏の♪♪(スタッカート)の連打は、跳ねすぎず強くなりすぎないよう慎重に。

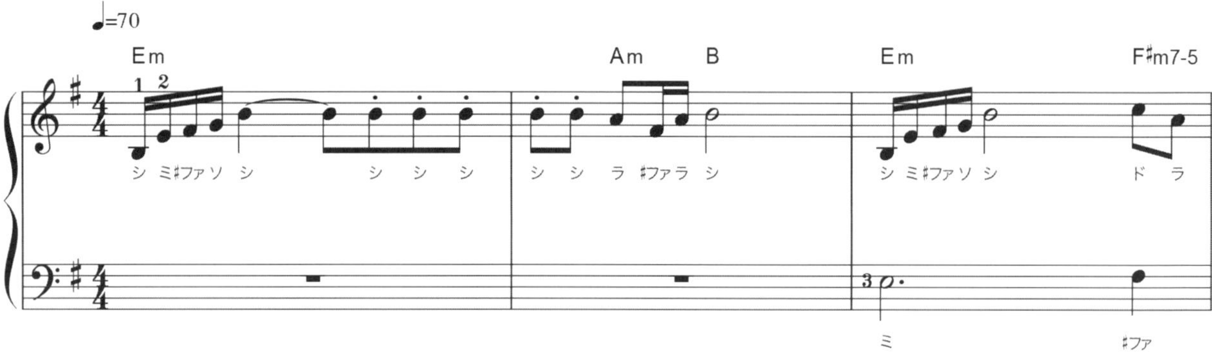

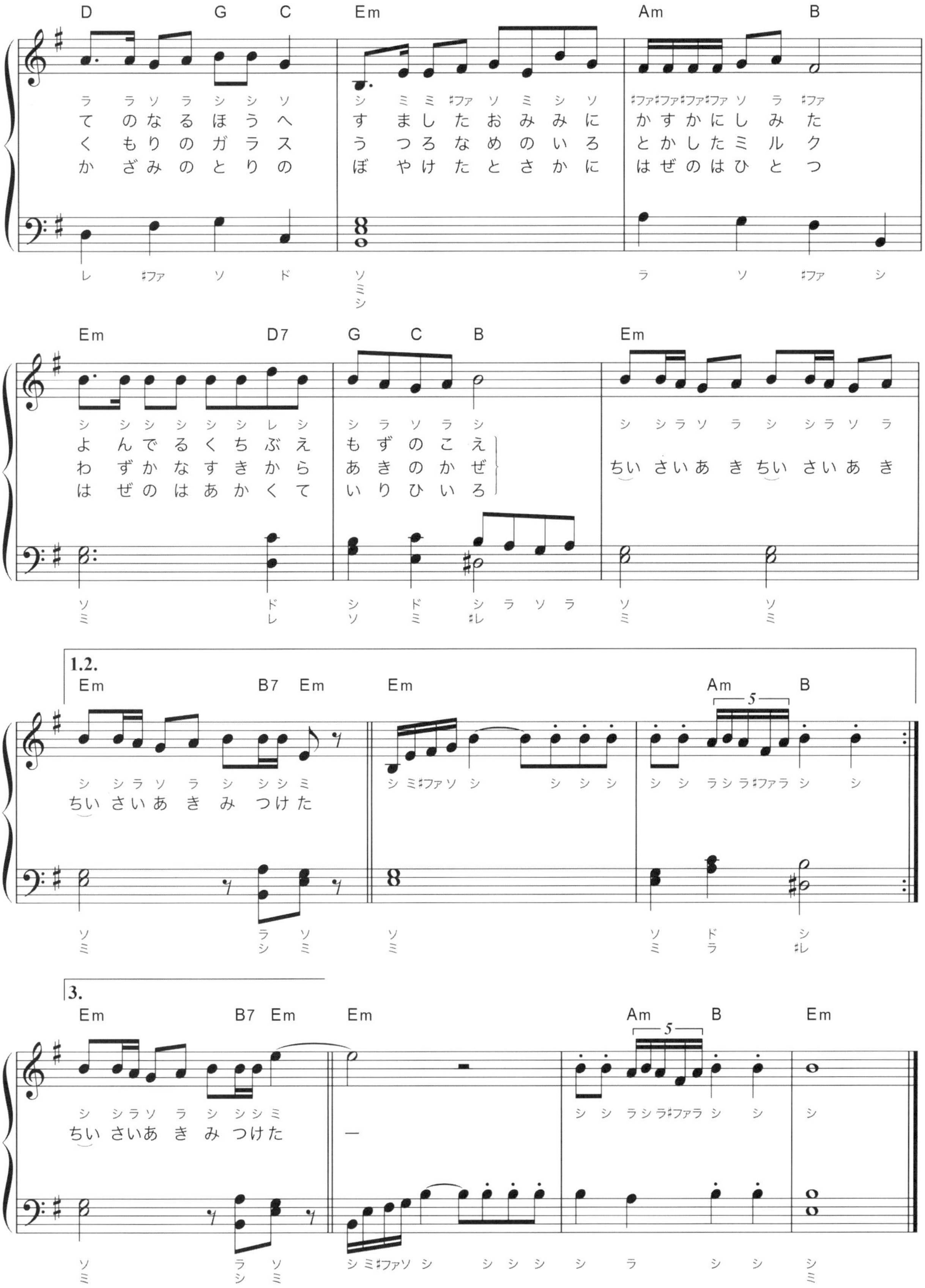

D G C | Em | Am B

ラ ラ ソ ラ シ シ ソ | シ ミ ミ ♯ファ ソ ミ シ ソ | ♯ファ♯ファ♯ファ♯ファ ソ ラ ♯ファ

て の な る ほ う へ | す ま し た お み み に | か す か に し み た
く も り の ガ ラ ス | う つ ろ な め の い ろ | と か し た ミ ル ク
か ざ み の と り の | ぼ や け た と さ か に | は ぜ の は ひ と つ

レ ♯ファ ソ ド | ソ ミ シ | ラ ソ ♯ファ シ

Em D7 | G C B | Em

シ シ シ シ シ シ レ シ | シ ラ ソ ラ シ | シ シ ラ ソ ラ シ シ ラ ソ ラ

よ ん で る く ち ぶ え | も ず の こ え
わ ず か な す き か ら | あ き の か ぜ | ちい さい あ き ちい さい あ き
は ぜ の は あ か く て | い り ひ い ろ

ソ ミ ド レ | シ ソ ド ミ シ ♯レ ラ ソ ラ | ソ ミ ソ ミ

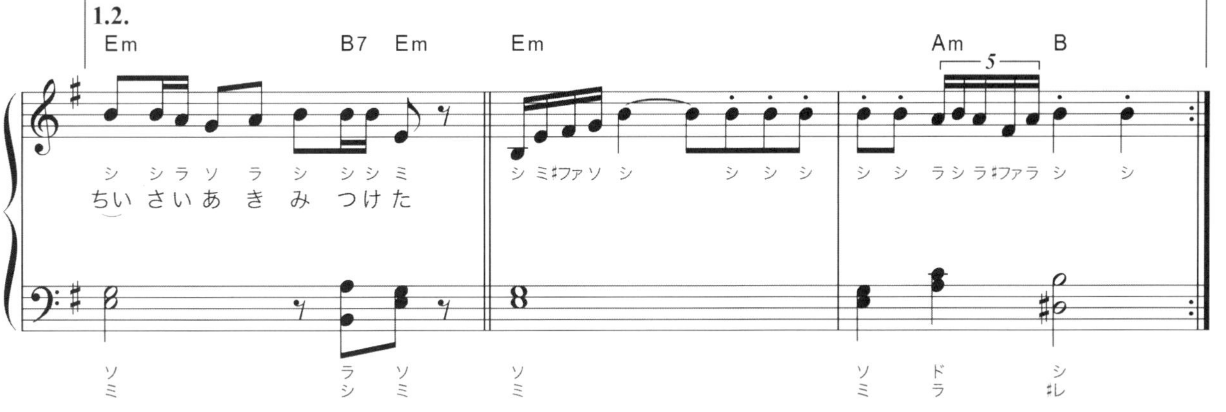

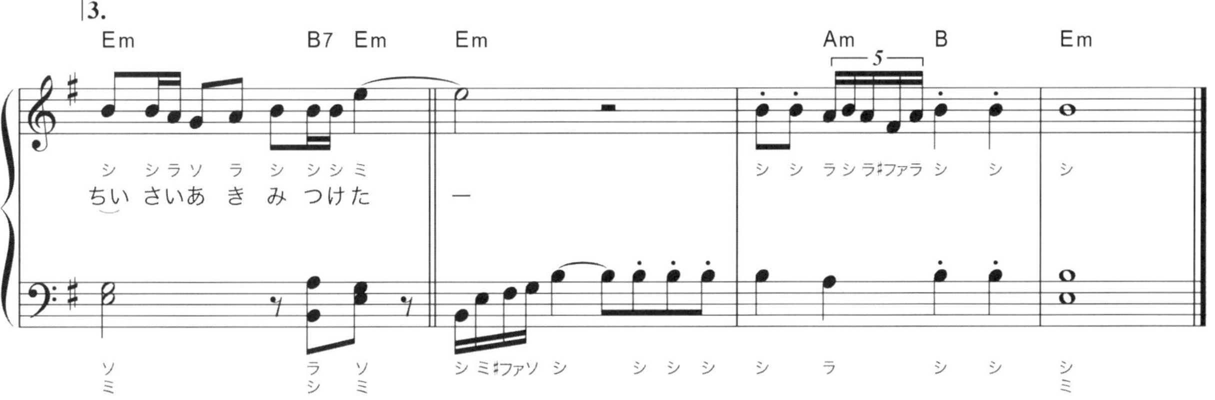

曲名・対象年齢さくいん

歌い出しさくいん

な

は

ま

や

ら

わ

［編著者］

阿部直美（あべ・なおみ）

乳幼児教育研究所所長。
はちまん幼稚園（愛知県瀬戸市）園長、聖心女子大学講師を経て、現在に至る。
手あそび歌あそびなどの作詞・作曲、NHK子ども番組の企画、幼児向けDVD・CDの企画・制作などを手がける。著作に『保育で役立つ! 0～5歳児の手あそび・うたあそび』（ナツメ社）、『阿部直美の初めてでも弾ける保育ソング101（春夏編）/（秋冬編）』（世界文化社）、『阿部直美のうたっておどって楽しいオペレッタ!』（チャイルド本社）ほか、CDに「阿部直美のベストヒット　手あそび歌あそび」（全5巻）（日本コロムビア）ほか、「さくらともこ」のペンネームで『グリーンマントのピーマンマン』シリーズ（岩崎書店）など絵本作家としても活躍する。「絵本からオペレッタへ」という活動の提唱者でもある。

［編曲］

金子みどり（かねこ・みどり）

声楽家。洗足学園音楽大学卒業。東京音楽大学研究科(オペラ科)修了。現在、二期会会員。『たのしいピアノえほん』（東京書店）の監修など、子どもの音楽の分野でも活動している。

長尾淳子（ながお・じゅんこ）

筆名、平沼みゅう。エレクトーン講師を経て、現在は編曲家として活動。主なアレンジ曲「みんなでいっとうしょう」（キングレコード）など、CDや楽譜集を中心に子どもの音楽に携わる。

すぐできる
0・1・2歳児の手あそび&ピアノ伴奏

2021年1月30日　発行

編著者　阿部直美
発行者　荘村明彦
発行所　中央法規出版株式会社
〒110-0016　東京都台東区台東3-29-1中央法規ビル
営　業　TEL 03-3834-5817　FAX 03-3837-8037
取次・書店担当　TEL 03-3834-5815　FAX 03-3837-8035
https: // www.chuohoki.co.jp/

編　集　株式会社スリーシーズン
表紙装丁　コローロ（フジイメグミ+カラシマヨウコ）
本文デザイン　野村友美（mom design）
編　曲　金子みどり、長尾淳子
楽譜浄書　ロビン・ワーク
楽譜協力　高崎繭子
イラスト　藤井 恵、山元かえ、ヤマハチ

動画制作　滝野川レコード
出　演　内田順子、中谷真弓
協　力　乳幼児教育研究所

印刷・製本　株式会社日本制作センター

ISBN978-4-8058-8263-4